KB191187

바디올로지

바디올로지

몸이 말하는,

말하지 못한,

말할 수 없는 것 　　　　　　이　유　진

디플롯

오 나의 몸이여,

내가 언제나 질문하는 사람이 되게 하기를!

— 프란츠 파농

일러두기

- 이 책의 제목 '바디올로지bodiology'는 몸을 뜻하는 '보디body'와 학문을 의미하는 '올로지-ology'를 결합한 조어다. 의학의 갈래인 해부학anatomy · 생리학 somatology 등과 달리 몸 담론으로부터 젠더 · 장애 · 노화 등에 관한 이야기를 사회적 · 역사적 · 문화적 관점에서 서술한다는 점에서 별도의 조어를 사용하였다. 외래어표기법에 따르면 '보디올로지'로 표기해야 하나, 한국 독자에게 익숙한 발음인 '바디올로지'로 표기했다.
- 《성경》 인용은 한국천주교주교회의 · 한국천주교중앙협의회의 판본을 따랐다.
- 단행본 · 잡지 · 신문 등은 《 》로, 논문 · 작품 · 편명 등은 〈 〉로 표기했다.

들어가며

온 세계에서
경합하는 몸들의 목소리

2010년대 이후 우리는 죽은 이들의 단체사진을 거듭 만났다. 각종 참사에 몸이 사라진 사람들은 영정 속 얼굴로 나타났다. 말이 없는 그들은 커다란 목소리로 말하고 있었다. 살아남아 죄책감에 시달린 사람들은 죽은 자의 이름, 죽어 마땅한 자들의 이름을 거듭 불렀다. 호명하는 사람들은 국가가 명령한 자리에 있지 않았다. 그들은 가만히 있으라고 할 때 자리를 이탈하여 '인간' 밖의 몸들끼리 연대했다.

일반적으로 '인간' '휴머니즘'의 몸은 보편적인 남성의 육체를 가리켰다. 페미니스트 철학자 엘리자베스 그로스Elizabeth Grosz

는 몸이 휴머니즘의 가설을 폭로하는 데 도움을 준다고 말했다. 레오나르도 다 빈치가 그린 〈비트루비우스적 인간(인체비례도)〉에서 보듯 '인간의 몸'은 충분히 영양을 섭취하고 적절하게 운동해 몸을 단련한 백인 비장애 이성애자 중산층 남성을 기준으로 했다. 여성은 남성 가운데 달린 성기가 거세된 존재인가, 그 성기를 끊어내는 존재인가를 놓고 수많은 이야기가 탄생했다.

그로스는 르네 데카르트René Descartes 이후 서구 철학의 계보를 검토하면서 몸과 마음의 이분법을 비판한다. 백인 철학의 아버지들은 정신이나 마음이 몸보다 우월하다고 말했다. 남성과 백인은 이성적이며 정신적인 존재, 여성과 유색인종은 육체적이며 자연적인 존재로 간주했다. 이에 제국주의 식민 지배를 과학적 근거에 따른 합리적인 통치 행위라고 정당화할 수 있었다. 동양 철학은 몸과 마음이 어우러진다고 보는 쪽이었으나 거기엔 음양 이분법이 있었다. 여성을 음기·어둠·달에 비유하고 남성을 양기·밝음·해라고 설명했다. 동서양 모두 '비남성'을 타자로 만들기는 마찬가지였다. 이에 견주어 그로스는 몸과 마음이 완전히 별개가 아닌 '뫼비우스의 띠' 같은 것이라고 보았다. 몸과 마음은 뚜렷하게 구별되는 실체라기보다 서로 꼬이고 이어지면서 안팎이 바뀌고 연결되는 관계를 맺고 있다는 뜻이다. '육체성'이란 것이 하나의 성이나 인종을 연상하게 해서는 안 된다고 그는 덧붙였다.[1]

나는 그로스처럼 몸을 연구한 이론가가 아니고 세계의 경합하는 몸 이야기를 수집해온 기자에 불과하다. 하지만 많은 저널리스트가 그렇듯 학교에서 권위 있는 이론들을 습득하고 대결하면서 질문하는 훈련을 받았다. 또한 그보다 훨씬 긴 기간 동안 현장에서 깨지면서 묻고 듣고 쓰는 법을 익혔다. 몸에 관해 취재하고 기사를 썼지만, 그 이야기 가운데 상당수는 중층적인 현실을 보여주기엔 미흡하고 납작했다. 레거시 미디어의 전통적인 문법에서 디폴트 성별은 남성으로 고정돼 있기 때문에 몸에 관한 이야기를 쓸 때마다 다양한 도전과 응전을 해야 했다. 몸에 관한 새로운 지식이 어떤 식으로 구성되는지 가까이에서 지켜보고 고민했던 경험은 책의 재료가 되었다. 이를 바탕으로 학술적인 개념을 어렵지 않게 풀어내면서 복잡한 서사와 담론의 경합을 보여주고 싶었다.

이 책은 몸 담론으로 본 사회사이기도 하다. 신체 담론과 그 효과에 대해 관심이 컸기 때문에 100년 동안 한국 언론이 써온 몸 관련 기사를 거듭 읽었다. 가장 사적인 것이 가장 정치적인 것이라는 페미니즘 구호처럼 각자의 몸 이야기를 개인적인 것이라고 치부하는 데서 비극이 발생한다. 머리부터 발끝까지 우리 몸이 얼마나 오랫동안 정교하게 쌓아 올린 담론장 속에 놓이게 되는지, 몸은 어떻게 저항하면서 탈주하는지, 21세기 한국에서 살아가는 사람들의 몸이 어디쯤 있으며 어디로 향하는지 질문하면서 이 책을 썼다. 인간이 타자를 만들고 자연을 지배할 수 있다는 관념 아래 서로 다른 인종과 성별의 몸을 위아래로 배치하고 배척하기 위해 벌인 일들과 거기에 저항하는 이야기는 특별히 좀 더 자세히 다루고 싶었다.

가슴, 엉덩이, 다리, 발, 머리카락, 얼굴, 피부, 손, 혀, 이빨, 항문 같은 신체의 각 부분이나 몸과 관련된 담론의 경합을 스물아홉 편의 칼럼으로 신문에 연재하는 동안 가장 뜨거운 반응을 받은 주제는 역시 다이어트, 거식증, 성형, 각선미 같은 외모에 대한 이야기였다. 식욕과 카니발리즘 또한 사람들의 주목을 받았다. 먹는 데 관심이 많고, 먹고 먹히는 사회에서 살아가고 있기 때문이지 않을까.

다시 봐도 황당하고 해괴망측한 아이디어였는데 기꺼이 받아준 이들 덕분에 읽고 쓰는 일이 가능했다. 어디서나 거주민이 되지 못하고 경계인의 정체성으로 살아온 나의 특기를 살려, 이번에도 저널리스트와 연구자의 경험이 섞인 글쓰기가 되었으므로 권위 있는 '몸 전문가'들이나 '뼈기자'들이 본다면 할 말이 많을 것이다. 하지만 이런 혼종과 혼돈의 글쓰기야말로 서로 다른 관점을 접목하고 종합하는 '몸 글'에 걸맞다고 생각한다. 자신만의 몸 글을 쓰려는 이들에게 작은 힌트라도 줄 수 있다면 기쁘겠다.

변해야 할 인간은 변하지 않고, 인간이 살아가는 세상은 변했다. 코로나19가 잦아들면서 다시금 먹기와 살 빼기, 비행기 여행에 골몰한 시대가 됐지만 다음엔 언제 또 바이러스의 시대가 올지, 더 큰 재난이 올지 알 수 없다. "돈 있는 사람들은 재난에서 멀리 떨어진 것 같은데, 로스앤젤레스의 큰 산불을 보면 딱히 그렇지만도 않아." 시골에서 탈성장을 고민하면서 기후우울을 겪는 동식물과 살아가는 친구가 말했다.

그 친구를 처음 만났을 때 나는 청춘이었다. 잉에보르크 바흐만Ingeborg Bachmann이 썼던 것처럼, 누구도 나에게 젊다는 말을 그치지 않았지만 그 시절 내 마음은 너무 늙은 것 같았다. 꽤 오랫동안 몸과 마음이 어색하고 불편했으며 한동안 매일 몸 곳곳에서 심한 통증을 느꼈기 때문에 움직이는 게 자유롭지 않았다. 젊고 생기 있는 여성 후배들이 공을 차고 얼음 위를 달리고 산에 오르고 바닷속에 들어가는 모습을 보면서 나는 부러움과 대리만족을 함께 느낀다. 그 몸으로 더 깊이, 더 멀리 갈 수 있기를 기대한다.

젊은 시절 나는 자연과 만나는 법을 몰랐지만, 나이 들면서 비로소 조금씩 알아가고 있다. 바람에 향기가 실려 올 때, 나만 알고 있는 장소에서 힘들게 자라고 있는 나무와 은밀히 악수할 때, 소중하게 여겨온 숲에서 새소리를 들을 때, 눈보라 치는 산에서 길을 잃을 때, 해가 뉘엿뉘엿 넘어가는 산등성이에서 들개들이 컹컹 짖을 때 경이로움과 함께 몸을 강하게 느낀다. 인간의 몸만 이 세계에 존재하는 건 아니라는 사실을 알게 됐다. 설령 떠나지 못하고 집 안에 머물지라도 이 몸으로 더 깊이, 더 멀리 가고 싶다.

울며불며 원고를 쓸 때 걱정과 고민을 함께해준 친구들, 질문을 끝까지 밀어붙일 수 있도록 여전히 아낌없는 조언과 격려를 전해주시는 김현미 교수님, 나임윤경 교수님, 마지막 칼럼까지 응원해주신 조한혜정 교수님께 감사한다. 이지연, 윤종구 님을 비롯한 가족은 가장 든든한 힘이었다. 후배 유정과 주희에게도 많은 기운을 받았다. 남다른 용기와 세심함으로 또 다른 세계를 만날 수 있도록 이끌어주신 박선희 카타리나 수녀님께도 각별한 마음을 전하고 싶다. 골 때리는 글이었을 텐데 재미있다는 말로 응원해준 직장 동료들, 칼럼이 신문에 실린 당일을 넘기지 않고 소감을 전해주신 분들도 잊지 못한다. 1차 독자이자 길잡이였던 이지은 편집자는 말할 것도 없는 일등 공신이다. 몸과 삶과 죽음에 대한 생각을 공유하면서 우정을 나누는 경험은 특별했다.

모든 글은 수신기이자 발신기다. 나 또한 우주 속을 영원히 떠돌게 된 탐사선처럼, 암호를 탑재한 채 계속 신호를 보내고 있다. 폐기되어 쓰레기로 남을지언정 지금까지 나의 모든 글은 모두 단 한 사람을 위한 발신이었다. 모쪼록 응답 바란다.

모든 몸은 수신기이자 발신기다. 온몸의 세포와 수분이 파르르 떨리고 소름이 오소소 돋으며 털이 쭈뼛 서는 흥분을 느끼면서, 한편으로는 고요하고 평안한 가운데 세계와 만나는 순간을 기다린다. 이 몸의 이야기는 이제 독자의 몫이다. 더 다채롭고 웅장한 몸의 접속을 빈다.

2025년 봄 향기를 기다리며
이유진

차례

1부

타오르는
몸의 기억들

모든 사람은 자신의 몸이라는

신전을 짓는 건축가다.

— 헨리 데이비드 소로

가슴

수치심과 저항 사이에 선 신체

2023년 10월, 독일 베를린 복합문화공간인 훔볼트포럼 벽면에 20세기 초 어느 한반도 여성의 전신사진이 걸렸다. 물동이를 머리에 인 여성의 저고리 아래로 양쪽 가슴과 젖꼭지가 훤히 보였다. 관람객들의 관음증을 자극하는 이 옛 사진에는 "(조선 여성들이) 가슴을 보여주면서 아들의 탄생을 암시했다"는 설명이 붙었다. 아들을 낳은 여자들이 젖가슴을 드러내면서 주위 사람들에게 자랑하는 것이 조선의 옛 풍속이었다는 뜻이다.

전시 주최 측에서는 이 사진이 1904~1907년 독일인 아돌프 피셔Adolf Fischer가 한국을 방문해 직접 촬영했을 것이라고 추정했지만 일본인의 연출사진이란 사실이 밝혀지면서 전시품은 철거됐다. 전시 총괄 주체는 훔볼트포럼이었는데, 주독 한국대사관 한국문화관이 전시 예산을 대는 등 관여했다. 식민지의 낙후성을 강조하고 피억압자인 여성을 성적 대상화하는 일본 제국주의의 연출에 한국 정부가 10억 원에 달하는 예산을 지원한 꼴이 됐다.[1]

설령 이 사진을 독일인이 찍었다고 해도 제국주의 남성의 시선이 사라지는 건 아니다. 게다가 조선 여성의 '젖가슴 사진'은 이 한 장만이 아니었고 서구 전시도 이번이 처음은 아니었다. 120년 전 젖가슴을 드러낸 한반도의 여성들이 서구나 일본 제국주의 남성들의 카메라에 포착된 이유는 속 시원하게 밝혀지지 않았다. 하지만 당시 조선 여성의 가슴 노출이 일반적인 관습은 아니라는 점, 아들을 낳은 여성들만 자랑스럽게 향유하던 문화도 아니라는 점만은 확실해 보인다. 이는 실제가 아닌 만들어진 풍속에 가깝다. 학예연구사 권혁희는 이런 여성 가슴 노출 사진들은 "응시하는 자의 욕망을 충족"시켜주는 상품으로 유통되었으며 "풍속을 찍은 것이라기보다는 남성적이고 관음증적인 시선으로 여성을 성적 대상화한 것"이라고 풀이한다.[2]

1956년, 미국 시카고 자연사박물관에서도 젖가슴을 드러낸 한국 여성들의 사진을 '인종관'에 전시한 적이 있었다. 이를 알게 된 한국인들은 '동방예의지국'에서 있을 수 없는 일이라며 분통을 터트렸다. 그러나 1988년 서울올림픽을 전후해 '젖가슴 풍

독일 베를린 훔볼트포럼의 '2023 한국 유물 특별전 아리 아리랑' 전시. "(독일제국
공사관 직원인) 피셔가 한국을 방문해 직접 촬영했을 것"이라는 전시 설명과 달리
《한국풍속풍경 사진첩》에 수록된 일본인이 연출한 사진이라는 사실이 밝혀졌다.

속 사진'은 '아들 사랑'이라는 한국인들의 민속 문화 징표로 여겨져 정설처럼 역수입되었다. '미개한 인종'을 구경거리 삼은 미국 전시장에 '우리 여성들'의 노출 사진이 걸렸다며 분개하던 과거는 싹 잊고, 30년 뒤 '한국인의 정체성'이라며 식민의 이미지를 적극 받아들인 셈이다.[3] 그리고 또다시 30여 년이 더 흐르고 나서 독일에서 다시금 이런 소동이 벌어졌다. 대관절 여자의 가슴이 뭐기에.

이성애자 남성들의 유난한 가슴 사랑

젖가슴은 한국 문학에서도 순결과 아름다움, 그리움, 이상향 등의 상징으로 줄곧 쓰였다. "아, 너도 먼동이 트기 전으로 수밀도의 네 가슴에 이슬이 맺도록 달려오너라"는 시구로 유명한 이상화의 시 〈나의 침실로〉는 국어교과서에 실리면서 수십 년간 한국 청소년들의 뇌리에 에로틱한 상상력을 심어주었다. '에로스의 시학'을 펼친 것으로 인정받는 전봉건의 시 〈유방〉과 나태주의 시 〈수밀도—전봉건 풍으로〉 또한 그 맥을 계승했다.[4] 2019년엔 세월호 참사를 소재로 쓴 한 소설이 여학생의 가슴을 과일에 비유해 논란이 되었다. 여성 신체를 먹을 것에 비유한 시적 표현은 여성을 사람 그 자체로 볼 수 없도록 인격을 삭제한다는 점에서 문제적이고 남성 시선(메일 게이즈male gaze)을 답습한다는 측면에서 진부하며 시대착오적이다.

2015년 전후 디지털 페미니즘이 전개되면서 여성 비평가와 독자들이 본격적으로 한국 문학 속 여성 신체의 재현과 성적 대상화에 대한 불편함을 드러내고 비판하기 시작했다. 상황이 이렇게 되자 '젖가슴'이 금기어가 되었다며 안타까워하는 시까지 등장했다.[5] 여성 신체에 대한 문학적 재현이 금기시되는 분위기가 불편하다며 남성 문학인들은 여성 독자들의 반응을 '매카시즘 광풍'에 빗대기도 했다.

이에 문학평론가 오혜진은 《문학을 부수는 문학들》에서 "여성, 성소수자, 장애인, 저학력자, 가난한 자 등 사회적 약자에 대한 차별과 비하, 조롱 등을 무람없이 할 수 있었던 '민주화 이전'의 시절에 대한 노스탤지어"라고 비판했다.[6] 문학이라는 방패 아래 약자의 신체를 서슴없이 대상화하고 조롱할 수 있었던 옛날을 그리워하는 자들은 누구인가? 문학은, 여성의 가슴은 누구의 것이어야 하는가?

서구 18세기 계몽주의 사상가들은 여성들의 유방을 규율했다. 그 전까지는 아이를 낳으면 젖어미에게 맡기는 것이 일반적이었다. 장 자크 루소Jean-Jacques Rousseau는 자연주의 교육을 강조했고 어머니의 젖을 먹이는 모유 수유가 사회 변혁의 초석이 될 것이라 주장했다(잘 알려져 있다시피, 그는 다섯 명의 자기 자식을 모두 고아원에 보냈다). 그의 책에 영향을 받은 프랑스 왕비 마리 앙투아네트Marie Antoinette는 프티 트리아농 궁전의 낙농장에서 양 젖을 짰고 유방 모양의 잔까지 제작했다. 외젠 들라크루아Eugène Delacroix의 그림 〈민중을 이끄는 자유의 여신〉에서 여성의 벌거벗은 유방은 정치적인 감정을 고취시키기 위한 장치였다.[7]

전쟁 중 여성의 유방은 선전도구였다. 매릴린 먼로Marilyn Monroe, 제인 맨스필드Jayne Mansfield 같은 '핀업 걸'의 가슴에 군인들은 열광했다. 페미니스트 학자 매릴린 옐롬Marilyn Yalom은 유방이 강력한 여성성의 표징이었고 전시에는 남성들에게 용기를 주는 후방의 응원단, 전쟁이 끝난 뒤엔 출산 장려를 위한 성과 모성의 표상으로서 국가를 위해 봉사하는 상징이 되었다고 설명한다. 문화대혁명기 신중국에선 농촌의 한 아주머니가 죽어가는 팔로군 소속 병사에게 제 젖을 먹여 살려냈다는 '혁명 미담'이 화제가 됐다.[8] 로마 시대 작가인 발레리우스 막시무스Valerius Maximus가 쓴 책에도 비슷한 이야기가 나온다. 감옥에 갇힌 아버지 시몬이 생사를 오가게 되자 딸 페로는 면회 장소에서 아버지에게 젖을 물려 생명을 구한다. 유사 이래 반복적으로 계승돼온 여성의 젖가슴 이미지는 그저 한없이 관대하고 헌신적이며 이타적이었다. 여성의 가슴은 전시엔 병사들을 위로하는 상징이자 생명을 유지시켜주는 '젖줄'이었고 평시엔 국가의 동량을 기르는 모성이자 남성을 즐겁게 하는 농염하고 유혹적인 신체로 재현되었다.

외젠 들라크루아, 〈민중을 이끄는 자유의 여신〉, 루브르박물관, 1830. 그림 가운데 한 여성이 가슴을 드러낸 채 해방을 상징하는 프리기아 모자를 쓰고 한 손에는 총검을, 다른 한 손에는 프랑스 국기를 든 채 사람들을 이끌고 있다. 전쟁 중 여성의 유방은 정치적 감정을 고취시키기 위한 선전도구였다.

2000년대 이후 국가나 의료계가 만들어낸 '올바른 젖가슴론' 또한 크게 다르지 않았다. 특히 2016년 8월, 보건복지부가 운영하는 국가건강정보포털에서 여성의 가슴을 다룬 문서가 논란이 됐다. "가슴은 여성들의 신체 중에서 (⋯) 남편에게는 애정을 나누어주는 곳"이라 적시하고 아름다운 가슴의 조건을 "한쪽에 250시시 정도의 크기" "쇄골의 중심과 유두 간의 거리는 18~20센티미터" "유륜의 직경은 4센티미터를 넘지 않아야 하며" "색깔은 연한 적색을 띠는 것이 보기 좋다" 등 공산품 규격처럼 정교하게 나열한 문서였다. 보건복지부와 대한의학회, 대한성형외과학회가 작성 및 감수한 이 문서는 대중의 비판을 받고서야 삭제됐다.[9]

일본에서는 1990년대 영상물 산업이 '거대 유방(거유)'에 대한 남성들의 욕정에 불을 붙였다. 세미 누드 화보를 가리키는 '그라비어' 코너에 '거유' 아이돌 사진이 빠짐없이 실렸고 사진집도 발매됐다.[10] 한국에도 일본의 잡지들이 수입되며 청소년과 젊은 이들 사이에서 빠르게 인기를 얻었다.

한국에서 '예쁜 가슴'을 향한 대중적인 열광이 가장 처음으로 뚜렷하게 사회적 이슈가 된 때는 1990년대 후반이었다. 1995년 비디오 '젖소부인 시리즈'가 큰 화제가 되었고 1997년 미국 남성 잡지 《플레이보이Playboy》 모델로 알려진 이승희가 방한하면서 가슴 열풍은 뜨거운 문화 현상으로 등극했다. 남성들은 열광했고 여성들 사이에서도 유방 성형 붐이 일었다. 이상적인 젖가슴을 결정하는 기준은 이성애자 남성의 시선이었다.

젖가슴에 대한 남성의 집착을 과학적인 근거로 포장하려는 노력도 있었다. 《털 없는 원숭이》로 유명한 생태학자 데즈먼드 모리스Dasmond Morris는 여성의 젖가슴은 수유 기능보다 성적 기능이 우선한다고 보았다. '유방은 가슴에 달린 엉덩이'라는 가설이다. 섹스를 위해 유방이 지금처럼 크고 둥그렇게 진화했다는 이야기인데 그렇다면 꼭 가슴에 달릴 필요도, 두 개만 생길 이유도 없지 않았겠는가? 많은 도전을 받은 이 가설은 지금은 낙후한 것이 되었다. 이후 학자들은 여성의 가슴은 성적인 기능보다 수유를 위해 지금의 모습이 되었다는 데 점수를 주었다. 털 없는 인간의 가슴에 매달리지 못하는 아기의 머리를 받치고 수유하기 좋게 늘어져야 했기 때문이다.[11]

새끼에게 젖을 주는 생명체로서 여성은 '젖소'에 비유되곤 한다. 2021년 서울우유는 유기농 우유 광고에서 여성을 젖소로 묘사해 논란을 빚었다. 52초짜리 영상에서 남성 탐험가가 산속을 헤매다가 사람을 발견하고 촬영하는 내용이다. 흰 옷을 입은 여성들은 계곡에서 맑은 물을 손으로 떠먹고, 이슬을 마시고, 풀밭에서 명상을 하거나 요가 동작 같은 스트레칭을 하고 '네 발 기기' 동작을 한다. 이 여성들은 한순간 젖소로 바뀐다.[12] 우유 발전을 위해 설립된 우유자조금관리위원회가 2014년 제작해 공개한 홍보 웹툰 〈춘봉리 밀키〉에서도 '밀키'라는 이름의 젊고 가슴이 큰 여성 캐릭터가 얼룩소 무늬의 달라붙은 미니원피스를 입은 채 목에 커다란 방울을 달고 등장해 논란이 됐다. 서울우유와 우유자조금관리위원회는 모두 논란 직후 해당 콘텐츠를 삭제했다.

한국의 전래 동요 〈타박네〉는 죽은 엄마 젖을 그리워하는 아이, 정확히 말해 아들의 이야기다. 딸이, 여자가 이 노래를 부르거나 엄마 젖을 그리워하는 소리는 들어본 적이 없다. "우리 엄마 무덤가에 기어기어 와서 보니/빛깔 곱고 탐스러운 개똥참외 열렸기에/두 손으로 따서 들고 정신없이 먹다 보니/우리 엄마 살아생전 내게 주던 젖맛일세." 오래전 늙은 남자들이 술자리에서 흥이 올라 구슬픈 표정으로 이 노래를 부르는 걸 봤는데, 불편함을 넘어 기괴하기 짝이 없었다. 죽은 엄마에게 '찌찌(일본어로도 치치 ちちだ)'를 달라 애타게 부르는 남자들의 합창은 코미디 같기도, 호러 같기도 했다.

스스로 드러내면 나쁜 유방

젖가슴은 오랫동안 생식과 사랑의 상징이 되어왔지만, 공개적인 장소에서 자발적으로 드러냈을 때는 재미없고 공격적인 신체 부위가 된다. 1970년대 미국 여성들은 브래지어를 벗어던지며 여성 해방을 촉구했다. 1976년 한국의 동일방직 파업 농성장에서 전투경찰 수백 명이 농성장을 포위하자 여성 노동자들은 다급하고 절박한 마음에 속옷만 남긴 채 옷을 벗었다. 남자 경찰이 맨몸에 손을 대지 않을 거라 생각한 것이다. 2000년대엔 톨게이트 요금수납 여성 노동자 등 비정규직 여성 노동자들 다수가 상의를 탈의하고 농성했다. 이들의 노출 시위는 '최후의 저항'이었고 사회적 금기에 도전한다는 의미에서 강경한 투쟁이었다. 2013년, 한국전력공사의 송전탑 공사를 막아내던 경남 밀양의 할머니들도 상의를 탈의하면서 공권력과 대치했다.[13] 2018년 여성 단체 '불꽃페미액션'은 상의를 벗은 게시물을 삭제한 페이스북에 항의하며 페이스북코리아 앞에서 상반신 노출 시위를 벌였다. 경찰이 공연음란죄로 체포하려 하자 이들은 "여성의 가슴은 음란한 것이 아니다"라고 외쳤다. 여성의 자발적인 탈의 사진을 잡아내던 인공지능AI이 성폭력적 댓글, 여성의 몸을 대상화하는 사진, 동영상은 왜 걸러내지 못하느냐고 이들은 분노했다.

가수 설리는 자신의 유두가 드러난 '노브라' 사진을 인스타그램에 올린 뒤 '관종'이라고 비난받았지만 발화도 노브라도 포기하지 않았다. 노브라 논란으로 여론의 집중포화를 맞던 설리는 "시선 강간이 싫다"며 자신에 대한 지나친 관심과 비판을 불편해했다. 2016년부터 2019년 자살하기 몇 달 전까지 설리는 자신의 '노브라 소신'에 대해 끝없이 질문을 받았고 반복적으로, 그러나 성실히 답해야만 했다. 명치를 눌러 체한 듯 답답하게 하는 브래지어를 착용하지 않았을 뿐인데 그가 견뎌야 했던 비난의 무게는 너무 큰 것이었고 결말은 어이없을 정도로 비극적이었다.

"페멘Femen은 전 세계 여성들의 봉기를 촉구한다. (…) 우리의 신은 여성이다. 우리의 임무는 반란이다. 우리의 무기는 우리의 벌거벗은 가슴이다."[14]

2008년 우크라이나의 섹스 관광과 성매매 반대 투쟁을 시작하면서 설립된 페미니스트 단체 페멘은 반라 시위로 세계적 관심을 받았다. 2011년 12월, 페멘은 모스크바에서 첫 시위를 벌인다. 옥사나 샤츠코Oksana Shachko 등 활동가들은 알렉산드르 루카셴코Alexander Lukashenko의 독재에 시달리는 벨라루스로 건너가 정치활동가들과 언론인들을 상대로 벌어지는 투옥과 고문, 실종을 규탄하는 상의 탈의 시위를 벌였다. 우크라이나로 돌아가는 길에 활동가들은 버스터미널에서 납치 당했고, 고문과 살해 협박을 받았다. 페멘 창시자 중 한 명이던 샤츠코는 2013년 페멘을 탈퇴한 뒤 프랑스로 망명했지만 2018년 서른한 살에 목숨을 끊었다.

1980년 사진가 헬라 하미드Hella Hammid가 유방암으로 유방 절제 수술을 받은 작가 디나 메츠거Deena Metzger를 찍은 사진의 제목은 〈전사warrior〉였다. 상반신을 노출한 채 가슴에 있는 커다란 흉터를 드러낸 메츠커는 자유롭게 두 팔을 활짝 펼치고 있다. 나는 이 사진을 볼 때마다 유방암으로 세상을 떠난 엄마 생각이 난다. 염을 하기 전 엄마의 잘린 가슴을 처음이자 마지막으로 대면하면서 한쪽 유방이 있던 자리에 손을 대보고 싶었지만 끝내 그러지는 않았다. 엄마의 마지막 모습은 삶이라는 전쟁터에서 한쪽 가슴을 잃은 전사 같기도 했다. 평소에 엄마는 겉옷 위로 젖꼭지가 두드러져 보이는 남자들을 볼 때면 "노브라네예~"라고 놀렸다. "남자들이 속옷을 갖춰 입지 않은 꼴이 보기 싫다"고 말했는데, 여성으로 태어나 끝도 없이 가슴을 관리하고 점검해야 하는 삶에 대한 나름의 짜증이자 소심한 항의 같기도 했다.

엄마가 떠나고 몇 년 뒤 아빠가 사경을 헤맬 때는 어느 남성 성직자가 병원에 병문안을 하러 와 여성 누드 화보집 한 권을 슬며시 놓고 갔다. 전장에서 스러져 가는 남성 군인에게 건넨 위문품인 듯했다. 여성 간호사들과 딸들이 지켜보는 가운데 굽이진 생을 끝마치는 임종기 환자 병실에 덩그러니 놓인 누드집은 '남자여, 힘을 내라!'고 쓸쓸히 외쳐 부르고 있었다. 엄마가 없어서 다행이었다.

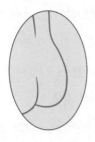

엉덩이

시선의 제물이 되는 시대

뼈에 붙은 근육과 살덩어리로 이뤄진 엉덩이는 사람이 직립 자세로 서고, 걷고, 앉을 수 있게 한다. 그 기능만큼이나 생김새가 외모 판단의 중요한 기준이 되며 사랑과 훈육, 지지와 성원, 폭력이 깃드는 장소이기도 하다. 아이들이 엉덩이를 맞으면서 섹슈얼리티에 눈을 뜨기도 한다니, 반신반의하면서도 '과연 그럴 수 있겠군' 하고 수긍하게 된다.

이러나저러나 아이들 사이에서 엉덩이는 문화적 아이콘이다. 일본 애니메이션인 〈엉덩이 탐정〉 주인공은 아이큐가 1104에 이르는 추리 천재로 냉정함을 잃지 않으면서 수수께끼를 해결해

나간다. 2021년 당시 윤석열 대통령 후보가 대선 출마 선언 직전 SNS에 자신을 소개하면서 "엉덩이 탐정 닮았다고 함"이라고 적어 올릴 정도로 한국에서도 화제를 몰고 왔다.

일본 만화 〈짱구는 못 말려〉의 주인공 짱구는 걸핏하면 엉덩이를 까고 영악하게 춤을 추면서 어른들을 교란시킨다. 엄격한 자녀 훈육으로 유명한 프랑스인 부모 아래 짱구가 살았다면 아마도 볼기짝을 여러 대 얻어맞고도 남았을 것이다. 프랑스는 아버지가 자식을 감옥에 보낼 수 있을 정도로 강력한 체벌 훈육의 역사를 지닌 나라로, 그 상징이 엉덩이 때리기였다. 2019년 7월엔 체벌금지법이 통과하면서 자식 엉덩이 때리기도 폭력으로 인정됐다.

독일의 초현실주의 화가 막스 에른스트Max Ernst는 1926년 〈세 증인 앞에서 아기 예수의 엉덩이를 때리는 성모〉를 발표한 뒤 가톨릭교회에서 신성모독죄로 파문당했다. 작품 속 성모는 팔을 하늘 높이 쳐들어 아들의 토실토실한 엉덩이를 매몰차게 내리치고 있다. 아기 예수의 엉덩이는 빨갛게 물들어 있고 후광은 땅바닥에 내동댕이쳐졌다. 아마도 심하게 울면서 발버둥을 쳤을 것이다. 엉덩이는 아이들이 가장 먼저 공포를 배우는 신체 부위가 아닐까.

초중고에서 체벌과 훈육이란 이름을 앞세운 교사들은 지시봉이나 밀대자루 같은 각종 도구로 학생들의 손바닥이나 엉덩이

막스 에른스트, 〈세 증인 앞에서 아기 예수의 엉덩이를 때리는 성모〉, 루트히비박물관, 1926. 에른스트는 이 그림을 발표한 뒤 가톨릭교회에서 신성모독죄로 파문당했다.

를 때렸다. 맞는 소리가 커 위압감과 공포를 유발하는 부수적 효과가 있기 때문이었을 것이다. 조선 시대엔 죄인을 엎어놓고 엉덩이를 치는 곤장형이 있었다. 곤장형이 얼마나 잔혹했는지에 대한 여러 기록이 있는데, 특히 1839년 기해박해 때 곤장을 수백 대씩 맞은 가톨릭 순교자들은 성별 불문 뼈가 부러지고 살이 터져 나갈 정도였다고 한다.

프랑스혁명기에 남장을 하고 여성의 정치적 참여와 무장을 주장했던 여성 혁명가 테루아뉴 드 메리쿠르Théroigne de Méricourt는 혼란스러운 혁명 정국에서 성적으로 추잡하고 탐욕스럽다는 중상모략을 받다가 붙잡혀 엉덩이 채찍질을 당하고 그 충격으로 정신병을 얻은 뒤 비극적으로 세상을 떠났다. 엉덩이 매질은 맞는 사람에게 신체적 위해뿐 아니라 정신적으로도 수치심과 모멸감을 느끼게 한다.[15] 영혼에 깊은 상처를 낸다.

엉덩이의 성애화

남의 손길이 엉덩이에 닿는 일은 관계와 상황에 따라 아름다운 경험일 수도, 최악의 경험일 수도 있다. 격려하는 뜻에서 엉덩이를 토닥이는 손길, '궁디팡팡'은 지친 마음에 힘을 준다. 사랑을 나눌 때의 손길도 마찬가지다. 반면에 원치 않는 순간 엉덩이에 닿는 손은 강렬한 치욕과 분노를 유발한다. 미국 유명 가수 테일러 스위프트Taylor Swift는 2013년 콜로라도주 덴버시에서 연 팬미팅 현장에서 엉덩이 성추행 피해를 입었다. 스위프트는 "승소하고도 성취감을 느낄 수 없다. 과정이 너무 치욕적이었다"라고 말했다. 이후 그는 페미니스트 가수로서 정치적 목소리를 내기 시작했고, 극단적인 다이어트도 관두었다. "충분히 말랐다 싶으면 모두가 좋아하는 엉덩이가 없고 엉덩이를 위해 살을 찌우면 배가 나온다"며 "(여성의 몸에 관한) 말이 안 되는 아름다움의 기준이 있다"고 스위프트는 말했다.[16]

먼로의 엉덩이는 살아서도 죽어서도 성적 대상화 논란에 휩싸였다. 2021년 미국 캘리포니아주의 한 유명 미술관 마당에 거대한 먼로 동상이 세워졌는데, 영화 〈7년 만의 외출〉에 나온 유명한 장면을 재현한 것이었다. 조각상의 원피스가 바람에 날리고, 적나라하게 드러난 엉덩이 부분은 미술관 정문쪽으로 향했다. 이 작품의 설치를 반대하는 탄원서에는 4만 1000명의 시민 서명이 포함됐고 이들은 "여성이 성적 대상물로 취급받았던 과거의 이미지"라고 주장했다.[17] 게다가 먼로는 엉덩이와 가슴만 큰, 백치미(빔보bimbo)를 가진 여성이 아니라 지그문트 프로이트Sigmund Freud의 《꿈의 해석》, 라이너 마리아 릴케Rainer Maria Rilke의 《젊은 시인에게 보내는 편지》, 제임스 조이스James Joyce의 《율리시즈》를 즐겨 읽은 지성적인 독서광이었다. 또한 일찌감치 할리우드

영화 제작 시스템에서 희생당하지 않으려고 배우의 권리 보장에 눈을 떴을 정도로 똑똑했다.

신체가 자신의 노력과 투자에 따라 수정·변형이 가능하다고 믿게 된 신자유주의 시대의 글로벌 연예 산업은 더욱 적극적으로 여성의 엉덩이를 상품화했다. 특히 엉덩이를 과감하게 흔드는 트월킹twerking은 2010년대 이후 엉덩이와 관련된 가장 강렬한 문화적 양상으로 꼽힌다. 트월킹은 미국의 젊은 백인 여성 스타나 인플루언서가 성인식의 퍼포먼스처럼 사용하거나 성숙한 여성의 섹시함을 강조하기 위해 주로 쓰였다. 2014년 이후 제니퍼 로페즈Jennifer Lopez, 비욘세Beyoncé 등 스타들이 가세해서 엉덩이를 소재로 한 앨범을 내거나 뮤직비디오에서 엉덩이를 강조하며 '엉덩이 붐'에 편승했다.

그러나 애초에 트월킹은 아프리카 디아스포라의 문화가 펼쳐진 뉴올리언스시 콩고광장에서 공동체의 유대감을 키우기 위해 여자들이 추던 춤 동작에서 시작했다. 저널리스트인 헤더 라드케Heather Radke는 트월킹이 '유순한 식민지'라는 관념에 반발한 유색인종 여성들의 예술적 저항이었다고 풀이한다.[18] 이 탈식민적 몸짓의 자본주의적 전유는 트월킹을 추는 여자들의 저항성 자체를 무화해버리고 완전히 새로운 상품으로 만들어버렸다는 얘기다.

과학의 이름을 한 성폭력

크고 빵빵한 엉덩이를 매력적인 상품으로 만든 역사 속에는 너무도 끔찍한 이야기가 숨어 있다. 서구인들은 근대 이후 과학이라는 미명 아래 몸을 낱낱이 재배치했다. 16~17세기 과학 혁명과 데카르트의 합리론에 따른 기계론적 세계관은 서구 중심 근대적 세계관의 기초가 됐다. 인간은 자연을 정복하려 했고, 자원으로 여겼다. 크기와 부피를 재고, 무게를 다는 과정을 통해 과학적 법칙을 발견하고 세계를 지배할 수 있다고 믿었다. 문화의 영역인 남성과 달리 자연의 영역에 배치된 여성도 비슷한 억압을 받았다. 여성의 몸은 수치화·계량화되어 '표준'이나 '이상'에 맞춰 재단되었다. '비인간'인 식민지 여성의 엉덩이는 특히 '근대적 인간'들의 집중 탐구 대상이었다.

가난한 비서구 여성의 신체는 수시로 수탈 및 탈취당했다. 고향을 떠난 이들은 서구인들의 집에서 가정부·하녀로 일했고 성적으로 대상화되었다. 티 없이 매끈한 피부와 제모가 문명화의 요소가 되었듯, 엉덩이의 크기와 모양 또한 인종을 구분하는 지표가 되었다. 서구 백인들보다 큰 유색인종 여성의 엉덩이는 전근대·비문명·동물성의 상징이었다.

18~19세기 제국주의 시대에 유럽을 떠돌며 공연한 여러 '희귀 인간' 중에서도 사르키 바트만Saartjie Baartman은 굴욕적이고도

비극적인 생애를 살았다. 기록에 따라 차이가 있지만 그의 출생 년도는 1770년대로 추정된다. 남아프리카 케이프타운 인근 감투 스강 근처에 있는 네덜란드 식민지 지역 초원에서 태어난 코이 족 여성 바트만은 제국주의의 침략과 부족 간 분쟁의 틈바구니 에서 아버지와 약혼자를 잃었다. 기댈 곳이 없었던 그는 인신매 매로 팔려갔고, 영국 군의관 제임스 던롭James Dunlop의 제안으로 1810년 유럽으로 향하는 배에 올라탄다. 돈을 벌 수 있다고 생각 했던 것 같지만, 오히려 치욕이 아가리를 벌린 채 기다렸다. 그는 일방적으로 백인들의 돈벌이 대상이 되었다. 런던에서 무대에 오 른 바트만은 무방비 상태로 피부에 밀착한 얇은 옷을 입은 채 기 타를 연주하면서 춤을 췄다. 사람들은 그의 커다란 엉덩이에 열광 했고, 바트만을 '호텐토트의 비너스'라 불렀다. 호텐토트hottentot 는 유래가 정확하지 않은 멸칭으로, 성적으로 변태적이고 문화 적으로 이질적인 것을 가리키는 말이었다.[19]

바트만은 큰 엉덩이를 가진 까닭에 과학적 제국주의와 인종 학 사업을 정당화하는 여러 계획에 동원되었고 영국과 프랑스의 공공장소에 전시되고 공연했다. 커다란 둔부와, 그만큼 클 것이 라고 추정되었던 그의 생식기는 음탕함과 비문명화의 기표로 둔 갑해 비상한 관심을 끌어모았다. 박물학자이자 심각한 인종 차 별주의자였던 조르주 퀴비에Georges Cuvier를 포함, 바트만의 엉덩 이와 성기의 크기를 측정하려고 안달했던 근대 남성 과학자들의

'줄자 공격'에 바트만은 강력히 항의하고 저항했다.[20]

1815년 말에서 1816년 초 어느 겨울날, 쇠약해질 대로 쇠약해진 바트만이 결핵 또는 폐렴으로 사망하자 장례식도 없이 바트만의 시신은 프랑스 자연사박물관으로 이송됐다. 죽은 지 24시간도 채 되지 않은 시점이었다. 퀴비에 등 과학자들은 기다렸다는 듯 메스를 들고 달려들어 그의 뼈와 살을 낱낱이 해부하고 샅샅이 측정했다. 엉덩이와 음순을 잘라 주형을 뜨고, 방부액에 넣었다. 바트만에 관한 보고서에 퀴비에는 "인간보다 유인원의 친척에 더 가까웠다"고 썼다. "과학의 이름을 한 성희롱"이었다.[21] 인종 차별적 근대 담론을 생산해온 과학자들의 말을 언론도 그대로 받아 바트만의 신체에 관한 어처구니없는 기사를 의기양양하게 쏟아냈다. 그의 유해는 200년 가까이 프랑스 자연사박물관에서 뇌와 생식기가 제거당한 채로 소장되고 전시된다. 바트만은 살아서도, 죽어서도 '인간'이 아니었다.

엉덩이에 자유를 허하라

미국 전 대통령 버락 오바바Barack Obama의 부인 미셸 오바마Michelle Obama도 인종 차별적이고도 성차별적인 신체 공격에서 자유롭지 않았다. 오바마 정부 시절 백인 보수 논객들은 미셸 오바마가 살

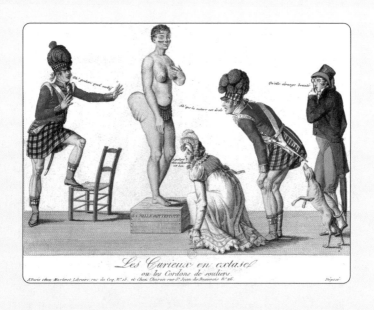

1815년에 그려진 바트만. 영국과 프랑스의 백인들이 그의 몸 구석구석을 훑고 있다. 바트만은 살아서는 런던과 파리의 유흥가를 떠돌아다니며 공연했고, 죽어서는 200년 동안 자연사박물관의 유물로 전시되었다.

이 쪘다며 그의 엉덩이를 신나게 들먹였다. 엉덩이는 너무 커도, 작아도 문제가 된다. 인터넷 공간에서는 한국 여성들의 엉덩이가 납작하다며 '종특(종족 특성)'이라고 비난하는 목소리가 심심찮게 나온다. 지금도 서구·남미 여성들의 엉덩이에 견줘 작고 납작하다며 한국 여성의 엉덩이를 비웃는 사진들을 인터넷에서 얼마든지 쉽게 찾아볼 수 있다.

한국 여성의 엉덩이에 관한 대중적 관심이 적나라하게 드러난 건 1990년대 중후반부터였다. 1994년 영화 〈너에게 나를 보낸다〉에 등장한 '엉덩이가 예쁜 여자' 캐릭터가 언론의 집중적인 조명을 받았는데 마침 성형 수술 기술 또한 대대적으로 발전했던 때이기도 했다. 1990~2000년대 성형외과 전문의들은 여성들의 엉덩이 사이즈와 모양을 결정하는 전문 담론을 대거 생산했다. 한국 여성의 엉덩이를 네 가지 유형으로 나누는 연구 결과를 내놓았고, 바트만의 둔부 측정 결과를 과학자들에게 그대로 듣고 받아 적었던 그 옛날 서구 언론의 본이라도 받듯, 한국의 주요 언론도 대부분 비판 의식 없이 이런 류의 의견을 대단한 과학적인 발견인 양 받아쓰기했다. 2010년대 초중반 '애플힙'이란 콩글리시 신조어까지 낳은 '예쁜 엉덩이' 열풍은 미성숙한 여성 아이돌의 주류 이미지를 '섹시 걸그룹'으로 바꾸었다. 방송사는 여성 아이돌의 허리와 엉덩이를 줄자로 측정해 승패를 겨루도록 했다.

봉긋한 가슴과 그에 못지않게 탄력 있는 엉덩이, 그리고 그 사이를 잇는 잘록한 허리. '이상적인 여체'를 말할 때 빠지지 않는 이 신체 부분 형상은 근대 이후 식민주의가 확립한, 이성애자 남성을 즐겁게 하는 섹스와 가부장제 사회를 유지하는 생식의 상징이다. 지금은 남자들의 엉덩이도 시선의 제물이 되는 시대다. 엉덩이를 볼록하게 만들어주는 속옷인 '엉뽕'은 남성용도 함께 팔려 나간다.

기능 면에서 볼 때 앉으나 서나 엉덩이는 큰 구실을 한다. 흔들면서 춤출 때, 높은 곳에 오를 때, 걷거나 뛰어다닐 때, 일할 때, 가만히 있지 않기 위해 엉덩이는 가벼워야 한다. 끈기 있게 앉아서 무언가를 쓰고 공부할 때도 엉덩이 힘이 필요하다. 성별과 식민주의 역사에서 타자를 만들어온 몸의 한 부분, 엉덩이는 그 자체로 쓰임과 노고를 인정받아 마땅하다. 나이가 들수록 제 힘을 잃고 늘어지는 엉덩이, 납작하고 축 처진 엉덩이를 안쓰럽게 여기는 것, 그 또한 왜 사랑이 아니겠는가.

각선미

매끈하고 곧고 우월한
서양식 다리 만들기

미디어에서 '각선미 담론 폭격'이 시작된 건 줄잡아 2010년대 이
후부터다. 지금은 레거시 미디어의 인터넷 기사이건 유사언론이
건 매일 수십 건의 각선미 기사를 '공적 담론장'에 쏟아낸다. 세찬
빗줄기처럼 쏟아지는 늘씬한 여자 다리 이미지와 이야기 공세
속에서 '코끼리 다리' '무 다리' '오 다리'처럼 단점이 있는 여성의
다리는 드러내지 않아야 할 신체 일부가 된다.

　　여성의 다리에 관한 사회적 열광은 한국에서만 줄잡아 100년
동안 식지 않았다. 1920~1930년대 '각선미 보도'의 초기 양태를
보면 서양 미인의 각선미를 칭송하면서 완벽한 각선미를 갖추기

위해 지켜야 할 관리법 등에 관한 내용이 주를 이룬다. 각 민족의 신체적 특질을 위계화한 서구 우생학의 한 갈래로서 '체질인류학'이 인기를 끌던 때다. 당시 식민 지배를 정당화하려고 동원된 체질인류학은 타고난 신체의 우열을 강조했다. 찰스 다윈Charles Darwin의 《종의 기원》에서 비롯한 이 이론은 사람을 피부색 등 인종에 따라 편협하게 분류하고 해석했다. 유럽인들은 키가 크고, 유대인은 탐욕스럽고, 아시아인들은 이해할 수 없는 존재들이며 유럽 이외의 사람들을 열등하다고 단정했다. 지금은 더는 인종 전형성에 따른 연구 발표가 이뤄지지 않고 있다.[22]

서구의 각선미 따라잡기

'우월한 신체'는 식민 지배에 포섭된 세력이든, 독립을 위해 저항한 세력이든 양쪽 모두 함께 지향한 목표이자 근대적 국가 수립을 위한 필수 조건이었다. 19세기 말 개항 후 조선은 근대화·문명화를 위한 욕망으로 가득했고, 그 중심에는 몸이 있었다. 하지만 마음처럼 몸이 따라주지 않았다고 해야 할까. '낙후된 조선의 몸', 특히 조선 여자의 몸이 문제였다. 《예쁜 여자 만들기》에서 이영아는 당시 지식인들이 여성의 몸에 집착했다며 "아름다운 여성은 우리가 성취해야 할 문명화의 한 부분"이었다고 설명한다.[23]

우수한 인구를 낳아 길러야 하는 여성의 몸은 특히 가장 먼저 문명화의 대상이 되었는데, 좋게 말해 문명화지 사실 대상화된다는 뜻이었다.

짧고 굵은 조선 여성의 다리는 열등한 민족의 상징처럼 보였다. 이제 여성의 다리는 서구인들처럼 곧고 길어야 했다. 독일 출신 배우 마를레네 디트리히Marlene Dietrich를 비롯한 서구 여성 스타의 각선미에 대한 칭송은 조선 지식인들의 열등감과 부러움을 상징적으로 보여준다. 1929년 한반도의 신문은 이미 미인의 조건이 얼굴에서 다리로 옮겨갔다고 보도했다. 조선 여성의 다리가 예쁘지 않은 것은 흰쌀밥을 먹는 식습관, 낙후된 생활 방식인 좌식 문화 탓이라는 분석도 나왔다.[24]

1920~1930년대 의복 유행에도 급격한 변화가 있었다. 여성 복식의 위생을 강조하면서 치마 길이가 짧아지기 시작했고, 맨다리를 드러낼 수 없었던 여성들은 구두에 실크 스타킹과 양말을 신었다. 근대적 소비자 주체로 등장한 여성들은 백화점에서 다리에 신을 스타킹을 비롯해 각종 물건을 사들였다.[25] 하지만 소비자로서 거리를 활보하는 여성의 몸이 서구 미인 같지 않아선지 조선의 용렬한 남성 지식인들은 부끄러움과 수치를 느꼈다.

1930년대 화백 안석주(안석영)의 대표적인 만문만화(만평)는 여성의 허영과 각선미에 관해서 묘사한 근대 초의 가장 유명한 그림이다. 이를 보면, 얼굴 없는 조선 여자들의 짧고 굵은 '무 다

위: 〈더 블루 엔젤〉 뮤지컬 공연에서 고전적인 카바레 포즈를 취하고 있는 배우 디트리히. 한쪽 다리를 올린 채 각선미를 강조하는 그의 자세는 수십 가지 포즈 가운데 특별히 선택된 것이다.

아래: 화백 안석주가 만평에서 묘사한 조선 여자들의 짧고 굵은 다리. '못생긴 주제에 고분고분하지 않고 허영기 많은 한국 여성'을 향한 비난은 오늘날까지 이어져 온 성 정치적 레토릭이다.

리'에 문신처럼 커다란 글자가 적혀 있다. "나는 신경질입니다. 이것을 이해해주어야 해요." "나는 문화주택만 지어주는 이면 일흔살도 괜찮아요. 피아노 한 채만 사주면."[26] '못생긴 주제에 고분고분하지 않은데다 허영기가 많아 부자 남자와의 상승혼(하이퍼가미hypergamy)을 추구하는 욕심 많은 한국 여성'에 대한 비난은 오늘날까지 면면히 이어져 온 성 정치적 레토릭이다.

각선미의 계량화

1950년 한국전쟁이 터진 이후 많은 여성이 구국을 위한 상징적인 노동 패션인 '몸빼(일할 때 입는 바지)'를 입으면서 다리를 가렸지만 1960년대가 되자 변화의 물결이 해일처럼 밀어닥쳤다. 미니스커트의 유행이 온 것이다. 1964년 탄생한 미니스커트는 영국 디자이너 메리 퀸트Mary Quant가 만든 획기적인 의복이었다. 퀸트는 자신처럼 달리면서 일하는 여성에게 자유를 주고자 이 옷을 만들었다고 했는데, 짧은 치마는 여성의 자유에 앞서 '날씬한 다리'를 향한 욕망과 강박을 자극했다. 1965년 깡마른 모델 트위기Twiggy가 미니스커트를 입어 옷과 함께 마른 몸의 세계적 유행을 이끌었고 한국에선 1967년 가수 윤복희가 이 옷을 처음 입고 등장해 센세이션을 불러일으켰다.

이 유행을 가부장제 사회에 대한 항의와 탈주라고 해석하는 이들도 있다. 1970년대 무렵 위로 17센티미터 이상 올라가는 미니스커트를 입은 여성은 경찰의 단속 대상이 됐다. 황당하게도 미니스커트 단속을 하던 국가는 여자 경찰관을 뽑으면서 지원자들의 치마를 들어 올리게 해 각선미 검사를 했다. 치마 제복을 입혔을 때 드러나는 다리가 아름다운 여자 경찰을 원했기 때문이다. 여성의 신체 노출을 단속하고 규율하는 한편 날씬한 여성의 신체를 보여주면서 가부장적 권력의 통치성을 과시하려는 모순된 기획이어서 당시에도 비판이 나왔다.[27]

1970~1980년대 이후 이상적인 각선미는 좀 더 상세히 수치화되었다. 신체를 마디마디 측정하는 것은 일제강점기 체질인류학을 떠올리게 한다. 당시 체질인류학을 선도했던 곳이 해부학교실이었듯, 각선미 전문가를 자처한 이들도 의료인이었다. 이들은 여론조사를 하거나 나름의 방법으로 '이상적인 각선미 사이즈'를 내놓았는데 소숫점 아래까지 허벅지나 장딴지 둘레를 측정하며 정교하고 세부적인 미의 기준을 제시하기 시작했다.

급기야 탁구·테니스·배드민턴·육상 등 여자 운동선수의 각선미 품평이 줄을 이었다. 탁구 선수 현정화와 홍차옥이 미니스커트를 입고 '각선미 장외 경연'을 벌였다며 "탁구 선수가 되려면 각선미를 다듬어라"고 언론은 보도했다. 한편 "전형적인 한국적 미모의 소유자인데다 각선미까지 빼어나 팬들의 눈길을 끌기에 충분"했다던 두 선수에게 초미니스커트를 입혀도 관중은 찾아오지 않았다며 탁구협회를 비판하기도 했다.[28] 선수들에게 미니스커트를 입힌 것은 두말할 것도 없이 선수들의 기량을 선보이기보다 그들의 몸을 대상화하고 관음증적 시선을 관중에게 유도하는 행위였다. 한마디로 돈을 벌려고 벌인 일이다.

각선미 담론의 숨은 뜻

언론의 각선미 보도 가운데서도 빼놓을 수 없는 아이템이 바로 성형 수술이다. 미인의 조건이 얼굴에서 다리로 옮겨갔다고 본 1929년 이후 다리 미용 성형은 언론의 단골 아이템이었다. 2000년대 들어 고주파를 이용한 신경차단술인 '종아리 퇴축술'의 심각한 부작용이 사회 문제가 되면서 다리는 얼굴 성형보다 한층 더 어렵고 섬세한 관리의 대상으로 변화한다. 아름다운 각선미는 주사, 수술, 스트레칭, 마사지, 최신 과학적 결과로 구성된 식단으로 아주 어렸을 때부터 섬세하게 관리하고 교정하여 만들어낼 수 있는 신체가 되었다.

각선미는 이제 더는 우월한 백인종의 상징이 아닐지도 모른다. 한국의 K-팝 스타들은 서구 백인 못지않은 큰 키에 곧고 긴 다리를 지녔다. 일반인들도 가느다란 '걸그룹 다리 만들기'를 위한 오만가지 방법을 쓰거나 다리 지방을 흡입하는 '걸그룹 주사'를 맞는다. 100년 전부터 각선미 담론이 차근차근 빌드업해온 내용은 처음부터 분명했다.[29] 타고난 신체가 아니라 해도 노력하면 달라질 수 있다는 것, 장시간 앉거나 서서 노동해온 다리보다 오랜 기간 시간과 돈을 들여 과학 기술로 관리해 후천적으로라도 얻게 된 매끈한 다리가 우월한 신체라는 뜻이다.

한국 연예인들의 새하얀 피부가 새로운 인종적인 지위를 얻게 되었듯 이들의 다리 모양 또한 다른 나라 사람들이 닮고 싶은 신체의 일부가 되어가고 있다. 예컨대 한국 연예사에서 가장 많은 각선미 칭송을 받은 이들 중 하나가 바로 걸그룹 소녀시대일 것이다. 일본에 진출한 소녀시대는 다리가 예쁜 '미각 그룹'으로 불렸고 한국에 이 별명은 역수출돼 다시금 유통되었다. 2007년 〈다시 만난 세계〉로 데뷔한 소녀시대는 에스엠SM엔터테인먼트 매출 1등 공신이었다. 〈Gee〉를 부르면서 형광색 스키니진을 입은 소녀들이 개다리춤을 추자 그들이 입은 딱 붙는 청바지는 대형 쇼핑몰에서 매일 2000벌씩 팔려 나갔다. 〈소원을 말해봐〉를 부를 땐 '섹시 코드'로 전략을 수정했다. 훗날 소녀시대 멤버들이 다리 노출이 부담스러웠다고 털어놓을 정도로 짧은 핫팬츠를 입고 일명 '제기차기 춤'이라 이름 붙인, 각선미를 강조하는 춤을 추었다.

'다리의 세계'를 보는 관점을 이동하면 얘기는 달라진다. 한 여성 지인은 어릴 때부터 자신의 두꺼운 허벅지를 저주했지만 풋살을 하면서 불만이 사라졌다고 말했다. 경기장에서 그는 말 다리를 가진 그리스·로마 신화 속 인물 '켄타우로스'로 일컬어진 다. 경기장에서 우다다다 뛰어다니는 튼튼한 다리야말로 동료들 이 부러워하는 최고의 다리였다. '굴러라 구르님' 유튜브 채널을 운영하는 김지우 씨는 인터뷰집 《우리의 활보는 사치가 아니야》 를 통해 휠체어 탄 여자들의 여행과 운동 이야기를 전했다. 그의 책을 보면 다양한 다리와 빠른 속도로 세상을 활보하는 여자들 의 모습을 만날 수 있다. 다른 몸, 다른 다리가 어느 곳이든 자유 롭게 자기만의 속도로 거닐 수 있는 시대가 켄타우로스의 말발 굽 소리를 내면서 더 힘차게 달려오고 있다.

발

'인간의 바닥'으로
산다는 것

인간의 두 발은 몸 전체의 4분의 1에 이르는 많은 뼈로 구성되어 있다. 발바닥 가운데 움푹 들어간 아치는 체중을 지탱하면서 보행 때 충격을 흡수하고, 에너지를 저장하는 한편 폭발시킬 수도 있다. 그래서 아치가 없는 평발은 장시간 걷거나 운동하면 쉽게 피로감을 느끼고 족저근막에 통증을 일으킨다. 발을 유연하게 움직이지 못하니 족부 기능 장애가 생기거나 발목에 부하가 걸려 자주 삐게 될 수도 있다.

홀대받던 발은 과학과 의학이 발달하면서 우대받게 됐다. 현대 의학에서 발은 제2의 심장이라고 한다. 아래로 내려온 혈액이

다시 심장으로 올라갈 수 있는 건 발과 종아리 근육의 움직임 덕이다. 오래 서 있거나 앉아 있으면서 근육을 사용하지 않으면 발도 붓는다. 발에 문제가 생기면 무릎·고관절·척추 등에 이상이 오고 보행까지 어려워진다는 것쯤은 이제 상식이 됐다. 평발을 극복한 박지성·손흥민 같은 축구 선수들이 훌륭해 보이는 까닭이다. 피겨 스케이팅 선수 김연아의 발, 스피드 스케이팅 선수 이상화의 발, 발레리나 강수진의 구부러지고 상처 입은 발은 아름답다. 종교 의례에서도 손을 씻기는 세수식보다 발을 씻기는 세족식이 감동적인 건 천대받는 발을 보듬는 의미 때문일 것이다. 무겁게 짓눌리는 발은 돌봐주지 않으면 어느 순간 비명을 지르고 온몸을 변형시킨다. 발은 역시 '백성'의 은유가 될 자격이 있다.

발을 감싸는 신발은 사회적 상징이 강하다. 그 사람의 젠더·계급·취향을 보여주고 정체성을 구성한다. 18세기 유럽에서 공적 영역으로 나오지 않는 중산층 여성은 주로 비단 슬리퍼를 신었다. 바닥이 얇아 집 밖에서 신기에 적합하지 않은 신발이었다. 계몽주의자 루소가 남성만이 이성적인 존재라고 선포하고 여성의 복종을 강조하며 여성은 집 안에 붙박아놓은 영향이 컸다. 역설적이게도 18세기 중산층 여성들은 그 얇은 신발을 신고 바깥에 나가지 못하는 대신, 사적 영역에서 글을 썼다. 작가 버지니아 울프Virginia Woolf는 18세기 말 귀족 남성이 아닌 중산층 일반 여성들이 글을 쓰기 시작한 것이 십자군전쟁이나 장미전쟁보다 더 중요한 사건이라고 보았다.[30] 동시대 하류 계층 여성들은 집 안팎에서 두꺼운 장화를 신고 일했다. 여자들은 어디서든, 무슨 신발을 신든 일을 멈춘 적이 없다.

하이힐의 탄생

오늘날 '커리어 우먼'의 상징이 된 하이힐은 원래 남자들 사이에서 유행한 신발이었지만 17세기 초반에 이르러 여성복에도 적용되었다. 18세기 이후 하이힐에는 성애적인 요소가 더해진다. 역사학자 엘리자베스 세멀핵Elizabeth Semmelhack은 남성중심적인 계몽사상이 유행할 때, 여성이 남성을 유혹해서 권력을 빼앗을지 모른다는 두려움도 널리 퍼져 나갔다고 말한다. 작은 발을 암시하는 하이힐은 이때부터 유혹, 부도덕, 사치와 허영, 교활함을 뜻했다. 카메라가 발명된 이후 포르노 사진사들은 여성에게 하이힐만 신기고 사진을 찍는 관행을 만들었고 이 관행은 지금까지 유지되고 있다. 하이힐은 노골적으로 성적인 유혹, 여성의 성기와 동일시되었으며 굽 높이도 점점 높아졌다. 굽이 높고 야한 구두가 여성의 섹슈얼리티를 상징했으므로 어린 여성들에게는 적합하지 않다는 인식도 확산했다.[31]

19세기 한스 크리스티안 안데르센Hans Christian Andersen의 동화 〈분홍신〉에서 성욕과 허영심을 보이는 여자아이는 빨간 구두를 탐냈다가 영원히 춤추라는 형벌을 받는다. 발이 피투성이가 될 때까지 밤낮으로 춤을 추고 또 추다가 아이는 끝내 발목이 잘린 뒤에야 구원을 얻는다. 1980년대 후반 한국 젊은이들 사이에서 큰 인기를 얻은 잘만 킹Zalman King 감독의 영화 〈레드 슈 다이어리〉도 체액과 성교 장면이 난무하는 직설적인 포르노에 견줄 수 없는 영상 미학적인 성취가 있다는 평가를 받았는데, 하이힐과 여성의 섹슈얼리티를 세련된 자본주의와 연결시킨 이미지 전략 덕을 톡톡히 봤다.

'섹스 심벌'로 유명한 배우 먼로는 영화 〈7년 만의 외출〉에서 하얀 홀터넥 드레스를 입고 페라가모 하이힐을 신었다. 1956년 한국을 방문해서 미군 앞에서 공연할 때도 하이힐을 포기하지 않았다. 그는 영화 속에서 섹시한 걸음걸이를 위해 하이힐 한쪽 굽을 잘라내 짝짝이로 신고 특유의 '먼로 워크'를 만들어냈다. 앞서 언급했듯이 먼로는 책을 많이 읽고 똑똑했지만 지능이 낮고 단순한 여성으로 간주되었다.

세멀핵은 하이힐의 가장 중요한 의미가 '여성은 비논리적'이라는 관념을 영속화하는 데 있다고 설명한다. 의사들은 여성의 건강에 힐이 미치는 악영향을 경고했고, 대중심리학자들은 '여자라면 신발을 좋아한다'는 관념을 전파했다. 곧 건강에 나쁜 하이힐을 굳이 고집하는 여성들은 남성을 유혹하려는 심산이거나 비

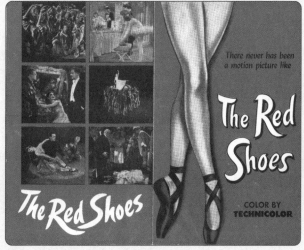

위: 덴마크 화가 빌헬름 페데르센Vilhelm Pedersen이 그린, 안데르센의 동화 〈분홍
신〉 삽화. 주인공 여자아이는 빨간 구두를 탐냈다가 발이 피투성이가 될 때까지 쉬
지 않고 춤추라는 형벌을 받는다.

아래: 1948년 마이클 파웰Michael Powell 감독의 영화 〈분홍신〉 전단지. 고전 발레
영화의 수작으로 꼽힌다. 이 역시 결말은 충격적이다.

논리적이며 허영심이 많다는 얘기다. 하이힐은 사치, 성적 방종과 연결되었다.[32]

한반도의 상황을 보면, 1930년대부터 '굽 높은 구두'는 집 밖으로 나가는 방탕한 '허영녀'를 비판하는 클리셰였다. "굽 높은 좋은 구두나 사 신기 위해 직업을 가지라고 하는 일부분의 사람이 있다는 것은 극히 아름답지 못한 일"이라거나 하이힐이 보기에 좋지 않고 건강에도 나쁘다며 신지 말라는 목소리가 높았다.[33] 최근까지 여성의 하이힐과 건강에 대해 그리 새롭지 않은 주장이 제기되었다. 하이힐을 신으면 뒤꿈치가 높아져 종아리가 긴장하면서 도파민을 억제한 결과 여성의 정신병 발병률을 높인다는 주장 같은 것이다. 그렇다면 등산을 할 땐 뒤꿈치가 낮아져서 종아리의 긴장이 풀리면서 도파민이 솟아나고 하산할 땐 도파민이 억제되는가? 그보다 문제는 굽 높은 구두를 신고 해야 하는 과중한 노동에 있는 것 같다. 하이힐을 신고 재미있고 흥분되는 놀이를 한다면 도파민이 폭발하지 않겠는가? 여성들의 발목과 척추, 정신건강을 염려해주는 '하이힐 담론'은 100년 이상 균형감을 찾지 못하고 특정한 방향으로만 기울어졌다.

뉴욕 커리어 우먼들의 사랑과 우정을 다룬 미국 HBO 텔레비전 시리즈 〈섹스 앤 더 시티〉에서 주인공 캐리 브래드쇼(세라 제시카 파커Sarah Jessica Parker)를 가장 강력하게 움직이는 것은 사랑, 그리고 구두였다. 모델 뺨치게 늘씬하고 사랑스러운 뉴욕의 셀러브리티, 캐리의 직업은 도시 속 사랑과 섹스에 관한 칼럼을 연재하는 작가였다. 권위 있는 언론의 공적 지면에 섹스 칼럼을 쓰는 여성이 구두를 좋아한다는 아이디어는 성적 판타지와 전문직 여성의 모습을 세련되게 결합시키는 영리한 작전이었다. 제작진들은 하이힐을 사랑하는 성별 불문의 젠더리스, 젠더플루이드를 등장시켜 성별 이분법을 허무는 에피소드를 다수 배치하기도 했다.

이 드라마는 여성이 사랑과 성공을 모두 성취할 수 있다고 보는 신자유주의 페미니즘에도 큰 영향을 끼쳤다. 신자유주의 시대에 굽 높은 구두는 '당당한 여성'이라는 메시지를 획득했다. 기업가이자 메타의 최고운영책임자였던 셰릴 샌드버그Sheryl Sandberg는 《린 인》을 통해 여성에게 남자 못지않게 성공할 수 있다는 꿈을 불어넣었다. 페미니스트 벨 훅스bell hooks는 샌드버그가 여성이 권력을 얻으려면 백인 남성을 모방해야 한다는 식으로 '가짜 페미니즘'을 판매한다고 비판했지만[34] 한국에서도 '하이힐 리더십' 담론은 꽤 인기를 끌었다. 여성이 야망을 품으면 공사 어느 쪽이든 성공을 쟁취할 수 있다는 환상 또한 불러일으켰다.

애초에 하이힐은 신자유주의가 만들어낸 여성성에 적합할지 몰라도 민주주의와는 어울리지 않는 것이었다. 하이힐을 신은 여성은 이성적이고 합리적인 정치를 할 수 없다는 관념 때문이었다. 정치인의 부인인 이멜다 마르코스Imelda Marcos가 소장하던 구두 수천 켤레는 부패한 정치의 강력한 이미지였다. 테레사

메이Theresa May 영국 전 총리는 뛰어난 패션 감각으로 사랑받았지만 구두가 몇 켤레냐는 기자의 질문을 받아야 했다. 여성이 정치에 어울리지 않는다는 얘기를 하고 싶었던 거라면 정확한 질문이었다.

그러나 창의적인 한국의 여성들은 오래전부터 이 구두의 당당한 이미지를 몸에 두르고 기꺼이 '민주주의 파티장'에 참석했다. 2008년 '촛불 광장'에 참여한 2030 여성은 '하이힐 부대'로 일컬어졌다. 그들은 하이힐을 신으면 파워풀하다고 느낀다며 굳이 높은 굽의 구두를 신은 세련된 옷차림으로 권력에 저항하는 집회에 참석했고 물대포를 맞았다. 2010년대 이후 일본의 #KuToo 캠페인처럼 여성성을 강조하는 복장 규정이나 성애적 의미를 띤 하이힐 착용을 거부하는 여성주의 운동이 벌어졌지만, 한편에서는 신자유주의적 삶을 돌파하려는 여성 개인의 무기로 선택되면서 하이힐은 중층적인 문화적 양상을 보이게 됐다.

이와 함께 2024년 12월 3일 대통령 윤석열이 선언한 비상계엄과 내란 사태에 항의하고 탄핵을 촉구하는 집회에서 불린 '저항가' 중 대표적인 노래가 소녀시대의 데뷔곡 〈다시 만난 세계〉라는 점도 기록해둔다. 앞서 '미각 그룹'으로 손꼽히던 소녀시대가 하이힐을 신고 10대 여성의 화장과 다이어트 등 외모 관리를 부추겼다는 비판을 받았던 것을 생각하면 문화의 창의적인 변모가 얼마나 예측하지 못하는 방향으로 이뤄지는지 실감할 수 있다.

나는 스스로 걸을 수 있는가

하이힐과 함께 여성의 섹슈얼리티를 강조하는 또 다른 풍습으로 중국의 전족을 꼽을 수 있다. 전족은 어렸을 때부터 여성의 발을 꽁꽁 묶어 크지 못하도록 하는 풍속으로, 발이 작은 여성의 성기가 남성의 성적 쾌감을 높여준다는 속설에 기반한 문화적 관습이었다. 인류학자 도러시 고Dorothy Ko는 중국 여성의 발을 동여맨 것에도, 푼 것에도 사회적이고 문화적인 불평등이 연루돼 있다는 점을 밝혔다. 반反전족 운동의 가장 큰 문제는 전족 여성의 타자화·혐오화였다. 중국 여성 해방의 상징처럼 여겨졌지만 묶인 발을 풀어내는 '방족放足'도 성공적이라 할 수는 없었다. 청말명초 남성 사상가들은 전족 여성을 기생충이자 팜파탈로 보았고, 어린아이로 취급하며 수치를 주었다. 그들의 신체는 웃음거리, 검사 대상이 되었고 사진으로 찍혀 서구에 전시되었다. 국치에서 회복하기 위해 방족은 필수적인 문화 변형 과정이었던 것이다. 접혔던 발바닥은 하루아침에 쉽게 펼쳐지지 않았고, 방족을 위해서도 전족에 버금가는 지난한 과정이 필요했다. 전족만큼 방족을 한 여성의 걸음도 부자연스러웠다.[35]

1963년 가수 남일해가 부른 〈빨간 구두 아가씨〉는 오솔길에서 빨간 구두를 신고 또각또각 소리를 내면서 밤길에 홀로 바삐 걸음을 재촉하는 한 아가씨를 발견한 화자 남성이 그를 보고 부

1900년대 중국 전족 여성의 발 모습. 인류학자 도러시 고에 따르면 중국 여성의 발을 동여맨 전족도, 묶인 발을 풀어내는 방족도 모두 사회적·문화적 불평등이 연루돼 있다.

르는 노래다. 어딜 가시냐고, 지금쯤 사랑을 알 만도 하지 않냐며 희롱인지 유혹인지 혼잣말인지 질문인지 모를 낯선 남성의 말을, 빨간 구두를 신은 아가씨는 들었는지 모른다. 무서웠을 것이다. 그래서 한 번도 뒤돌아보지 않은 채 더욱 발걸음을 빨리했을 것이다.

여성들은 걷고 싶을 때 걷고, 가고 싶은 곳에 언제라도 갈 수 있을 만큼 충분히 안전한 보행의 자유를 얻지 못했다. 작가 리베카 솔닛Rebecca Solnit은 여자가 "성적이지 않을 때가 없는 존재"로 해석돼왔으므로 "여자의 보행은 많은 경우 이동이 아니라 공연으로 해석된다"고 말했다. 여자들은 자기를 보여주기 위해 걷고, 남자의 경험을 위해 걷는 것으로 해석된다는 뜻이다.[36] 트랜스젠더 여성들도 마찬가지다. 그들은 종종 길거리에서 단순히 걷는 것만으로 폭력에 노출된다.

솔닛이 새로 쓴 신데렐라 이야기인 《해방자 신데렐라》의 결말에서 신데렐라는 유리구두를 진열장에 넣어둔 채 튼튼한 부츠를 신고 말에 올라타서 자기가 가고 싶은 곳으로 간다. 젊었을 때 나는 밑창이 몹시 두꺼워서 마치 군함같이 생긴 플랫폼 슈즈나 굽 높이가 10센티미터는 족히 넘는 워커를 신고 다녔다. 긴 머리를 휘날리며 굽 높은 구두를 신고 상대를 만날 때 나는 좀 더 나은 사람이 된 것 같았다. 하지만 나의 발은 평발이었고, 예쁘장한 구두들은 족저근막염과 무지외반증을 초래했다. 나이가 들어 이제는 구두를 신을 수 없는 발이 되었다. 발바닥엔 늘 깔창을 깔아 무너지는 아치를 지탱한다.

가끔 그리울 때가 있다. 그 뾰족한 성정과 날카롭던 기세가, 그래야만 버틸 수 있었던 '젊은 여성'의 몸이었던 때가. 그때 높은 구두가 아니라 튼튼한 부츠와 편안한 운동화를 신고, 뒤도 돌아보지 않고 가고 싶었던 먼 곳으로 떠났다면 어땠을까. 좋은 신발은 더 넓은 세상으로 나를 데려다주었을 것이다. 그렇지만 그때 내게 허락된 신발 가운데 가장 멋진 신발을 신고 당도한 이 세계 또한 나에게는 소중하다.

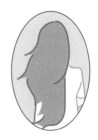

머리카락

한 올에는 자본이,
다른 한 올에는 권력이

왜 한국의 영화나 드라마에는 산발한 귀신이 많이 나올까. 〈전설의 고향〉 같은 여름 공포물에는 하나같이 머리카락을 길게 늘어뜨린 여자 귀신이 등장한다. '산발한 여자 귀신'은 한국과 일본의 공통적인 영상 문법이다. 머리를 푼 소복 귀신은 일제강점기 조선총독부 기관지인 《매일신보》삽화 등에서 일본식 유령의 모습을 본떠 보여준 것이 시초였다. 1960년대 이후 〈월하의 공동묘지〉 같은 한국 공포영화에 등장한 여자 귀신들도 마찬가지다.

드라마 〈악귀〉에서 주인공 구산영(김태리)은 20대의 씩씩하면서도 억압이 많은 여성인데, 머리를 푼 귀신이 그림자처럼 따라다닌다. 메두사의 머리처럼 제각각 움직이는 기다란 머리카락은 공포를 더욱 자극한다. 귀신을 만나본 적도 없고 앞으로도 별로 만나고 싶지 않은 입장에서 귀신에게 머리를 묶어라 풀어라 할 자격은 없지만 여자 귀신의 긴 머리카락이 실체라기보다는 특정 시공간의 문화를 공유한 인간 관념의 투영이라는 점만은 알겠다.

저항이자 돈이 되는 머리카락

근대 이후 한반도에서 두발만큼 사회적 규제가 강력하고 촘촘하게 작동하는 신체 부위는 없었다. 가장 대표적인 규제는 1895년 성인 남자의 상투를 자르라고 명을 내렸던 단발령일 것이다. 단발이 양생에 유익하고 일하는 데 편하다는 이유였지만 백성에겐 이런 강제적 근대화가 갑작스럽고 유교적인 전통과 자존심을 훼손한 문화 충격이었다. 스스로 머리카락을 자른 고종을 비롯, '신체발부 수지부모'를 중시하던 남성 대다수가 이를 심각한 박해로 인식했지만 한번 터진 물꼬는 막을 수 없었다. 단발령이 철회된 뒤에도 남자들 사이에서 짧은 머리는 빠르게 유행을 탔다.

　　남자들이 강제적인 단발령으로 상투를 잘랐다면, 여성들은 대개 자발적으로 단발 유행을 따랐다. 1920년대에 근대는 '모단毛斷'으로 일컬어졌다. 신여성은 '모단걸' '단발랑'으로 불렸는데 이 호칭엔 성적으로 문란하고 사치와 방종이 심하다는 편견이 들씌워졌다. 1920년대 초 가장 유명한 단발랑은 경성 화류계를 주름잡던 기생 강향란이었다. 그는 남자에게 배신당해 자살을 기도했다가 구조된 뒤 "남자와 똑같이 당당하게 살아야겠다"며 머리카락을 자르고 남장을 했다. 이후 신문기자로 일하고 여성 운동을 했으며 영화배우로도 활약한다.

여성 해방 운동가이자 사회주의 혁명가인 허정숙과 주세죽, 고명자는 과거와 단절하겠다며 한날한시에 모여 함께 가볍게 머리를 잘랐다. 이들의 단발은 신문에서 대서특필할 정도로 유명했고, 그만큼 사회적으로 지탄받았다. 허정숙은 "여성이 자기의 두발 그것 때문에 과거에 얼마나 큰 모욕을 받아왔으며, 현재의 적나라한 인간성으로 돌아가 비추어볼 때 얼마나 불편하고 구애되는 점이 많은가. (…) 여자의 단발은 현 사회 제도를 인정하지 않고 여기에 딸린 풍속이나 습관, 도덕, 법률을 부인하는 현대상의 하나"라며 여성 운동가로서 사회적 저항의 의미로 머리를 잘랐음을 분명히 밝혔다.[37]

여자들의 단발은 뜨거운 논란거리였다. 남자들은 여자의 단발을 의복 개량보다 훨씬 크게 비난했다. 가부장제와 남성성에 대한 도전으로 받아들여졌기 때문이다. 소설가 염상섭, 아동문학가 방정환을 포함한 모던 보이 다수가 여자의 단발은 허영심

1920년대 '여성 혁명가 트로이카'. 왼쪽부터 허정숙, 주세죽, 고명자. 1925년 늦
봄부터 여름께 청계천에서 찍은 것으로 추정된다. 그해 10월 《신여성》 단발특집
호엔 이들의 단발 이야기가 실렸다.

에서 비롯된 것이라며 비판했다. 1926년 1월 서울의 동광청년회는 여성의 단발이 타당한지 입씨름하는 '여자 단발 가부 토론'을 열었다. 행사가 열린 서울 종로 중앙청년회관은 북새통을 이뤘고 찬성 쪽 인물이 등장하지 않자 청중이 흥분하는 등 가부 결정은 못 한 채 토론회는 산회하고 말았다.[38] 1929년 1월 잡지《별건곤別乾坤》은 양쪽 연사가 모두 참여하는 여자 단발 가부 토론 기사를 실었다. 반대하는 남성의 주장에 박수가 터져 나왔다 하니, 여성 단발에 대한 다수의 반발을 짐작할 수 있다. 1930년대엔 '단발을 하면 대머리가 쉽게 된다'는 등의 이상한 과학 이론을 미국발로 소개했던 국내 신문들도 여성의 단발에 대한 반감 조장에 한 몫을 했다.[39]

그러나 아무리 유교적 관념이 강력하였대도 두발 자유화라는 거대한 변화를 거스를 수는 없었다. 게다가 잘린 머리카락은 돈이 되었다. 국가는 여성의 노동력도 모자라 긴 머리카락까지 촘촘하게 자원으로 착취했다. 1960년대 박정희 정권은 외국 차관을 갚기 위해 수출 기반 마련에 나서면서 대표 품목으로 가발을 선택했다. 정부는 가발 기능공 양성소를 세우는 등 가발 산업을 적극 지원했다. 부산시가 여학생들 머리카락을 7센티미터 더 길러 가발 수출 자원으로 삼겠다고 각 학교에 공문을 내려 보내자 "내 딸 머리카락이 앙고라냐"며 학부모들이 항의하고 나서는 일도 있었다.

1960~1970년대 가난한 집 여성들은 긴 머리카락을 잘라 가계에 보탰고, 이용소는 자른 머리카락을 모아 수집상에게 넘기고 비누 따위를 받았다. 머리카락이 돈이 되자 여자아이들을 꾀어 머리카락을 잘라가거나 쌀을 사려고 잘라놓은 머리카락을 훔쳐가는 신종 강도가 극성을 부렸다. 유괴한 어린 여자아이의 머리카락을 자르다 아이가 울자 살해한 끔찍한 사건까지 발생했다. 독재와 빈곤 시대의 여성 머리털 잔혹사다.

머리카락은 개인의 몸을 통제하고 권력을 내면화시켜 순종적인 신체를 만드는 규율 권력이 작동하는 곳이다. 감옥에 수감된 수용자는 규율에 따라 헤어스타일을 유지해야 한다. 군인은 대체로 짧은 머리를 유지하는데 2021년 12월 국가인권위원회는 간부와 병사의 두발 규정이 다른 것은 차별이라며 제도를 개선하라는 결정문을 내놨다. 청년과 학생들의 머리 또한 오랫동안 통제의 대상이었다. 1970년대 남성 장발 단속이 이뤄지던 시절 장발은 저항을 상징했다. 전두환 정권은 1982년 학생 두발 자율화를 시행했지만, 2000년대 다시금 고교생들의 두발 규제가 시행되면서 반대 운동이 극에 달한다. 그 뒤에도 정치적 기울기에 따라 고교생들의 두발 단속과 자율화 조치가 번갈아 오갔고 머리카락의 길이와 색깔을 허용하는 기준도 달라졌다.

신념과 권력의 표현

머리카락은 인종 차별과 혐오의 이슈가 되기도 한다. 2005년 프랑스에서는 에어프랑스 승무원으로 채용된 한 아프리카계 청년이 머리카락을 땋아 묶고 출근하자 사 쪽이 복무 규정에 어긋난다며 가발을 쓰라고 강요한 일이 있었다. 청년은 회사의 규정에 따라 가발을 쓰고 일하다가 2012년 해고를 당했다. 법정에서 끝내 승소했지만 그는 10년 동안 회사를 상대로 싸워야만 했다. 프랑스 의회는 2024년이 되어서야 '두발 차별금지법'을 통과시켰다. 머리카락의 색깔이나 길이, 질감 등을 이유로 차별해서는 안 된다고 못 박은 것이다.[40] 미국 뉴저지주에서는 2018년 고등학생 레슬링 경기에서 심판이 흑인 선수에게 머리카락을 자르거나 경기 출전을 포기하라고 명령했고 그의 머리카락을 자르는 영상이 퍼져 인종 차별 논란을 불러일으켰다. 2019년 캘리포니아주는 흑인 헤어스타일 차별금지를 명문화하기도 했다.[41]

젠더·섹슈얼리티와 관련해 고의적인 머리카락 손상·은폐는 수치나 위협을 나타낸다. 드라마 〈미스터션샤인〉에서 신분이 낮은 구동매(유연석)는 양반집 규수 고애신(김태리)의 댕기머리를 잘라 "아무것도 하지 말라"고 말한다. 독립운동 같은 위험한 일을 멈추고 '안전한' 집 안에 있으라며 사적 영역에 붙잡아두려 한 것이다.

고분고분하지 않은 배우자나 딸의 머리카락을 밀어버리는 일은 가부장의 오래된 폭력 가운데 하나였다. 유대인 정통 보수파들은 여성의 머리카락이 성적 유혹을 상징한다며 기혼 여성의 머리카락을 잘랐다. 이슬람권에서 히잡을 쓰거나 가톨릭에서 미사포를 쓰게 하는 것 또한 여성의 머리카락을 단속하는 제도적 규제였다. 히잡이 이슬람 여성의 자부심과 주체성을 상징하고 패션의 도구가 된다는 주장도 있지만 2022년 이란의 반反히잡 시위 이후엔 여성의 히잡을 인권 탄압으로 보는 의견이 힘을 얻고 있다. 히잡이 패션의 도구가 되건 여성 차별의 제도적 억압이 되건 여성의 머리카락은 자본과 정치권력이 작동하는 신체 구성물이라는 데는 변함이 없다.

유행을 선도하는 연예인이나 인플루언서를 제외하고 머리카락을 철저히 관리하는 대표적인 직종은 정치인이나 그 배우자일 것이다. 힐러리 클린턴Hillary Clinton의 머리카락은 메두사의 머리에 비유되었고, 국내에선 박근혜 전 대통령의 헤어스타일이 정치적인 의제였다. 어머니 육영수의 헤어스타일을 따라 했던 박 전 대통령은 2014년 4월 16일 세월호가 가라앉는 일곱 시간 중에도 올림머리를 하느라 90분을 썼던 것으로 드러났다. 2017년 김중로 국민의당 의원은 국회 본회의에서 대정부질문을 하다가 강경화 외교부 장관에게 "하얀 머리가 멋있다"며 외모 언급을 해 입방아에 올랐다.

짧은 머리가 가부장적 정치나 종교 권력에 대한 여성의 순응과 관련되기도 하지만, 정반대로 풀이될 때도 있다. 양궁 선수 안산이 2020년 도쿄올림픽에서 올림픽 양궁 역사상 최초로 3관왕을 차지했을 때 그의 짧은 헤어스타일이 도마 위에 올랐다. 페미니스트 또는 탈코(탈코르셋)로 그의 머리카락이 의미화되어 비난이 쏟아진 것이다. 1920년대 단발랑에 열띤 비난이 일었듯, 안산의 쇼트커트 역시 남성 중심 사회에 대한 도전으로 받아들여졌다. 일부 학교에서는 쇼트커트가 동성애를 조장한다고 보고 두발을 규제했다.

인류학자 에드먼드 리치Edmund Leach를 비롯한 학자들은 긴 머리카락을 절제되지 않는 섹슈얼리티, 통제되지 않는 생식력에 비유한다.[42] 왕자를 홀리는 라푼젤, 정성스레 빗질하며 어부들을 유혹하는 로렐라이, 아폴론이 애태우던 다프네의 빛나는 머리카락도 여성성의 표상이 된다.[43] 갑작스럽게 머리카락을 짧게 잘랐을 때 "실연했냐"고 묻는 것은 머리카락 자르기가 여성성의 훼손이라는 의미를 지니고 있기 때문이다. 때로 여성의 긴 머리는 유혹적이고 짧은 머리는 도전적이다. 남성의 긴 머리는 퇴폐적이고 지나치게 짧은 머리는 폭력적이다. 그렇다면 두발은 과연 어떠해야 '정상'인가?

싸움에서 머리채를 잡히면 진다. 저항을 위해 삭발하는 사람들은 자신이 가진 모든 것을 던지겠다는 각오를 다진다. 이때 머

안토니오 델 폴라이올로Antonio di Jacopo Pollaiuolo, 피에로 델 폴라이올로Piero del Pollaiuolo, 〈아폴론과 다프네〉, 내셔널갤러리, 1470~1480. '스토커' 아폴론에게서 달아나던 다프네는 올리브 나무가 된다.

리카락은 신념의 표현이다. 머리채를 잡힐 것인가, 잡을 것인가. 내가 내 머리를 깎을 것인가, 남이 내 머리를 깎을 것인가. 머리카락은 권력의 표현이다. 남의 머리카락을 자기 마음대로 하는 자는 권력자다. 자기 머리카락을 자기 마음대로 할 수 있는 자, 그가 바로 힘 있는 자다. 그는 새처럼 자유롭다.

섹스와 출산

나의 자궁은 나의 것인가

고대 그리스 도시국가 아테네의 여성 리시는 '섹스 파업'을 주도한다. 스파르타와 오랜 전쟁을 벌이고 있는 남성들의 폭주를 멈추게 하기 위해서였다. 여성들은 아크로폴리스에서 점거 농성을 하고, 양국 남성들은 강화조약을 체결하면서 전쟁을 멈춘다. 고대 그리스 극작가 아리스토파네스Aristophanes가 쓴 희극《리시스트라타Lysistrata》의 내용이다.

실제로 아프리카 토고, 일본, 필리핀, 이탈리아, 콜롬비아, 벨기에 등 세계 곳곳에서 독재자에게 반대하거나 정치적 견해를 표출하는 방법으로 여성들이 섹스 파업을 선언했다. 한국에서는

2016년 여성들이 낙태죄 폐지를 촉구하며 "나의 자궁은 나의 것" "섹스 파업"이라는 손팻말을 들고 행진했다.

이를 전후해 한국의 여성 청년들은 한 발 더 나아가 이성애적 로맨스 자체를 거부하고 비연애와 비섹스, 비혼, 비출산을 가리키는 4비(4B·4非) 운동을 벌였다. 이는 페미니즘 리부트 시대를 상징하는 일시적인 구호 중 하나일 뿐이며 어리석고 유치한 행동이라고 조롱받기도 했다. 한편으론 한국의 젊은 여성들이 펼치는 4비 운동이 경제적 문제 때문에 연애·결혼·출산을 미루는 3포 세대와 다르다는 지적도 나왔다. 이 운동은 여성들이 자신의 미래를 포기한 것이 아니라 국가에 동원되는 미래를 거부하는 적극적인 의사 표명이라는 분석이었다.[44] 삶의 불안정성과 성차별적 경험을 공유한 젊은 여성들의 진지하고 비판적인 저항이라는 뜻이다.

이성애 연애와 혈연 가족 구성을 거부한다는 건 '출산 파업'에 해당했고, 이 선택은 대체로 노골적인 비난을 받았다. 저출산('저출산' 용어가 인구 감소의 책임을 여성에게 묻는 의미가 담겨 있으므로 '저출생'으로 변경해 사용하는 경향이 있으나, 여기서는 출산의 주체가 여성이라는 뜻을 담아 '저출산'으로 썼다) 현상은 아이를 낳지 않는 젊은 여성에 대한 낙인을 가속화했다. 한국에서 가임기 여성(15~49세) 한 명이 낳을 것으로 예상되는 평균 출생아 수를 가리키는 합계출산율은 1970년에 4.53명이었다. 국가는 "둘만 낳자" "둘도 많다" 등의 구호

를 동원하며 극단적인 산아제한 정책을 펼쳤다. 그 결과 1983년 합
계출산율은 인구 대체 수준 2.10명 아래인 2.06명으로 떨어졌고
2000년엔 1.48명, 2010년 1.23명, 2023년 0.72명, 2024년 0.75명
으로 집계되었다.

　　2005년 한국여성단체협의회가 연 전국여성대회에서 이미
'윗세대' 여성들은 젊은 여성들의 저출산을 "퇴폐적 상황"으로 규
정했다. 참석자들은 "출산은 여성의 창조적 의무" "출산이 애국
이다"라고 외쳤다.[45] '젊은 여성'의 부도덕 때문에 국가적 위기가
심화되고 있다는 뜻이었다. 이른바 진보 정권이든 보수 정권이
든 국가가 상정한 '정상 가족 이데올로기'는 혼인으로 맺어진 이
성애 부부가 두 자녀를 낳아 기르는 부계 혈통 중심의 4인 가족
중심이었다. 저출산 정책을 논하는 테이블에는 검은 옷을 입은
중장년 남자만 즐비했고 "(당사자) 여성 없는 여성 정책"이란 비판
이 나왔다.[46]

인구 재생산의 도구

여성을 개별 인격체가 아닌 인구 재생산의 도구로 삼았기 때문에
더더욱 당사자들을 자극하는 사건도 적지 않았다. 2016년 12월
행정자치부는 전국 '가임기 여성'의 수를 표시한 '출산 지도'를 온

라인에 배포했다. 2017년 2월 24일 국책 연구기관인 보건사회연구원(보사연)이 연 인구 포럼에서 보사연 소속 한 전문가는 "여성의 교육 수준과 소득 수준이 상승함에 따라 하향 선택 결혼이 이루어지지 않는 사회 관습"이 문제라고 지적했다. 그는 "(이 관습을 바꿀 수 있는) 문화적 콘텐츠 개발이 이루어져야 함. 이는 단순한 홍보가 아닌 대중에게 무해한 음모 수준으로 은밀히 진행될 필요가 있음"이라고도 덧붙였다.[47] '콧대 높아진 여자들'이 비슷한 계층끼리 결혼하는 동질혼(호모가미homogamy)이나 고소득 남성과 결합하는 상승혼을 추구하기 때문에 저출산 기조가 생겼다고 보고, 국가 비상사태의 원인이 이기적인 여성에게 있다고 지목하면서 여성들이 인식하지 못할 만큼 교묘하게 '재교육'시킬 필요가 있다고 본 것이다.

'섹스만 즐긴 뒤 아이를 낳지 않는 여성'에 대한 공적인 비난도 저출산 대응 담론과 묘하게 맞물렸다. 2018년 5월 법무부가 헌법재판소에 낸 낙태죄 공개변론 요지서에서 낙태하려는 여성은 "성교는 하되 그에 따른 결과인 임신 및 출산을 원하지 않는 사람"으로 묘사되었다. 이런 여성의 비난과 낙인 담론이 공적 발화될 때마다 당사자들은 자신의 몸이 어떤 취급을 받고 있는지 깨닫고 항의 시위를 이어갔다.

여성의 성적 자기 결정권을 강조하는 페미니즘의 가장 유명한 슬로건은 "나의 몸, 나의 선택My body, my choice"이다. 미국 대선

프리다 칼로Frida Kahlo, 〈나의 탄생〉, 개인 소장, 1932. 다리를 벌리고 침대에 누운
산모와 그에게서 탄생하는 칼로 자신을 그렸다. 칼로 자신의 탄생과 유산이라는
아픈 경험, 어머니의 죽음이 한 작품에 담겨 있다.

에서 도널드 J. 트럼프Donald J. Trump가 다시금 승리한 뒤 백인 남성우월주의자 인플루언서인 닉 푸엔테스Nick Fuentes가 엑스(구 트위터)에 올린 "너의 몸, 나의 선택. 영원히your body, my choice. forever" 라는 글은 3500만 번 이상 조회됐다. 트럼프는 페미니즘 백래시(반동)를 일삼은 남성 커뮤니티와 인플루언서들을 공략했다. 윤석열이 2022년 대선 후보 시절 밑도 끝도 없이 '여성가족부 폐지'라는 일곱 자를 페이스북에 올리면서 펼친 반페미니즘 전략을 연상시켰다.

섹스와 출산은 가장 개인적인 것이기에 가장 정치적인 것이다. 아미아 스리니바산Amia Srinivasan 옥스퍼드대학교 석좌교수는 "남성에게 강제로 섹스할 권리가 있다는 잘못된 확신"은 정치적 패러다임과 연결된다고 보았다.[48] 트럼프의 집권은 곧 강제로 섹스할 권리가 있다고 주장하는 남성 우월 집단들의 승리처럼 여겨졌다. 캐나다 작가 마거릿 애트우드Margaret Atwood의 대표작 《시녀 이야기》에서 가부장제가 극단으로 치달은 전체주의 국가인 길리어드의 여성들은 인구 재생산의 도구로 전락한다. 2024년 미국 대선에서 트럼프가 승리한 직후 그해 11월 7일 애트우드가 페이스북에 자신의 사진을 올리며 "세상의 종말에 관한 미니 다큐를 촬영하고 있다"고 하자 여러 사람들은 "유나이티드 스테이트 오브 길리어드" "너무 슬프다" "오늘이 세계의 종말처럼 느껴진다"는 등의 댓글을 달았다.[49]

디지털 고어 자본주의

제2물결 페미니즘 시대에 활동한 슐라미스 파이어스톤Shulamith Firestone은 과학 기술을 바탕으로 인공자궁을 이용한다면 여성 착취를 종식시킬 수 있다고 보았다.[50] 섹스와 출산은 확실히 인류가 알지 못하던 기술을 장착한 미래로 가고 있지만, 파이어스톤이 원한 방식은 아닌 것 같다. '섹스돌'을 '로켓배송'으로 받을 수 있는 시대의 남성 소비자들은 후기 댓글에 위생이니 질감이니 '품평'을 시시콜콜 올린다. 피부나 뼈 관절이 실제 여성 신체와 유사한 건 물론이고, 특정한 얼굴을 주문하는 '커스텀 제작'도 가능하다. 2024년 11월 9일 서울대학교에서 연 한국여성학회 추계학술대회에서 여성학자 김주희 덕성여자대학교 차미리사교양대학 교수는 얼굴을 갈아 끼울 수 있다는 점이 '장점'으로 부각되는 섹스돌의 사례를 들어 여성의 신체 주문 자체가 즐거움이 되었다고 우려했다. "여성 형상은 조립 가능하고 소비되고 대체하고 버려질 수 있는 물질이 됐다."[51]

사실 이성애 섹스는 그 자체로도 오랫동안 여성에게 불편하고 불안한 행위였다. '성적 동의'는 복잡한 문제고, 뚜렷한 폭행이나 협박의 증거가 없다면 누구든 법정에서 강간 피해자로 인정받지 못할 수도 있다. 섹스를 할 때 '몰카'를 의식해야 하는 것을 넘어 이제 '딥페이크 성착취물'로 여성 얼굴이 탈취·합성되고 벌거벗은 몸의 이미지가 유포되는 시대를 맞이하게 되었다. 자본주의는 점점 섹스와 성폭력의 경계를 흐릿하게 만들고 있다. 2010년 중반 대중 페미니즘 물결을 '페미니즘 리부트'로 정의한 문화 평론가 손희정은 웹하드 업체가 대량의 디지털 성범죄 동영상을 묵인할 뿐 아니라 적극적으로 관리하고 유통시키고 동시에 피해 동영상을 지워주는 장의업까지 운영하며 돈을 벌었다고 지적했다. 그는 디지털 테크놀로지를 기반으로 자원 축적의 수단으로써 폭력과 착취를 일삼는 자본주의를 '디지털 고어 자본주의'라고 명명했다.[52]

이성애 관계를 넘어 더 나은 공동체로

2009년부터 2024년까지 15년 동안 한국에서 친밀한 관계의 남성 파트너에 의해 살해된 여성과 주변인은 보도된 것만 최소 1672명에 이른다. 2015년 전후 한국의 페미니즘 리부트는 진공 상태에서 느닷없이 일어난 것이 아니라 좌절된 남성성과 가부장적 국가가 협공하는 일상의 여성 혐오와 공격에 대한 대응이었다. 페미니스트들은 "내 자궁은 공공재가 아니다"라며 자신의 몸을 재생산 수단으로 착취하려는 국가에 저항했다. '허영심 많고 비윤리적인 젊은 여성 때문에 출산율이 바닥을 치고 나라가 소멸된다'는 아우성 속에 비혼 여성들에게 불이익을 주고 기혼 남성 세대주를 지원하는 방식으로 공세적인 '저출산 해법'을 내놓는 곳에서 당사자들이 '인구 정책'에 협조할 리 없다.

정치적으로 점점 보수화되는 젊은 남성에 견줘 훨씬 진보적이면서도 민주적 삶의 태도를 익히게 된 여성들은 사랑과 돌봄을 대등하게 나누는 인격체가 아니라 섹스할 수 있는 '몸'으로만 환원하는 이성애 관계에서 회의하거나 불안감을 느끼는 수가 많다. '같은 인간'으로 사랑과 체온을 나누면서 민주적인 연인 또는 가족 관계를 맺을 수 없다고 생각하는 이들(성별과 무관하게)은 홀로 살기를 선택하거나 새로운 이웃과 '곁'을 만들고 있다. 그 친족 공동체는 착취 없는 인간이나 '비인간' 동물 친구들이고, 헤어진 뒤 폭력이 두려워 몸을 숨기지 않아도 되는 관계다. 가부장적 국가와 부계 혈통 가족 관계와는 다른 미래와 세계를 선택하며 그들이 움직이고 있다.

2부

상처 입은
스토리텔러

모든 몸에는 그 가족의 몸 이야기가 남긴

은밀한 각인이 찍혀 있다.

— 수지 오바크

얼굴

일상적인
자기 점검의 장

얼굴을 보고 그가 어떤 사람인지 짐작해보려는 역사는 짧지 않다. 서양에서의 첫 학문적 시도는 2500여 년 전 고대 그리스의 관상학physiognomy으로 거슬러 올라간다. 철학자 아리스토텔레스의 생각을 담은 것으로 추정되는 《관상학》을 보면, 입술이 얇은 사람은 혈통이 좋고 윗입술이 튀어나온 사람은 미련하다고 적혀 있다. 코끝이 두툼한 사람은 소처럼 경솔한 반면 날카로운 사람은 쉽게 화를 낸다고 했다. 남성의 원형은 사각형 얼굴을 가진 '사자'라고 표현했는데, 당시 사자는 관대하며 영혼이 고결하고 정의로운 동물의 표상이었다. 여성의 경우 작은 얼굴을 가진 '표범'

에 비유했다. 이 동물의 영혼이 하잘것없는데다 교활하고 음흉스럽다고 믿었기 때문이다.[1]

21세기인 지금도 사람 얼굴을 동물에 비유하는 관습은 여전하다. 권력자의 얼굴을 두고 '돼지상' '쥐상'이라고 풍자하는 일은 피억압자에게 카타르시스를 선사한다. 젊고 예쁜 여성의 얼굴을 '고양이상' '강아지상'처럼 작고 귀여운 동물에 빗대는 풍조는 의존성이나 연약한 아름다움을 강조하려는 것이다. 남성의 얼굴 또한 동물에 비유하지만 여성의 얼굴은 괴물부터 마녀, 사이보그까지 더 넓은 범위의 비인간으로 자주 환원된다. 백인 기독교 이성애 남성이 아닌 사람의 얼굴을 비인간에 비유하는 일은 낙인이나 지배하려는 의도와 관련이 있다. 잘 알려져 있듯, 재현에는 언제나 권력의 문제가 개입한다.

여성이 언제부터 추한 존재인 괴물에 빗대어지고 도덕적으로 열등한 존재로 간주되었는지는 분명치 않지만, 중세 서구의 기록에서 이미 그 흔적을 찾아볼 수 있다. 《못생긴 여자의 역사》에서 프랑스 사회학자 클로딘느 사게르Claudine Sanger는 여성에 대한 부정적인 시선이 철학자들과 사제들에게서 촉발되었다고 본다. 당시 성직자들은 부모들이 예쁜 딸은 결혼시키고, 못생긴 딸은 수녀원으로 보낸다며 투덜댔다. 수녀원은 못생긴 여자들의 수용시설쯤으로 인식됐다.[2]

동양에서도 추함을 악, 아름다움을 선에 연결하는 관념은 다

2부 — 상처 입은 스토리텔러

르지 않았다. 조선 시대 고전소설 《박씨전》에서 박씨 부인은 남다른 지혜와 힘, 용기와 도력까지 갖추고 있었지만 흉한 몰골 때문에 남편에게 소박을 맞았다. 세월이 흐르고 친정아버지가 액운이 풀렸다며 얼굴의 허물을 벗는 도술을 알려주고 난 뒤에야 박씨 부인은 미인으로 거듭나 남편의 사랑을 받을 수 있었다. 박씨 부인이 전생에 큰 죄를 저질러 현생에서 흉한 몰골을 얻게 되었다는 버전도 있다(여성의 못난 얼굴이 전생의 죄 때문이라니 끔찍한 추론 아닌가). 추한 얼굴 탓에 남편과 주변 사람들에게 괴물 취급을 당했지만 예뻐진 뒤 모든 사람의 사랑을 받게 되었다는 내용만큼은 여러 버전이 동일하다.

예쁜 여자, 못생긴 괴물

여성은 누구나 '괴물'이나 '마녀'라는 조롱을 받을 수 있지만, 권력을 가진 여성은 특히나 외모를 빌미로 심각하게 공격받을 가능성이 크다. 2010~2013년 오스트레일리아 최초의 여성 총리로 재임했던 줄리아 길라드Julia Gillard는 '매부리코를 가진 마녀'라며 토니 애벗Tony Abbott을 비롯한 야당 의원들의 저열하고도 집요한 외모 공격에 임기 내내 시달렸다. 다큐멘터리 영화 〈강력한 여성 지도자〉를 보면, 길라드 총리의 높은 콧대부터 옷차림과 걸음걸이, 결혼하지 않고 지내는 파트너와 성적 관계까지 싸잡아 정쟁의 빌미가 된다. 키득거리는 남성 정적들의 수준 낮은 공격에도 인내심을 잃지 않던 총리는 2012년 마침내 그 유명한 미소지니 스피치(여성 혐오 연설)를 통해 애벗에게 정면으로 답했다. 당신에게 필요한 건 거울이라고.

얼굴에 대한 공격은 '같은 사람'이라고 인정하지 않고 인격을 파괴하려는 의도를 담고 있다. 상대를 허물어뜨리려는 것이다. 여성이 몸과 얼굴로 환원되는 건 '인간(휴먼)'의 기준인 남성과 '같은 사람'이 아니라 비인간, 또는 자연에 가깝기 때문이다. 애초에 서구 중심의 이원론적 세계관에서 인간의 얼굴은 기독교 백인 이성애 남성을 기준으로 했다. 그러나 '인간'의 범주에서 벗어난 여성들은 이 덕분에 더욱 '지구 타자'들과 연결하는 기회를 얻게 됐다. 이를테면 1908년 영국 정부는 여성 참정권 운동가의 얼굴을 반인반수로 형상화한 포스터를 제작했다. 송곳니를 드러내고 머리에 꽃을 꽂은 비인간 동물의 얼굴이었다. 영국 미술사학자 캐서린 매코맥Catherine McCormack은 이런 '여성 괴물'이 여성의 힘을 억누르려는 수단으로 쓰였지만 여성들에게 도리어 모호함이라는 역량을 주었다고 풀이한다.[3] 여성을 괴물로 만든 것이 역설적으로 여성에게 자유를 부여해 인종 차별적이고 가부장적인 자본주의의 설계를 넘어서는 존재가 될 수 있도록 힘을 주었다는 것이다. 여성은 '휴먼' 중심의 사상이 성립될 때부터 비인간 타자들과 연대

할 수 있는 '포스트휴먼'의 존재성을 씨앗으로 지니게 된 것인지
도 모르겠다.

수치화되는 얼굴

예쁘거나 못생긴 얼굴의 기준은 누가 어떻게 정할까? 연상호 감
독의 그래픽노블《얼굴》에서 약간의 힌트를 발견할 수 있다. 어
느 날 암매장된 백골 사체 하나가 발견된다. 수십 년 전 살해 당
한 영희였다. 사람들은 영희를 가리켜 "주제도 모르고 설치던 못
생긴 년"이라고 기억한다.[4] 범인은 앞을 못 보는 전각 예술가인
영희의 남편이었는데, 예쁜 여자인 줄 알고 속아서 결혼했다며
격분해 배우자를 죽였다. 영희는 가난하고 배운 것이 없었지만
공장 사장의 여성 노동자 강간 사건을 폭로하는 등 약자들을 돕
는 용기와 동정심을 잃지 않은 인물이었다. 책 마지막에 이르러
비로소 머리카락으로 감추고 다니던 영희의 진짜 얼굴이 공개되
는데 괴물, 추녀, 똥걸레, '설치는 못생긴 여자'라고 부르기엔 너
무나 멀쩡하고 고왔다. 시각장애인에게도 메일 게이즈라는 남성
중심의 시선이 작동하고, 사람들의 입방아와 담론은 진실과 무
관할 때가 많다.

　인류는 '객관적 미인'의 기준을 세우고 예쁜 얼굴을 판별하

기 위해 과학을 동원했다. 얼굴을 수치화하는 과학 담론이 폭발적으로 증가한 건 개인의 능력과 선택을 신봉하는 신자유주의가 세계적인 위력을 과시하기 시작한 1980~1990년대였다. 같은 시기, 한국에서도 밀리미터 단위까지 수치화한 얼굴 연구가 신문 지면을 장식했다. 의과학자들은 '이마·코·턱 길이가 같아야 미인이다' '얼굴 너비가 12.95센티미터가 넘으면 미인이 아니다' '미간에서 코끝까지 62밀리미터가 되어야 미인이다' 등 엄격히 재단된 '완벽 미인'을 판별하려 했고, '컴퓨터 미인'이라는 별명이 붙은 여성 배우의 이름이 지면을 장식하곤 했다.[5] 그리고 이 배우는 훗날 성형으로 인생을 바꾸는 리얼리티 프로그램의 사회자가 된다.

아리스토텔레스가 얼굴 폭이 넓은 남성을 사자에 비유한 이래, 얼굴 비율에 관한 연구도 거듭되었다. 가장 유명한 것이 안면 너비 대 높이 비율fWHR, facial Width-to-Height Ratio에 관한 연구로, 얼굴 폭이 넓은 사람일수록 공격성이 높다는 이론이다. 각국 언론이 이 연구를 인용 보도했는데 앙겔라 메르켈Angela Merkel, 힐러리 클린턴처럼 여성 정치인의 얼굴이 평균보다 넓은 편이라는 보도가 특히 널리 인용되었다. 여성 정치인의 공격성이 일반인보다 높다는 얘기였다. 반대로 남자가 평균적으로 여자보다 얼굴 폭이 넓은 것이 폭력성을 나타낸다는 해석에는 조심스러울 필요가 있다는 의견이 나오기도 했다.[6] '얼굴 과학'은 성별 편향이 분명하고 정치적인 해석이 남용됐다. 이는 과학자가 누구이며 그가 수행한 절차와 해석의 과정에 누가 어떤 개입을 하느냐, 그 담론을 누가 실어 나르느냐 하는 문제와 관련이 있다. 좀 더 다양한 정체성과 열린 생각을 가진 과학자들, 담론 생산자들이 세상에 필요한 까닭이다.

얼굴 관리는 예나 지금이나 특별한 일이 아니다. 그러나 외모가 중요한 경쟁력이 되는 시대에 이르러 얼굴은 정교한 자기 계발의 장에서도 가장 빈틈없이 관리되어야 하는 신체의 핵심 영역이 되었다. 모양, 크기, 주름, 탄력, 미백, 광채, 종횡 비율과 높이, 헤어라인까지 통틀어 얼굴은 과감한 경제적 투자와 엄격한 미학적 판단, 혹독한 자기 규율로 획득해야 할 중요한 문화 자본, 상징 자본이다. 외모로 돈을 버는 배우, 대중문화 아티스트뿐 아니라 오늘날 SNS의 인플루언서들, 신체적인 매력으로 돈을 버는 경제에 뛰어든 모든 사람들에게 얼굴은 공장 기계설비와 같은 위상을 갖는다. 꾸준히 기름칠하고 닦고 조이면서 관리해야 '외모 프리미엄'을 유지할 수 있다.

얼굴의 '정상성'은 인구를 관리하는 '생명권력'을 경유한다. 생명권력은 인구를 통계적으로 관리하고 개별 신체에 작용해 집단을 유지·개량하며 적을 섬멸하려는 통치 기술이다. 권력의 새로운 기술이 관여하는 것은 인구의 집단적 신체였다. 철학자 미셸 푸코Michel Foucault는 생명권력이 인종주의를 국가의 메커니즘 안에 기입했다고 설명한다. 이전의 권력이 전쟁으로 대결하며 나의 생명과 타인의 죽음을 저울질했다면, 19세기 이후 비정상적인 개인들을 제거하고 열등한 종을 사라지게 하는 방식으로 위계적인 생물학적 관계가 성립되었다는 뜻이다.[7] 백인은 유색인종에 견줘 우월하고 아름다운 인종적 지위를 차지했다. 인종주의는 열등한 종을 사라지게 하고 비정상적 개인을 제거하는 정치적 기획이었다. 이것은 미에 관한 것이 아니라 힘에 관한 문제였다. 예컨대 나치의 인체 측정학은 유대인의 얼굴에서 매부리코와 검은 눈동자, 곱슬머리 등을 특징으로 찾아냈다. 이 얼굴들은 탐욕스럽고 혐오스러운 얼굴로 낙인찍혔고 절멸해야 할 대상이 되었다.[8]

세계화·획일화된 얼굴들

21세기에 이르러 인종적으로 아름다운 얼굴의 기준은 확실히 바뀌었다. 진화생물학자 애덤 윌킨스Adam Wilkins는 미래에 인간의 얼굴이 점점 균질하게 변화하는 '세계화'가 이뤄질 것이라고 전망했다. 지역이나 인종과 무관하게 인간의 얼굴이 특정한 쪽으로 수렴할 것이라고 점쳤다.[9] 세계인이 꿈꾸는 '이상적인 얼굴'은 이미 기존의 생물학적 인종의 카테고리를 넘어섰다. 한국의 광고 업계에서 인공지능으로 만들어낸 '미인'들은 하나같이 작은 두상에 작은 턱, 서구인처럼 뚜렷하진 않지만 얇은 쌍꺼풀을 한 비슷한 느낌의 특정한 얼굴이다. 이 얼굴은 전형적인 동양인도, 서구인도 아니다. 실제로 성형 수술로 지향하는 얼굴형도 크게 다르지 않다. 중국인들 역시 서구도 동양도 아닌 '혼혈의 얼굴'을 아름답다고 인식하는 경우가 많다.[10] 인류는 사이버스페이스에서나 실제 세계에서 정교한 과학 기술이 개입된 문화 접변을 통해 지역과 피부색, 인종적 경계를 넘어선 새로운 '미인형'을 만들어가고 있다.[11]

지금도 그렇지만 앞으로는 더욱 정교하고 매끈한 트랜스휴먼의 얼굴, 왠지 모를 오싹한 불쾌감을 주는 '언캐니'하고 '그로테스크'한 얼굴이 무수히 등장할 것이다. 이전에 보지 못한 새로운 얼굴을 만나게 되면 대다수가 어떤 표정을 지어야 할지 알 수 없을 터이다. 그날이 오면, 이 혼종의 얼굴형이 위계적으로 가장 높은 위치를 차지하게 될 수도 있다. 새롭게 기준이 된 특정한 얼굴을 어색해하고 낯설어하는 사람들이 정치적으로 올바르지 않거나 무례를 범했다는 평가를 받게 될지도 모른다. 얼굴의 다양성은 점점 사라지게 될 것이다.

데이터값으로서 얼굴 또한 급변하고 있다. 윌킨스는 얼굴 자체가 '문화적 현상'이라는 점을 강조하면서 지구상의 모든 이를 추적할 수 있는 얼굴 인식 기술 발달의 위험성을 경고했다.[12] 그의 예견처럼 2020년대 이후 안면 인식 기술은 비약적으로 발달

쇼윈도 속 마네킹의 얼굴. 지금도 그렇지만 앞으로는 더욱 정교하고 매끈한 트랜스휴먼의 얼굴, 왠지 모를 오싹한 불쾌감을 주는 '언캐니'하고 '그로테스크'한 얼굴이 무수히 등장할 것이다.

하여 스마트폰을 이용한 은행 계좌며 디지털 암호는 거의 얼굴 인식으로 대체할 수 있게 되었다. 그러나 특정인의 신분, 신원, 정체성을 이루는 얼굴 데이터는 그만큼 쉽게 딥페이크 기술로 복제할 수도 있다. 얼굴은 가장 강력한 신원 보증인 동시에 간단히 탈취할 수 있는 정보가 된 것이다. 나는 나의 얼굴로 내가 나임을 증명하는 동시에 저 얼굴이 내가 아니라는 사실을 증명해야 하는 딜레마에 놓이게 됐다.

불과 얼마 전까지만 해도 비대면 화상회의에서 적나라하게 드러나는 얼굴 때문에 불평등이 두드러지고 뷰티 상담이 늘었다는 보고가 있었지만, 지금은 각종 방법으로 화상회의에서 얼굴을 미세조정할 수 있다. 비대면이든 대면이든, 나의 얼굴을 관리하고 증명할 수 있는 자본과 기술을 보유하는 것은 점점 더 중요해지고 있다.

몸은 평등하지 않다

코로나19 시대 사회적 거리두기 실천을 비판적으로 평가한 《얼굴 없는 인간》에서 이탈리아 철학자 조르조 아감벤Giorgio Agamben은 얼굴을 "정치의 장소"이자 "정치적 장치"라고 보았다. 인간은 얼굴을 노출하면서 관계를 맺는 존재지만 코로나19 팬데믹 시기에 마스크로 얼굴을 가리면서 국가가 정치를 없애버렸다고 그는 개탄했다.[13] 프랑스 철학자 이마뉘엘 레비나스Emmanuel Levinas를 비롯한 많은 학자들이 타자의 얼굴을 대면하는 것이 인간의 윤리적 태도라고 말했다. 하지만 그 이전에 마주할 얼굴이 있어야 한다. 공공장소에서 가장 먼저 얼굴이 사라지는 이는 가장 취약하고 위태로운 사람들이다. BBC 드라마 〈이어즈 앤 이어즈〉에서 할머니는 슈퍼마켓 계산대의 여자들이 사라진 것이 망한 세상의 시작이었다고 말한다. 대형마트에서, 식당에서, 톨게이트에서 무표정한 얼굴이나 거짓 웃음이라도 지으며 공적 공간에 있었던 노동자들이 사라진다. 시골 짬뽕집에서 키오스크로 주문을 받고 로봇이 쟁반을 날라주는 일은 너무도 흔한 풍경이 됐다.

그러나 푸코가 말했듯, 권력 있는 곳에 저항도 있다. 거리와 공적 공간에서 없어졌던 이들이 돌아와 정치적 주체의 얼굴로 등장할 때, 보이지 않던 사회는 다시금 모습을 드러낸다. 지하철을 타겠다는 장애인들, 일자리를 돌려 달라고 싸우는 여성 노동자들, 광장의 젠더 퀴어들, 대통령을 탄핵하고 체포하라는 응원봉 시민들, 얼어붙은 겨울날의 '키세스 시민들'은 서로 얼굴을 확인하고 체온을 나누면서 환대의 사회를 만들었다. 어디서 온 누구든 신원을 따지지 않는 그곳에서 이들은 동지가 되고 연대하는 공동체를 경험했다.

반면 '사회'를 파괴하는 얼굴들 또한 거리에 쏟아져 나왔다.

가면을 쓴 극우 유튜버는 약자를 공격하고 민주주의를 박살내도록 선동을 일삼았다. 얼굴 없는 이들의 이름에는 계좌번호가 딸려 있었다. 사회를 절단 내는 경제에서 섬세한 상호작용과 세계의 복잡하고 다양한 얼굴을 되찾아오기 위한 싸움이 앞으로도 거듭 벌어질 것이다.

성형

신분 상승과
권력 획득을 한 방에

"외국에서는 정신적 긴장도가 확 떨어진다." 성형 수술 커뮤니티
에서 어렵지 않게 만날 수 있는 이야기다. 한국인은 외국에서도
아름답다는 얘기를 많이 듣는데, "타고난 게 아니라 가꿔서 예뻐
진 사람들"이라고도 한다.[14] 외국인들도 성별 불문 한국에만 오
면 화장을 하거나 몸매를 가꾸는 등 자기 관리에 신경을 쓰게 된
다고 고백하곤 한다. 외모지상주의가 팽배한 한국에서 예쁜 얼
굴은 사는 데 유리하다. 이는 곧 외모를 가꾸지 않았을 때 존중받
기 힘든 나라라는 얘기도 된다.

　예전엔 남학교에서 "10분 더 공부하면 아내 얼굴이 바뀐다"

는 급훈이 유행했다. 2021년엔 문구 업체가 이 문장을 활용한 상품을 제작·판매해 국가인권위원회에 진정이 제기되었고, 외모지상주의의 한 단면을 보여준다며 사회적인 비판을 받았다.[15] 이 급훈이 '남학생'들에게 '먹힌' 까닭은 '예쁜 배우자'를 얻고 싶은 욕망을 자극했기 때문이다. 이성애 남성들의 배우자 선택에 관한 연구들을 보면, 여성의 외모가 조건의 1순위로 나타난다.

예전엔 용기 있는 자, 돈과 권력을 가진 남자가 미인을 얻는다고 했다. 이제 미인은 자기 자신이 얻는 것이다. 돈과 정보력과 시간이 있다면 누구라도 아름다워질 수 있다. 미모는 과학적 기술과 자본의 결합, 개인의 철저한 사후 관리로 완성된다. 어색하지 않고 과도하게 수술 자국이 드러나지 않는 '적절한 미인'은 일정 정도의 투자와 안목을 가진 계급의 아비투스habitus(사회화 과정에서 개인에게 내면화되며 타인과 구분되는 취향, 성향 체계)와 자기계발의 영역에 해당한다.

일상화된 몸 관리 프로젝트

국제미용성형수술협회ISAPS의 2011년 조사를 보면, 한국은 인구 1000명당 성형 수술을 받은 횟수가 약 13.5건으로 세계 1위였다. 이후 조사에도 한국은 줄곧 상위권에 머물렀다. 이제 성형 이슈는 젊은 여성들에게만 해당하지 않는다. 본래 나이보다 어려 보이는 외모를 유지하려는 늙은이들의 욕망도 성형 산업의 중요한 동력이다. 여자들의 외모를 품평하던 남자들도 바야흐로 '존잘남(매우 잘생긴 남자)'이라는 신흥 계급의 탄생을 목도하며 탄식하는 처지에 놓였다.[16] 젊음과 아름다움은 사회의 성원권을 부여하는 기준이다. 성형은 이제 누구에게나 해당하는, 광범위하면서도 일상화된 몸 관리 프로젝트임을 모르는 사람이 없을 정도다.

'성형 공화국'이라 불리는 대한민국 성형의 역사는 생각보다 길다. 100년 전 한반도는 '근대적 몸'에 대한 열망이 폭발하는 곳이었다. 당시 바다 건너 미국에선 두 가지 역사적 사건이 있었다. 1921년 8월 뉴욕에서 성형외과 단체가 처음 만들어졌고 한 달 뒤엔 제1회 미스 아메리카 선발대회가 열렸다. 미국 역사학자 엘리자베스 하이켄Elizabeth Haiken은 《비너스의 유혹》에서 겉으로 무관해 보이는 이 두 사건이 '성형의 역사'를 조망할 관점을 제시한다고 말했다.[17]

성형 수술이 미국에서 본격화한 1920년대 조선인들은 성형 수술을 '정형整形(모양이나 형체를 바르게 함) 수술'이라고 일컬었다. 당시 성형 담론은 전문가들이 신문에서 황당한 상담을 해주는 정도에 그쳤다. 성형 수술을 받고 싶다는 스무 살 '곰보' 여성의 질문에는 다짜고짜 "(수술로도) 곱게 할 수 없습니다" 같은 냉정한 답이 붙었다.[18] 예뻐지고 싶은 여성들의 욕망을 단속하는 일에는 엄격했지만, 외과 수술법을 소개하는 것만큼은 언론도 열정적이었다. 미용 성형은 '근대적인 몸'이 되는 가장 흥미롭고 과학적이며 새로운 방법이었다.

한반도에 미용 성형 수술이 본격적으로 상륙한 것은 1930년대 초중반 이후로 추정된다. 처음 쌍꺼풀 수술을 한 조선인은 최초의 근대 미용사였던 오엽주다. 일본에서 배우로도 활약한 그는 도전을 멈추지 않는 당대의 셀러브리티였고 서구인처럼 치장하고 몸을 변형하는 일에도 무척 적극적이었다. 쌍꺼풀 수술은 1930년 전후 일본에서 받았는데, 꽤 정교하게 잘된 모양인지 서울의 유명 안과인 공안과에서 그를 초청하여 수술 경험담을 청취할 정도였다.[19] 오엽주의 미용실엔 배우 복혜숙·문예봉, 신문기자이자 조선 최초 여성 개원의였던 허영숙, 작가 모윤숙·전숙희, 소설가 심훈 등도 단골로 드나들었다. 근대적 신체 만들기에 관심이 컸던 모던 보이와 모던 걸들 사이에서도 오엽주의 쌍꺼풀 수술은 단연 화제였으리라. 훗날 120여 명의 미스코리아를 배출한 서울 명동 마샬미용실 하종순 회장이 처음으로 미용 기술을 익힌 곳도 오엽주의 미용실이었다. 서구의 미적 기준을 중시하는 미인 대회가 미용 성형과 밀접한 관계를 맺고 있다는 점을 본다면, 두 사람의 인연이 우연만은 아니었다.

1930년대 이미 조선엔 코를 높이는 융비술, 각선미를 만드는 종아리 퇴축술, 가슴 성형 등도 알려졌다. 모두 외모를 백인종처럼 바꾸는 수술이었다. 식민지 모던 보이의 백인 선망은 유명하다. 예컨대 허영숙의 남편이었으며 '민족개조론'을 주장한 소설가 이광수는 유리에 비친 자기 모습에 우쭐해하다가도 백인이 지나가면 고개를 떨어뜨리며 황인종 특유의 외모를 저주하다시피 했다. 소설가 김동인의 첫사랑은 금발의 '영국계 소녀' 메리였다.[20] 1920년대 우생론과 연결된 인종 개량 캠페인엔 식민지 근대 남성 지식인 다수가 관심을 보였고 좌우 성향도 가리지 않았다. 이들의 활동은 동양인의 신체를 낙후된 것으로, 서양인의 신체를 이데아로 삼은 근대 한국의 미적 기준이 탄생하는 데 큰 영향을 미쳤다.

서구인의 외모를 지향하면서도 사회적으로 '물의'를 빚는 수준까지는 아니었던 모던 보이의 외모 꾸미기와 달리 모던 걸은 '허영녀' '사치녀'라고 심각한 지탄을 받았다. '성형 미인'을 혐오하는 여론도 공공연히 미디어를 장식하기 시작했다. 한국전쟁 이후 미용 성형이 대중화되었음에도 성형 수술을 받는 여성을 향한 거부감은 점점 더 커져갔다.

1960~1970년대 한국은 특히 군사 쿠데타로 집권한 박정희 정권이 내핍耐乏을 강조하는 상황이었다. 정권의 뜻을 헤아린 언론은 "여대생의 정형 붐" "30분에 1만 원을 잡아먹는 젖 높이기 손님"이라며 '허영녀'들을 비판하고, 예뻐지려고 목숨까지 바치는 여성들이 있다며 그들을 "순교 정신"이라 비꼬기도 했다.[21] 하

지만 물결을 거스를 순 없었다. 1980년 12월 컬러텔레비전이 보급되고 개원의들이 명동·압구정동에 병원을 열면서 한국의 연예 성형 산업은 함께 팽창했다.

소비 자본주의가 활짝 열린 1990년대는 몸이 곧 자아가 되는 시대였다. 미인 대회와 성형 산업의 전성 시대였고 여성의 성 상품화도 극에 달했다. 미디어는 주부들도 '멋쟁이 신세대 미시'가 되어야 한다며 목소리를 높였다.

2010년대에 이르러 한국 여성의 성형은 세계적 관심을 받게 된다. 2013년 미국의 소셜 뉴스 사이트인 레딧 게시판에 미스코리아 후보 스무 명의 사진이 올라왔다. 미국 인터넷 매체 《허핑턴 포스트The Huffington Post》, 영국 황색 저널 《데일리메일Daily Mail》 등은 '한국의 성형 광풍'이 여성들의 얼굴을 똑같이 만들어버렸다고 떠들썩하게 보도했다. 사실은 특정 지역의 후보들이었고, 동양인을 잘 구분하지 못하는 서양인들의 착시일 뿐 같은 얼굴도 아니었지만 한국 언론 또한 외신을 받아쓰기하며 한국 여자들이 '나라 망신'을 시켰다고 난리가 났다. 이후에도 여러 해 동안 연거푸 미스코리아 후보들의 비슷비슷한 얼굴 사진들이 인터넷에 전시되며 세계적인 조롱거리가 되었고 미인들의 유사한 얼굴은 인터넷 안에서 한국 여성의 '무개념'을 비판하는 놀이의 일종이 되었다.

성형 수술의 한계와 얼굴의 위계

1990년대 중반 남성 댄스 그룹 노이즈가 부른 〈성형 미인〉이란 노래의 가사에는 직설적인 조롱이 가득하다. 고친 얼굴인 줄 알고 화자가 예쁘다고 인사치레를 했더니 어이없게도 성형한 얼굴이 정말 예쁘다고 하는 줄 알고 더 예쁜 척을 하더라는 내용이다.

가사 속 남성은 성형을 "신종 전염병"이라 일컫고 똑같은 얼굴의 성형 미인들이 결혼한 뒤 2세를 낳으면 아이가 너무 못생긴 나머지 모두가 놀란다며 비웃는다. 성형 미인들은 '자연 미인'이 아니라는 뜻이다. 노래는 크게 히트했다. 성형 미인 혐오는 성별을 가리지 않았고, 여성들도 이 노래를 노래방에서 신나게 따라 불렀다.

못생긴 여성이 성형으로 미인이 되면서 삶까지 바꾸는 메이크오버 리얼리티쇼는 2000년대 이후 큰 인기를 끌었다. 머리부터 발끝까지 전신을 '고치는' 비용은 놀랄 만큼 비쌌지만 쇼에 참여한다면 이 모든 것이 공짜였다. 메이크오버 리얼리티쇼는 2004년 미국 폭스에서 가장 먼저 시작되었고 제목은 〈백조The Swan〉였다. 한국에서 방영한 〈렛미인〉은 한국여성민우회가 방송 중단을 요구하는 시민 5107명의 서명을 받을 정도로 반발도 거셌다. "성형 수술과 외모지상주의를 조장하며 병원을 광고하는 등 국민 건강에 악영향을 끼친다"고 여성 단체는 밝혔다. 프로그램 제작자들은 재건 성형이 중심이라고 주장했지만 '턱돌녀' '밥주걱녀' 등 출연자들을 지칭하는 다양한 멸칭을 쓰면서 여성 외모에 대한 낙인 또한 새롭게 만들었다. 수술을 받은 여성들은 이후 근황이 유튜브 등에 공개되면서 달라진 삶에 대한 '후속 보도' 또한 줄기차게 이뤄졌다. 미국 텔레비전 쇼처럼 약간의 성형이 아니라 한국 쇼에서는 말 그대로 눈에 띄게 달라진 '미인'을 탄생시켰다. 그야말로 현대판 《박씨전》이었다. 가난한 탓에 성형을 하지 못했던 여성들은 미인으로 '거듭난' 뒤 직업을 얻거나 새로운 기회를 잡는 인생 역전을 보여줬고 의사들은 '의느님'으로 칭송되었다.

'성형 강국 한국'이란 말 자체가 자랑스러움과 부끄러움이라는 양면성을 지닌다. 세계 최고의 성형 기술력으로 외국에 이를 전파한다는 자부심이 있지만, 이 기술로 예뻐지는 여성들에 대한 낙인이 동시에 존재한다. 무엇보다 성형 미인에 대한 혐오라는 그림자가 짙게 드리울수록 '자연 미인'에 대한 사랑은 깊어져 갔다. 미스코리아 진으로 뽑힌 사람의 성형 사실이 드러나자 성형 미인이 한국을 대표하는 미의 사절이 될 수 없다는 여론이 들끓었다. '자연 미인'을 미스코리아 진으로 뽑은 해엔 성형 미인이라는 갯벌에서 진주를 골라냈다며 떠들썩했다.[22]

만화가 마인드C가 2014년 발표한 웹툰 〈강남 언니〉〈강남 미인도〉에는 성형 수술로 얼굴을 과장되게 고친 여성이 똑같이 생긴 다른 여성을 보면서 짐짓 우월감을 느끼고, '자연 미인' 앞에서는 열등감을 토로하는 상황 등이 우스꽝스럽게 그려진다. 1990년대 중반의 〈성형 미인〉 가사와 일맥상통한다. 작가는 여성 혐오가 아니라 성형 산업을 비판한 것이라고 해명했지만, '자연 미인 > 성형 미인 > 못생긴 여자'라는 식으로 여성을 위계화했다는 비판이 쉽게 사그라들지는 않았다.

넷플릭스 시리즈물로도 제작된 웹툰 〈마스크걸〉에서 몸매는 늘씬하지만 얼굴이 못생긴 김모미는 외모에 대한 열등감에 시달리며 사랑을 갈구한다. 얼굴이 못생겼을 때도 괴물로 일컬어졌던 그는 사람을 죽이고, 얼굴을 성형하고, '성괴(성형 괴물)'가 된다. 그토록 원하던 미인으로서의 삶을 살아가지만 그는 성형한 뒤에도 괴물의 삶에서 벗어날 수 없다.

성형을 하지 않은 얼굴도, 성형한 티가 나는 얼굴도 '괴물'에서 벗어날 수 없다. '성괴'라는 멸칭은 성형 수술의 한계와 얼굴의 위계를 보여준다. 언어는 존재를 규정하는 바, 성괴라는 말의 등장 이후 성형 미인은 '비윤리적 사기꾼'이라는 의미가 덧씌워져 더더욱 대상화·희화화되었다. 얼굴을 고치지 않은 못생긴 여자는 '오크녀', 나이 든 여자는 '상폐녀(나이가 많아 상장폐지된다는 뜻)'라 부르면서 여성 외모에 관한 멸칭은 새끼를 쳤다.

한국 여성의 성형이 서구인들의 외모를 따라 하려는 욕망에서 비롯됐다는 평가는 외국에서도 줄기차게 나왔다. '페미니스

트 철학자'로 알려진 마사 C. 누스바움Martha C. Nussbaum 시카고대
학교 석좌교수 역시 한국 여고생들의 쌍꺼풀 수술을 예로 들며
한국인들이 서양인의 미적 이상에 맞추기 위해 노력하고 있다고
비판했다.[23] 넷플릭스 다큐멘터리는 "성형 수술이 통과의례가 된
나라"가 있고 "이 나라 20대 여성의 3분의 1이 성형 수술을 받는
다"고 전한다. 한국을 가리킨다.[24]

　여성학이나 과학기술학계의 성형 연구자들은 '환자들'의 주
체성을 부각한다. 연구자들은 수술 전후 성형 미인을 바라보는
대상화된 시선이 성형 수술을 한 '당사자'들의 목소리와 연결되
지 않는 점을 지적한다. 여성의 몸 변형에 대한 한국의 남성 지식
인들이나 서구 지식인들의 '비평적 관심'은 연구자의 눈으로 볼
때도 왠지 불편한 것이었을 테다. 지식 권력을 쥔 그들의 시선은
어쩌면 지적으로 우아하게 포장한 모멸과 천대라고도 말할 수
있지 않을까.

　여성학자 태희원은 《성형》에서 성형 서비스를 받은 소비자
이면서 부작용·재수술 등을 통해 환자 정체성을 함께 얻은 '소비
자-환자'의 행위 주체성을 강조한다. 이들은 디지털 세계에서 정
보와 함께 정서적 지지와 위안을 공유하며, 이런 '향유 문화'는 여
성들의 연대이자 성형을 실천할 동기부여가 된다. 각자 써내려
가는 모험과 변화의 체험기인 수술 후기는 하나의 자기계발서이
자, 성형 산업을 지탱하는 중요한 축이다. 하지만 비위생적이고

위험한 성형외과 수술실 문제, 컨베이어벨트 위에서 조립하듯 이뤄지는 공장형 성형외과 난립 등은 소비자-환자의 행위성을 제약한다. 끝없이 자신을 개조해야 하는 성형외과 시스템 회로 안에서는 아무리 합리적이고 똑똑한 개인이 의료지식을 쌓고 비교·분석하며 노력한다 해도, 소비자-환자로서는 절대 도달할 수 없는 자기 완성의 프로젝트 안에 놓이게 된다.

예쁜 한국인 만들기

2008년부터 3년간 서울 강남의 한 성형외과에서 일하며 현장을 참여 관찰한 과학기술학자 임소연은 성형 과학이 인종 과학과 접속하였을지라도 'K-성형 수술'은 단순한 인종주의로 파악할 수 없는 차원에 들어섰음을 밝혔다. 임소연은 오늘날 한국 여성들이 성형하려는 이유가 백인을 닮으려는 '인종주의 이데올로기'에 포섭된 탓이 아니라 그저 '예쁜 한국 여성'이 되고 싶은 것일 뿐이라고 설명한다. 20세기 말 서구인들을 따라가려던 성형 수술은 이제 한국인들이 주도하는 '자연스러운 아름다움'을 향해 질주하며 경쟁하고 있다는 것이다.[25]

　　임소연은 애초부터 인간이 자기 몸의 기능적인 면만을 추구할 수 없는 존재라고 설명한다. 나는 이 점이 무척 중요하다고 생각하는데, 더 예뻐져서 사랑받고 인정받으려는 욕망은 너무나 끈질기고 집요해서 웬만해선 초월하기 힘들기 때문이다. 이는 성형 수술이 애초에 파괴된 얼굴과 몸을 고치려는 치료 목적에서 시작했지만 오늘날 가장 대중적인 '트랜스휴먼 기술'로 변화한 이유와도 관련이 있다.[26] 세월의 무게로 늘어지는 살, 중력으로 처지는 몸의 한계를 거스르려는 인간의 바람도 끝없지만 나아가 더욱 아름답고 싶은 욕망의 구조가 단순하지 않다는 점이 어쩌면 핵심일 것이다.

성형이라는 이슈에는 '같은 환자'끼리의 연대와 돌봄, '같지 않은 환자'들 개개인의 계급성까지 중층적인 '진짜 이야기'들이 촘촘하게 분포돼 있다. '환자'가 끝내 외모를 변화시키고 획득하고 싶었던 지위나 사회적 인정에 관한 문제도 이 '외모 인생 이야기' 속에 포함돼야 한다. 특히 한국인들은 얼굴과 이름을 바꾸어 자신의 삶을 변화시키는 성공 사례를 적지 않게 보아왔다. 이는 성형으로 개선할 수 있는 인생에 대한 환상을 더욱 강화한다. 그러나 사실은 이 '인생 메이크오버' 또한 시장 경제의 바탕 위에서 돈과 네트워크, 정보력 있는 사람들만 도달할 수 있는 지점이다. 얼굴과 삶을 갈아엎는 대반전의 기회, 자기 혁신의 과정 또한, 넉넉한 환경에서 자연스럽게 선택하는 외국 유학처럼 신자유주의적인 경제 체제 안에서 조건을 갖춘 일부만이 선택할 수 있는 길이다.

최근 한 성형외과 의사의 유튜브를 보았다. 그는 미용 성형 수술이 삶을 바꾸는 데 부차적인 수단일 뿐이며, 자신의 마음부터 돌보라고 조언했다. 수술로 아름다워지고 싶다는 독자에게 '마음의 미를 취하라'고 답변하던 100년 전 전문가의 말이 떠올랐다. 짧게는 수십 년, 길게는 100년간 '성형 미인'에 대한 비난과 '자연 미인'을 찬양하는 극단적 담론 사이에 모든 이의 몸이 혼란스럽게 놓여 있었다. '성형 미인'을 조롱하는 이들조차 자기 몸에 대한 평가가 어느 순간 삶의 성적표처럼 돌아올 수 있다는 점을 모르지 않을 것이다.

성형 수술을 하든 하지 않든, 우리는 모두 몸 변형의 가능성을 열어놓고 산다. 끝없이 나의 몸을 관리하며 부정적인 변화에 저항하고 긍정적으로 변모해야 한다는 강박, '외모 투자'가 당연하다는 신념을 우리는 성형 산업 매트릭스 안에서 배운다. '성형 강국'이라는 자부심과 '성형 공화국'이라는 자괴감 사이에서 한국인들이 분주할 수밖에 없는 이유일 것이다. '남의 눈'을 평생 의식하면서 '남다른 삶'을 추구하는 한편, 남과 너무 달라서도 안 되고 남만큼은 해야 한다는 집단 강박이 생존 사상으로 내면화된 이 다이내믹하면서도 외모 이데올로기가 득세하는 나라에서 말이다.

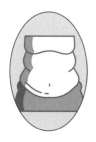

살집

거울 앞에서 당당한 나

콜럼비아 화가 페르난도 보테로Fernando Botero는 레오나르도 다 빈치의 〈모나리자〉를 패러디해 〈모나리자, 열두 살〉을 그렸다. 포동포동한 모나리자의 얼굴은 귀엽고 사랑스럽다. 보테로는 '뚱보를 그리는 작가'라는 말을 싫어했다. 화면의 색감과 형태를 중시하다 보니 둥근 형태의 오동통한 사람들을 그리게 됐을 뿐이라는 얘기다. 살이 오를 대로 오른 그림 속 인물이나 동물은 푸근하고 낭만적이고도 어쩐지 관능적이다. 보테로는 사람을 작게 그리는 유럽 화풍에 반발했고, 르네상스 초기 사람들이 과장된 형태로 등장하는 프레스코화에서 아이디어를 얻었다고 한다.

페르난도 보테로, 〈모나리자, 열두 살〉, 보테로미술관, 1978. 보테로 그림 속 살이 오를 대로 오른 인물과 동물은 푸근하고 낭만적이면서도 관능적이다.

통제와 관리의 대상

보테로 그림 속 인물들이 캔버스 밖으로 나온다면 아름답다기보다는 자기 관리에 실패한 게으르고 센스 없는 사람이라고 지탄받을지도 모른다. 군살 없이 늘씬한 여성을 이상적인 미인으로 보는 시선은 19세기 말 서구에서 자리 잡았다. 《다이어트의 역사》를 쓴 일본 작가 운노 히로시海野弘는 살 빼기에 근대적·미국적·여성적 특성이 있다고 했다. 근대 이전 서구 사회는 코르셋으로 잘록하게 죄는 허리가 강조됐을 뿐 대체로 몸에 살집이 있는 풍만한 여성 신체를 선호했다. 시대가 바뀌어 여성이 사회생활을 시작하고 몸매 전체를 드러내는 쪽으로 패션이 변화하면서 살 빼기는 점점 여성의 의무가 됐다. 근대적 영양학의 발전과 더불어 날씬한 몸은 건강 관리와 동일한 의미를 지니게 됐다. 특히 미국에서 비만의 나태함과 개인적인 수치심을 연결하는 도덕관이 19세기 후반에 확립되어 다이어트 산업이 크게 발달했다. 운노는 다이어트가 "근대화 현상"이라고 진단한다.[27]

서구의 영향을 받은 한반도에는 1920년대에 이미 살을 둘러싼 사회적 강박이 나타난다. 과학화와 표준화를 향해 내달리던 당대 분위기를 반영하듯 그 시절의 신문기사들을 보면 '표준 체중'의 중요성을 자주 강조한다. 1920~1960년대 다이어트가 세계 여성의 공통적인 의무처럼 자리 잡을 때 외국의 '뚱보' 소식이나 최신 다이어트 정보는 한국 신문 국제면 해외토픽란의 단골 주제였다.

1980~1990년대 심화하는 소비문화 속에서 살 빼기는 한국의 국민적 관심사로 부상한다. 1995년 SBS 다큐멘터리 〈육체와의 전쟁〉은 강력한 신호탄이었다. 체중을 118킬로그램에서 55킬로그램으로 감량한 수전 파우터Susan Powter의 다이어트 법은 한국에서도 '대박'을 터트렸다. 국제통화기금IMF 긴급 구제금융 사태로 나라 경제가 꽁꽁 얼어붙던 때, 다이어트 시장만은 불이 붙었다. 1998년 슈퍼모델 이소라의 다이어트 비디오는 출시한 지 열 달 만에 33만 장을 판매하는 기염을 토했다. 〈조혜련의 다이어트 댄스〉 〈변정수의 아름다운 엄마 만들기〉 같은 '홈트' 비디오가 판매 인기순위를 다퉜고 〈차승원의 체험 다이어트 25시〉 같은 남성 연예인 비디오도 눈길을 끌었다. 이 또한 '매력적인 남자와의 즐거운 다이어트'를 강조해 여성이 타깃임을 분명히 했다. 아름다움을 자기 것으로 만드는 여성들의 능동적인 선택이라는 긍정적인 해석과 아름다움을 강요하는 여성 억압의 상업적 사례라는 비판이 엇갈렸다.[28]

한국의 연예 산업은 체중 감량을 정상화하는 이데올로기를 견인해왔다. 1980년대 후반부터 방송사에선 '재미'로 여자 가수의 몸무게를 측정해 공개하곤 했다. '공영방송'인 KBS는 2016년 설 특집 프로그램에서 여자 아이돌의 체중을 당사자 동의 없이

2부 — 상처 입은 스토리텔러

몰래 측정해 공개했다가 맹비난을 받았다. K-팝 아이돌 스타들은 일상적으로 '식단'이라 일컫는 초절식을 하면서 매니저 앞에서 몸무게를 달았다. 오전에 잰 몸무게가 저녁에 빠져 있지 않으면 집에 갈 수도 없었다. 한국 아이돌의 저체중은 세계적으로도 유명하다. 연예인 지망생들이나 이미 데뷔한 스타들도 간식으로 김을 한 장 먹는 등 너무도 끔찍하게 절식한다. 오로지 마른 몸을 유지하기 위해서다.

2016년 중국 SNS에서는 A4 용지를 세로로 들고 허리를 가려야 성공하는 챌린지가 유행했다. 등 뒤로 팔을 돌려 배꼽을 누르는 '팰리 버튼 챌린지'나 쇄골에 동전을 쌓는 챌린지도 앞다퉈 해 보였다. 빼빼 마른 모델을 선호하는 패션계도 그동안 반성했다지만 여전히 5주 동안 물만 마셨다는 등 세계적 패션모델의 혹독한 다이어트가 마치 무인도 생존자의 증언처럼 들려온다. "옷은 예쁘지만 제가 살집이 있어서 어울리지 않네요"라는 인터넷 쇼핑몰 후기도 적잖게 눈에 띈다. 옷이 아니라 내 몸이 문제라는 말이다. 이 시대의 여성복은 프로크루스테스의 침대인가? 2017년 여성환경연대가 의류 브랜드 서른한 곳을 조사한 결과, 가장 작은 사이즈인 엑스스몰XS부터 가장 큰 치수인 투엑스라지XXL까지 두루 갖춘 브랜드는 단 한 곳뿐인 것으로 조사돼 '여성이 마네킹이냐'는 비판이 나왔다. '44사이즈'가 대세가 되자 인터넷상에서 청원 운동이 벌어지기도 했다.[29]

비만이라는 낙인

비만 진단의 기준 자체가 너무 엄격하다는 목소리도 있다. 의학적으로 비만 진단 기준은 1830년대 벨기에 천문학자이자 사회학자인 랑베르 아돌프 자크 케틀레Lambert Adolphe Jacque Quetelet가 발명한, 몸무게(킬로그램)를 키(미터)의 제곱으로 나눈 체질량지수 BMI(케틀레지수)를 이용한다. 하지만 이 지수는 인종이나 성별, 연령, 체질, 유전 요인, 환경 등을 고려하지 않은데다 기준이 모호해 현실과 거리가 멀다는 비판도 함께 받아왔다. 한국 성인 여성의 평균 키인 160센티미터로 계산할 때 BMI 지수 21을 기준으로 하는 표준 몸무게는 53.8킬로그램이다. 이것도 날씬한데 인터넷에 떠도는 미용 체중표를 보면, 같은 키에 몸무게는 47.4킬로그램이 돼야 한다.

살찐 사람을 차별하고 불평등하게 대우하는 '비만 낙인'은 많은 사람이 피부로 느끼는 바다. 대한비만학회가 2023년 3월 전국 만 20~59세 인구 1000명을 대상으로 한 온라인 설문조사에서, 응답자 열 명 중 여섯 명(61퍼센트)이 '우리 사회가 비만이라는 이유로 무시하고 차별하는 경향이 있다'고 답했다. 성별로 보면 여성은 71퍼센트, 남성은 52퍼센트가 '그렇다'고 대답해 여성이 남성보다 비만 낙인과 차별을 더 많이 경험하는 것으로 나타났다.

2011년 과체중 직원에게 체중 감량을 지시하고 실패할 시 사직서를 제출하라고 한 어느 기업의 행태를 국가인권위원회가 차별 행위라고 판단했다. 2023년에도 한 중견기업 창업주가 일부 직원에게 살을 빼라 지시하고 주기적으로 체중을 점검하며 체중 감량 우수 직원에게는 따로 밥을 사고 그렇지 못한 직원에게는 경고 조치한 사실을 고용노동부가 적발한 적이 있다.

비만 낙인은 비행기에 탑승할 때 특히 예민한 문제가 된다. 항공사들은 비행 전 승객 몸무게 측정이 항공 안전에 필수적인 조치라고 항변하지만, 살이 찐 사람들에게 추가 좌석 구매를 요구하거나 탑승을 거부하는 일도 종종 있었다. 미국 여성 작가 오브리 고든Aubrey Gordon은《우리가 살에 관해 말하지 않는 것들》에서 뚱뚱한 자신의 몸을 부끄러워하지 말자는 '몸 긍정주의body positivity' 운동이 도리어 뚱뚱한 사람들에 대한 차별과 배제를 더욱 강화했다고 비판한다.[30] '당신의 몸을 사랑하라'는 슬로건은 결국 자기 몸을 자기가 탓해왔다는 점을 전제로 했다. 따라서 개인의 인식 변화와 내면의 개혁을 강조할 뿐, 뚱뚱한 몸에 대한 공적인 차별이나 대인관계의 학대를 시정하라는 데까지 나아가지 못했다. 살의 문제에서 중요한 것은 마음이 아니라 공적인 차별과 사적인 시선을 바꿔내는 일이다.

더욱이 덩치가 큰 사람들은 적절한 의료 서비스를 받기 힘들다. 모든 신체적 문제의 원인을 살에서 찾으려는 경향 때문에 치료 시기를 놓칠 수도 있다. 예를 들어 응급피임약은 체중 75킬로그램 이상인 사람에게는 효과가 떨어진다.[31] 몸무게가 나가는 사람에게 적합한 의료 환경을 찾기 힘들 뿐더러, 제약회사 등도 개발 단계에서 이들의 존재를 배제한다. 뚱뚱함은 의지력 부족으로 식욕을 참지 못해서 벌어진 참사가 아니라 환경, 유전자, 기존의 질환 등으로 인해 생기는 복잡한 결과다. 고든이 지적한 것처럼, 뚱뚱한 사람을 특정 동물이나 물질에 비유해 얕잡아 부르고 멸시하는 '팻콜링fatcalling'과 이들을 걱정하는 척하지만 실제로는 공격하는 '컨선 트롤링concern-trolling'이 위협이 된다는 점 또한 사회적으로 더 많은 논의가 필요하다.[32]

수천 억 달러짜리 초거대 사업

오늘날 살 빼기는 '식단하다'라는 말과 동일하게 쓰인다. 날씬해지기 위해 사람들은 '저탄수'를 하면서 밥을 덜 먹고 있다. 고단백 음료를 섭취하고 극소량으로 식사하는 식으로 지옥의 다이어트를 한다.

식단이 가장 중요한 다이어트의 조건이라지만, 사실은 약이야말로 마른 몸을 추구하기 위한 최선의 방법으로 사용돼왔다. 나비 모양 때문에 일명 '나비약'이라고 불리는 디에타민은 어여쁜 별명과 달리 마약 성분인 펜터민이 포함돼 사용에 각별한 주의가 필요하다. 환각과 불면증 등 각종 부작용이 있음에도 처방이 자주 이뤄지며 불법 거래까지 생기면서 점점 사회 문제가 되고 있다. 비만 치료제 관련 주는 주식 시장에서 늘 뜨거운 화제를 몰고 온다. 2023년 3월 4일(현지시각) 덴마크 제약사 노보노디스크의 시가총액은 4280억 달러(한화 약 566조 원)로 세계 최대 패션 명품 기업인 루이비통 모에 헤네시LVMH를 제치고 유럽 증시 1위에 올랐다. 기적의 비만 치료제라는 위고비 덕분이었다. 미국 제약사 일라이릴리는 뉴욕 증시에서 가장 인기 있는 테슬라의 대체 종목으로 눈길을 끌었다. 세계 3대 투자은행인 모건스탠리는 비만 치료제 시장 규모가 2030년 540억 달러(한화 약 70조 원)에 이를 것이라고 내다봤지만 이 예측은 분명 틀릴 것이다. 다이어트 산업은 인류의 체중과 몸집을 줄여 자신의 잇속을 예상보다 훨씬 빠르게 불리고 있으니까.

비만 낙인과 차별, 살 빼기 산업에 저항하는 움직임도 있다. 2023년 5월 미국 뉴욕시는 키와 몸무게에 따른 차별을 금지하는 조례를 확정했다. 미국 심리학자 러네이 엥겔른Renee Engeln은 몸을 둘러싼 메시지 공해에 주목하고 몸을 논평하는 '바디 토크'를 당장 중단하라고 촉구했다. 살 이야기는 긍정적이든 부정적이든 외모를 점검하게 하기 때문이다. 고든은 목숨까지 위협하는 체중 감량용 약물의 허가를 중단해야 한다는 의견을 내놓았다.[33]

명절이나 각종 행사장에서 많은 사람이 오랜만에 만나는 상대방의 신체와 살을 두고 평판과 충고를 서슴지 않는다. 1998년 다이어트 비디오에서 모델 이소라는 "거울 앞에 설 때마다 당당해질 수 있는 자신을 생각하라"고 주문을 걸었다. 엥겔른은 우리가 거울 앞에서 너무 많은 시간을 보냈으며, 이제는 거울을 등지고 세상으로 눈을 돌리자고 말한다. 살면서 거울을 아예 안 보기는 힘들 것이다. 하지만 내 앞에 있는 사람의 전신 거울이 되어 건강을 걱정해주는 척하는 오지랖만큼은 이제 그만둘 때가 된 것 같다.

털

밀어버릴 것인가,
남겨놓을 것인가

무섭거나 추울 때 돋는 닭살은 진화하다 남은 버릇이다. 피부 모낭(털 구멍) 옆 근육이 수축해 모간(털 줄기)을 위로 바짝 당기면서 털 사이에 공기층을 확보하려고 노력하지만, 의미 없는 몸짓에 지나지 않는다. 이미 퇴화한 인간의 몸털엔 체온조절 기능이 없기 때문이다. 인류는 진화 과정에서 일찌감치 털을 포기하고 체열을 방출하면서 뇌를 시원하게 유지하는 쪽을 선택했다. 더운 여름날 몸에 털까지 뒤덮여 있었다면 지구는 더 빨리 뜨거워졌을지도 모르겠다. 체온을 떨어뜨리려고 온갖 강력한 냉방도구를 더 집요하게 발명하고 펑펑 틀어댔을 테니까.

문명화 진화의 상징?

인간을 가리켜 '털 없는 원숭이'라고도 한다. 사실은 손·발바닥, 입술, 항문, 성기 등 일부를 제외한 모든 피부에 털이 있다. 인간은 두피에 약 10만 개, 몸에 약 500만 개의 모낭이 있다. 모낭은 성별에 따른 특성이 따로 없고, 새로 생기지 않는다. 인류는 미지의 우주를 탐사하듯 열정적으로 모낭을 파고들어 탈모 방지 기술을 연구해왔지만 비밀의 문은 호락호락 열리지 않고 있다. 그 대신 몸의 털을 없애는 제모 기술만큼은 비약적으로 발전했다.

머리카락 숱은 많을수록 좋다고 하지만, 몸털은 없을수록 문명인에 가깝다고 간주된다. 예부터 다수의 문화권에서 체모에 관대하지 않았다. 아리스토텔레스는 짐승처럼 굵고 검은 털이 수북한 사람을 음탕하다고 분류했다.[34] 고대 로마인들은 털이 많은 게르만족을 바바리안barbarian이라 부르면서 멸시하고 두려워했다. 바바리안은 수염을 뜻하는 라틴어 Bart에서 왔다. 서구인들은 털이 수북할수록 자연에 가깝고, 더 동물적이며 지성과 거리가 멀다고 인식했다. 동양도 크게 다른 것 같지는 않다.

혁명적 좌파 남성들은 수염을 사랑했다. 카를 마르크스, 프리드리히 엥겔스, 호찌민은 수염을 길렀다. 체 게바라, 피델 카스트로 같은 게릴라 전사들은 척박한 환경 속에서 수염 깎을 시간이나 도구가 없어 털보 좌파가 되었다. 카스트로는 면도 시간 15분을 아끼면 1년에 열흘을 절약할 수 있고 그 시간에 독서와 운동을 해서 혁명에 기여할 수 있다고 말했다. 미국 기자와 인터뷰하면서 수염을 기른 까닭은 질레트 면도기가 없었기 때문이라고 농반진반 답했다. 일단 여유도 없었을 테고 강인한 전사처럼 보이기를 마다할 이유도 없었을 것이다. 매끈한 얼굴의 좌파는 게릴라의 종말을 의미했다.[35]

남자의 털은 용맹함과 야성, 저항의 상징이 되곤 했지만 여자의 털은 문명화하지 않은 낙후성 또는 동물성과 직접적으로 연결되었다. 17~18세기 스웨덴에서 태어났다는 것만 알려졌을 뿐, 이름 모를 한 여성은 얼굴에 수염이 길게 자랐다. 이 여성은 남성으로 변장하고 용병이 되어 여러 전쟁에 나갔는데 러시아와 전투를 하다 포로로 붙잡힌 뒤 차르에게 인계돼 우리에 갇혔고 짐승 취급을 받다가 죽었다.[36]

1834년 멕시코에서 태어난 여성 훌리아 파스트라나Julia Pastrana는 스페인어와 영어를 자유롭게 구사했고 머리도 좋았지만 다모증 때문에 동물처럼 천대받았다. '곰 인간' '원숭이 인간' 등으로 불린 파스트라나는 세계를 떠돌며 공연했다. 폭력과 학대로 점철된 생이었으며 죽어서도 영면하지 못했다. 모스크바에서 객사한 파스트라나는 태어나서 며칠 만에 죽은 자신의 아기와 함께 시신이 방부처리돼 5년 동안 전시된 뒤 노르웨이 오슬로대학교로 보내졌다. 그의 사정이 알려지며 2013년 유해 귀환 운동이 벌어졌고,

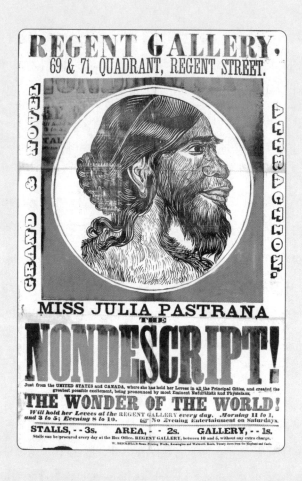

다모증으로 인간다운 대접을 받지 못했던 파스트라나. 동서고금을 막론하고 인간의 다모증은 낙후성, 동물성과 연결되었고, 털이 없을수록 문명인으로 대접받았다.

153년 만에야 고국 멕시코에서 장례식을 치렀다.

파스트라나가 살았던 19세기는 다윈의 진화론이 탄생하고 그레고어 멘델Gregor Mendel의 유전법칙이 발견되면서 체모를 인종 분류의 기준으로 삼게 된 시기였다. 당시 미국에서 가장 영향력이 큰 민족지학자이자 변호사 겸 포유류 털 컬렉터였던 피터 브라운Peter Brown은 털로 인종을 세분화했다. 다윈은 호모 사피엔스가 털 없는 여자를 성적으로 선호했다는 이론을 내놓았다. 털이 적을수록 문명인에 가깝다는 주장은 설득력을 얻었고, 제모는 문명화의 필수 요소가 되었다.

고대 로마 시대에도 순결하고 고귀한 신분이라면 몸털이 없어야 한다고 여겼다. 그리스 시대 여성들은 등잔불로 다리털을 지졌다는 기록이 남아 있다. 하지만 1920년대 이전까지 여성의 제모는 그다지 대중적인 규범은 아니었다. 1930년대 이후 미디어는 여성의 제모와 매끈한 피부를 이상형으로 강조했다. 젠더와 섹슈얼리티를 연구하는 리베카 헤르직Rebecca Herzyk 미국 베이츠칼리지 교수는 인체의 특정 부위에 특정한 방식으로 털을 없애는 제모 산업과 의료 기술이 성별에 따라 다르게 적용되며 이 제모의 문화는 인종 차별적인 기획이자 가부장적 자본주의와 공모해왔다고 본다. 과도한 체모가 비문명적인데다 유전된다고 생각했기 때문에 털 많은 여성은 결혼 대상자로 선호되지 않았고, 하얗고 매끈한 피부의 백인 정체성을 확보하려는 남성들의 욕망과 상업적 요구가 결합하며 제모 기술이 발달했다. 왁싱이나 레이저 시술 같은 매끈한 피부를 가능하게 한 과학적 진보는 계층 상승의 꿈을 부추겼다. 여성은 제모 테크닉과 상품의 적극인 소비자가 되었다.[37]

자유로운 여성들의 털 해방 운동

1960~1970년대 페미니즘 운동은 성차별적이고 인종 차별적인 제모 문화에 강력히 저항했다. 1972년 7월 《미즈Ms.》 창간호는 〈체모: 마지막 개척지Body Hair: The Last Frontier〉라는 기사를 실었다. 경제적 자유와 성적 해방을 외치던 제2물결 페미니스트들은 제모 강요가 여성을 순결한 존재가 되도록 강제하고, 본능을 거부하게 만드는 문화적 집착이라고 비판했다. 돈과 시간, 에너지가 필요한 제모 문화는 털 난 여성의 몸 자체를 근본적으로 더러운 것이라고 암시한다며 반발했다.

물론 《미즈》를 창간한 글로리아 스타이넘Gloria Steinem이나 그의 동지들과 의견을 달리했던 베티 프리던Betty Friedan 같은 페미니스트도 있었다. 프리던을 중심으로 한 또 다른 그룹의 페미니스트들은 제모에 대한 저항이 비생산적이라고 반박했다. '털 논란'은 페미니스트 의제를 분산시켜 여성들의 직업과 육아보조금 같은 제도 투쟁에 집중하지 못하도록 한다는 얘기였다. 또 페미니스트가 '못생기고 털 많은, 남성 혐오주의자'라는 인식을 만드는 데도 일조한다고 보았다.[38]

1980년대 이후 제모는 인종 불문 성인 여성이라면 일반적으로 해야 하는 몸 관리 에티켓으로 자리잡았다. 그러나 2000년대 전후 페미니스트들 사이에서 제모 반대 운동이 다시금 불꽃처럼 타오른다. 특히 2015~2016년 세계적인 디지털 페미니즘 물결이 일면서 '겨털 노출' 운동이 온라인을 중심으로 벌어지기 시작했다. 한국에서는 2016년부터 여성 단체인 불꽃페미액션이 겨드랑이털을 자랑하는 '천하제일겨털대회'를 열었다. 여성의 제모를 둘러싼 사회적 집착을 고발하며 금기에 도전하는 행사로 여러 언론의 관심을 받았다. 비슷한 시기에 다른 나라에서도 범세계적인 '겨털 해방 운동'이 벌어졌다.

이들은 여성의 겨드랑이털을 자연스럽고도 새로운 패션의 영역까지 끌어올리려 했다. 다채로운 색으로 겨드랑이털을 물들이거나 반짝이를 붙이고 겨드랑이를 활짝 열어젖힌 사진을 인스타그램에 올리는 여성들이 세계 각국에서 출몰했다.

2017년 영화 〈원더우먼〉에서는 제작사가 주인공의 겨드랑이에 털이 없는 것처럼 하얗게 인위적으로 보정했다며 논란이 일었다. 아마존 공주였던 원더우먼에게 제모가 말이 되느냐는 진지한 항의였다.[39] 나이키 같은 글로벌 스포츠 브랜드도 겨드랑이털을 깎지 않은 모델을 기용하면서 젊은 여성들의 환심을 사려고 했다.

겨드랑이털은 돌아온다

오늘날 체모와 패션에 관한 의제를 가장 도전적으로 다루는 이들은 트랜스젠더, 드래그 아티스트들이다. 1959년 빌리 와일더Billy Wilder 감독은 〈뜨거운 것이 좋아〉에서 여장한 남성 배우들의 다리털을 밀었지만, 여성성을 과장되게 연출하는 이 시대의 드래그 퀸 다수는 하이힐을 신고 가슴과 다리에 난 굵고 두꺼운 체모를 일부러 드러낸다.

2020년대 초 주류 패션계에 영향력이 큰 인플루언서이자 미국 논바이너리 작가이면서 젠더 연구자인 알록 베이드-메논Alok Vaid-Menon이 대표적인 인물이다. 말레이시아계와 인도 펀자브계 출신 엘리트 이민자 부모 밑에서 태어난 메논은 미국 스탠퍼드대학교에서 여성학을 전공했다. 그는 짙은 화장에 화려한 무늬나 반짝이, 커다란 러플이 잔뜩 달린 옷을 입고 성별 이분법과 무관한 파격적인 패션을 선보인다. 2015년부터 디지털 공간에서 '#털은 문제없어#nothingwronghair'라는 해시태그 운동을 벌여온 그는 수북한 가슴털과 겨드랑이털이 그대로 노출된 드레스를 즐겨 입는다. 구렛나루와 다리의 털을 드러내며 화려한 패션과 화장으로 잔뜩 꾸미고 하이힐을 신은 채 근엄한 학술 토론장에서 젠더 이분법과 인종 차별주의에 대해 토론하고 글로벌 명품 패션쇼 무대에 서는 한편, 스탠딩 코미디에 도전한다. 메논은 제모가 위생 이슈라기보다는 인종 차별적인 문화 제도라는 데 핵심이 있음을 보여주는 상징적 인물로서 그 자체로 연구자이면서 연구 대상이 되었다.

동양 여성은 백인 여성보다 털이 적음에도 몸털을 관리해야 한다는 사회적 압력을 그에 못지않게 받는다. 1990년대 이후 한국 언론은 여름철만 되면 털을 관리하라는 기사를 쏟아냈고, 제모는 한국 여성의 몸 관리 필수 예절로 자리 잡았다. 털을 제대로 관리하지 못하는 여성은 비위생적이고 청결하지 못하며 냄새를 피우는 더러운 여성이라는 관념도 강력하다. 이를 소재로 로맨틱 코미디 영화가 만들어지기도 했다. 〈러브픽션〉은 여성의 겨드랑이털이 중요한 소재였다. 독립 영화 〈털보〉는 자기 몸에 난 털과 털 많은 여자 친구를 부끄러워하던 청소년 여성의 이야기를 다뤄 호평받았다. 두 영화 모두 겨드랑이털 노출 신 때문에 어려움을 겪었지만 성공적으로 제작됐다고 한다. 이 또한 털에 대한 한국 사회의 터부를 보여주는 일화다.

2022년 패션잡지 《보그Vogue》는 표지에 제모하지 않은 여성의 사진을 실었고 《월스트리트저널The Wall Street Journal》은 '당신이 원하든 원하지 않든 겨드랑이털은 돌아왔다'며 '겨털'을 깎지 않고 공식석상에 나타난 배우 줄리아 로버츠Julia Roberts의 사진을 실었다.[40]

이젠 세계의 많은 여성이 '제모는 선택'이라 말한다. 오랫동안 문명화하지 못하고 열등한 인종의 상징이었으며 더럽고 냄새나는 여성의 표식이었던 털. 언젠가 인간 몸털의 다양성도 아무렇지 않게 인정받는 시대가 올까. 새가 활개를 펴듯 털이 난 겨드랑이를 활짝 펼칠 때가.

거식증

여성을 굶기는 사회

아이는 먹지 못한다. 너무 굶어 나뭇가지처럼 앙상한 몸이 애처롭다. 계속 먹지 않으면 심장이 멈출 수도 있다고 의사는 말했다. 결국 부모는 입원 치료를 결정했는데, 수액을 맞기 시작하자 아이는 공포에 질려 자지러지게 울었다. 살찔까 봐 두려워서. 텔레비전의 한 상담 프로그램에서 본 열 살 여자아이 이야기다.

　여자들이 말라가고 있다. 먹으면 살이 쪄 뚱보가 될 거라는 공포와 불안, 식욕에 지고 마는 나약한 사람이라는 자괴감에 시달리는 여자들이 희미하게 웃으며 자신의 몸을 통제하는 데서 살아 있음을 느낀다.

거식증과 10대

흔히 거식증이라 일컫는 '신경성 식욕부진증'은 먹는 것과 관련해 어려움을 겪는 섭식장애의 대표적 질환이다. 거식증은 반대로 지나치게 먹는 '신경성 폭식증'으로 변하기도 한다. 거식증 환자는 살 찌는 데 공포를 느끼며 음식 섭취를 제한하고 체중을 감량한다. 흔히 저체온과 저혈압, 무월경, 우울증을 동반한다. 거식증은 완치가 어렵고 치사율이 약 5퍼센트로 정신 질환 중 가장 사망률이 높다.

건강보험심사평가원의 보건의료빅데이터개방시스템 자료에 따르면 거식증으로 병원을 찾은 환자는 2019년 총 3746명에서 2023년 5735명으로 늘었다. 이 중 여성 환자는 2019년 2779명으로 전체 환자의 74.2퍼센트를 차지했고 2023년엔 4374명, 76.3퍼센트로 늘었다. 더 충격적인 것은 어린 여성 거식증 환자가 많아졌다는 점이다. 2019년엔 10대 초반(10~14세) 여성 거식증 환자가 139명, 10대 후반(15~19세)이 216명이었는데, 2023년엔 10대 초반 여성 환자가 378명으로 10대 후반 375명을 넘어섰다. 더욱이 10대 초반 여성 환자 수는 일흔다섯 이상의 노환으로 인한 섭식장애 환자를 제외하면 전 연령대에서 가장 많았다. 한국에서 거식증으로 병원을 찾는 경우가 적다는 점을 고려하면 상황은 훨씬 더 심각하다고 봐야 한다.

2부 — 상처 입은 스토리텔러

미국에서는 여성의 5~10퍼센트가 평생 한 번은 거식증에 걸린다고 하고, 영국은 거식증 환자를 250만 명 이상으로 추정한다. 앞서 언급한 마약성 비만 치료제인 나비약을 병원에서 처방받지 못해 불법거래하는 이들 중 상당수가 10대고, 마른 몸에 대한 아이들의 집착과 강박이 가히 사회적 현상인데도 한국에서는 정확한 조사조차 이뤄지지 않고 있다.

10대 여성의 거식증은 극단적 양상으로 치닫고 있다. 이차성징이 시작된 뒤에는 살이 급속히 찌기도 하는데 이를 거부하거나 공포스럽게 여기기도 한다. 10대의 외모 관리에 적극 나선 부모들이 병원에서 식욕억제제를 대리 처방 받아 주는 사례도 적지 않다. 억압적인 부모들은 아직 자율성을 획득하지 못한 아이들에게 유일한 자기 삶의 통제력과 자기 규율의 방편으로 식욕을 사용한다. 음식을 조절하고 살을 뺄 때 "예뻐졌다"며 격려하거나 암묵적으로 허용하기도 한다.

프로아나, 왜곡된 미인의 조건

SNS에서 '프로아나' '뼈말라' '자극짤' 등을 검색하면 놀랄 만큼 앙상한 여성 신체 사진을 쉽게 만난다. 프로아나pro-anorexia, 일명 프아는 거식증(아노렉시아)을 지지하고 찬성한다(프로)는 뜻의 초절식 또는 초절식인을 뜻한다. 장기간 먹지 않고 살을 빼는 이른바 '조임'은 물만 먹는 단식이나 먹고 토하기를 반복하는 '먹토'로 이뤄진다. 가수 장원영이나 아이유 등 빼빼 마른 여성 아이돌 사진은 '프아'들의 살 빼기 욕구를 부추기는 '자극짤'로 인터넷에 떠돈다. 이들의 사진을 보고 자극받은 아이들은 먹토를 하거나 먹고 싶은 것을 극단적으로 참는 초절식을 이어간다.

프로아나 대부분의 목표는 키에서 몸무게를 뺀 '키빼몸'이 120 이상 되는 것이다. 1989년 이미 미스코리아 입상자들의 평균 키는 173.6센티미터, 몸무게는 51.3킬로그램으로 이들의 키빼몸은 122를 넘었다. 수십 년 동안 한국 사회는 뼈말라 몸매를 '미인'의 조건으로 꼽았던 셈이다. 피골이 상접한 '해골 모델' 같은 대중문화 속 여성 이미지는 실제 여성의 몸에도 큰 영향을 미친다.

거식증 환자라고 식욕이 없는 것은 아니다. 오히려 '먹방'에 과몰입하는 경우가 많다. '입이 터지면' 그때부턴 걷잡을 수 없이 먹는다. 거식증 환자들이 가장 두려워하는 것이 바로 '입 터짐'이다. 걸신 들린 듯이 먹고 나선 후회하면서 억지로 구토하는 신경성 폭식증으로 이어질 수도 있다. 먹고 싶은 욕구와 몸무게를 유지해야 한다는 생각 사이에서 혼란스럽지만 음식을 통제하면서 몸무게를 유지할 때 이들은 가장 큰 기쁨을 느낀다.

거식증에 걸린 스무 살 여성 엘런의 이야기를 다룬 넷플릭스 영화 〈투 더 본〉에서 거식증 환자 공동체에 거주하며 치료하는 여성 환자들은 아주 조금만 먹어도 몰래 토한다. 엘런은 뼈만 남은 몸으로 쉬지 않고 윗몸일으키기를 하며 살을 빼려고 한다. 이런 과도한 육체 활동과 지나치게 몰입하는 지적 활동도 거식증의 주요한 증상으로 꼽힌다.

유전적 요인, 우울증, 노이로제 등 거식증 원인에 대한 분석은 다양하다. 철학자 수전 보르도Susan Bordo는 '몸'을 업신여기는 서양철학 전통으로 거식증을 설명한다. 플라톤부터 데카르트까지 서양 남성 철학은 육체와 정신의 이원론을 주장하며 육체가 아닌 것이 최고의 선이며 신에게 가장 가까운 것이라고 생각했다. 육체는 골칫거리였다. 사회적으로도 여성에게 식욕은 허용되지 않는다. "여성의 식탐이 허용되는 것은 임신했을 때나 거의 굶어 죽게 됐을 때 뿐"이라고 보르도는 말했다.[41]

임옥희는 논문 〈은유로서의 거식증〉에서 보르도의 철학적 이원론에 관한 이론에 이의를 제기한다. 거식증은 의식과 육체를 구획하지만, 둘 사이의 경계를 뚜렷하게 나눌 수 없기 때문이다. 거식증이 단순히 날씬한 여성이 되라는 가부장제 명령에 순응하려는 욕망의 발현이라고 볼 수만도 없다. '거식증자'들은 자기 속에 내면화된 가부장적 규범을 스스로 처벌하려 한다. 학대에 쾌감을 느끼는 매저키즘적 욕망과 애도 불가능한 슬픔이 온몸으로 나타난다는 것이다. 임옥희는 거식증이 언어로 포착할 수 없는 것을 소통하려는 여성의 육체 언어라고 보았다. "가엾고

두려워하는 자아에 대한 애도이자 슬픔과 눈물의 다른 표현"으로 거식증이 나타난다.[42]

거식증자에겐 '여성'의 흔적을 없애거나 처음부터 두드러지지 않게 하는 것이 중요한 과제다. 거식증이 있는 여자 아이들은 생리를 하고 젖가슴이 나오며 허리가 들어가고 엉덩이가 커지는 '어른 여자' 되기를 거부하거나 유예하려 한다. '여자'가 되는 것은 두려운 일, 어려운 일이다. 반면, 살이 없는 여성의 몸은 중성적이다. 섹슈얼리티가 삭제된 마른 몸은 성폭력의 위협에서도 자유로울 수 있다고 느낀다. 거식증을 겪은 이들은 무월경을 훈장처럼 여기기도 한다.

자신의 알코올의존증과 거식증 등을 다룬 에세이로 미국뿐 아니라 한국에서도 인기를 끈 작가 캐럴라인 냅Caroline Knapp은 거식증에 걸린 자신에 대해 무한한 자긍심을 느꼈다고 털어놓았다. 《욕구들》은 암 선고를 받기 두 달 전 탈고한 그의 유작이다. 이 책에서 냅은 "몸은 진압해야 하는 나라이며, 몸의 욕구들은 너무나 저열하고 기만적이어서 완전히 뿌리 뽑아야만 하는 적군들"이라고 적었다.[43] 몸이라는 불결하고 오염된 자아, 혐오스러운 몸을 가진 여성적 자아를 더 위대한 정신과 지성으로 지배하는 나 자신은 불굴의 투지를 지닌 남성적인 승리자가 된 것 같은 느낌을 받는다.

영국 왕세자비였던 다이애나 스펜서Diana Spencer의 거식증을 상담한 것으로 유명한 정신분석가 겸 페미니즘 활동가 수지 오바크Susie Orbach는 "모든 몸에는 그 가족의 몸 이야기가 남긴 은밀한 각인이 찍혀 있다"고 말한다.[44] 그는 섭식장애가 부모-자식 사이의 분리와 의존에 관한 문제라고 풀이한다. 여러 전문가가 거식증 이슈를 두고 욕망이 좌절돼 자식들에게 지배적인 어머니와, 이를 외면하는 아버지 사이에서 발생할 확률이 높다고 분석했다.

프랑스 모델 출신인 이사벨 카로Isabelle Carosms는 키 165센티미터에 몸무게는 31킬로그램이었다. 그는 15년 동안 거식증을 앓았는데 딸이 성장하지 않기를 바랐던 어머니의 강박증이 미친 영향이 컸다. 거식증의 위험성을 경고하는 뜻에서 카로는 누드 사진을 찍고 자서전을 내는 등 활동을 이어갔지만 2010년 스물여덟 나이로 세상을 떠났다. 그의 어머니는 두 달 뒤 죄책감에 스스로 목숨을 끊었다.

미국 작가 냅 또한 자신의 거식증 중심에 분명 불행한 부모가 있었다고 하면서도 여성들의 거식증은 좀 더 본질적으로 여성 집단 전반이 직면한 사회적 허기, 세계와 어긋난 자아 때문에 발생한다고 강조했다. 여자들은 인정받지 못하는 내면의 욕망, 잃어버렸지만 애도받지 못하는 자아, 깊은 슬픔을 없애기 위해, 먹는 것을 거부한다. 그는 먹지 않으면서 자신의 몸을 스스로 처벌하는 동시에 강력한 의지력을 확인하며 만족한다.

프랑스 모델 카로의 자서전《살찌고 싶지 않은 어린 소녀La petite fille qui ne voulait pas grossir》의 표지. 열세 살부터 거식증을 앓던 그는 키가 165센티미터였으나 몸무게는 31킬로그램밖에 나가지 않았다. 사람들에게 거식증의 위험성을 알리기 위해 거식증 추방 캠페인에 적극 참여하던 그는 스물여덟 나이에 거식증으로 사망했다.

'같은 여성'들이라고 모두 거식증을 이해하려 들지는 않는다. 어떤 페미니스트들은 다이어트가 여성의 정치적 힘을 빼앗는다고도 말한다. 하지만 거식증을 경험한 여성들은 무력함을 강조하거나 자본주의와 가부장제의 통치 아래 고분고분하게 살을 빼려 한다는 식의 비판을 거부한다. 남성의 눈에 들기 위해 굶는 것이 아님을 밝히려 자신이 레즈비언이라고 커밍아웃하는 이들도 있다. 이런 이유로 여러 연구자들은 거식증과 프로아나 당사자들을 가부장제 질서에서 탈주하면서도 적극 교섭하는 주체적인 존재라고 분석한다.[45] 거식증 여성들은 날씬한 몸을 강요하는 신자유주의 체제에 순응하는 '유순한 몸'이면서 동시에 가부장적 질서에 끈질기게 저항하는 투사, 인내와 투철한 정신세계로 철두철미하게 몸을 관리하는 강인한 지도자, 역설적으로 사회적 성별 규범이 내면화된 상태를 슬퍼하는 애도자, 그리고 이 모든 자신의 상태를 인식하고 해석할 수 있는 연구자가 된다.

지금의 몸이 불편한 사람들

2020년대 들어 섭식장애 당사자들의 책이 국내에 여러 권 출간됐다. 2023년 초엔 서울 독립서점들에서 거식증을 경험한 당사자·전문가 등이 강연을 하고 이야기를 나누는 '섭식장애 인식주간' 행사도 처음으로 열렸다. 행사를 주관한 '잠수함토끼 콜렉티브'는 《삼키기 연습》의 저자 박지니, 섭식장애를 경험한 유튜버이자 연구자인 이진솔, 다큐멘터리 〈두 사람을 위한 식탁〉의 등장인물이자 섭식장애 당사자인 박채영 씨 등 섭식장애 당사자들의 모임으로, 잠수함 속 희박한 공기를 알려주는 토끼처럼 섭식장애 인식 개선에 앞장서고 있었다.

박지니 씨는 섭식장애를 호소하는 사람들 가운데 성소수자들이 많다고 했다. "'지금의 몸'으로 살 때 불편한 사람들이 섭식장애 속으로 들어간다"고 그는 말했다.[46] 소수지만 10대 초반 남자 환자들도 늘고 있다고 전문가들은 말한다. 성형외과 수술대 위에 오르는 남성 '환자'들이 많아지듯 시간이 갈수록 점점 더 많은 남성들이 거울 앞에 설 테고, 거식증 환자들도 늘어나리라는 예상도 가능하다. 하지만 현재 가장 주의 깊게 살펴야 하는 이들은 역시 10대 초반의 여성들이다. 다시금 강조하지만 거식증 환자들이 너무 급속히 늘어나고 있기 때문에 관련 조사와 정확한 통계, 분석과 대책이 절실하다.

약한 거식증은 자연스럽게 회복의 단계를 밟게 되지만 심각한 거식증은 목숨을 위협한다. 거식증은 중요한 사회적 현상이며 예산을 투입해 더 깊고 넓게 연구하고 개입해야 할 이슈다. 극단적인 마른 몸을 아름답다고 보는 시선, 날씬한 몸에만 주어지는 기회, 몸이 큰 여성을 비난하고 수치심 주는 일… 이 모든 것이 여성을 굶주리게 한다. 점점 더 많은 여성이 굶는다는 건, 점점 더 세상이 나빠지고 있다는 신호다. 위험한 건 굶는 여성이 아니라 굶기는 사회다.

포르노와 성폭력

가부장제 욕망의 최신 버전

18세기 계몽주의 시대에 포르노그래피는 왕권과 종교에 불만을 가진 사람들의 무기였다. 계몽사상가들은 군주와 성직자의 성적 능력을 웃음거리로 삼는 야한 소설을 썼는데 지금 읽어도 낯뜨거울 정도로 적나라하다. 역사학자 린 헌트Lynn Hunt는 당시 포르노가 정치적·철학적 함의를 지닌 '계몽주의 문학'의 일부라고 분석했다. 그러나 포르노는 동시에 여성의 신체를 도구로 삼았다. 헌트도 "16~18세기 포르노그래피는 남성들 사이의 결속을 위해 여성의 육체를 제공하는 역할을 했다"고 인정했다.[47]

포르노는 과학 기술과 공생 관계였다. 19~20세기 초 영화가 발명된 직후 탄생한 초기 포르노들은 짧은 길이의 무성영화 형태를 띠었다. 1970~1980년대 초 가정용 비디오카메라가 출시되면서 포르노 산업은 급속히 성장한다. 이즈음 한국에서도 전문 배우의 비디오가 아니라 일반인이 등장하는 비동의 불법촬영물인 '몰카'가 유통되기 시작했다. 1990년대 후반 여자 화장실, 탈의실, 여관, 호텔 등에 카메라 렌즈가 숨어 있었다. 포르노는 그저 성인물 정도가 아니라 온갖 성착취·성범죄물을 포함하는 대명사가 되었다.

1997년, 10대들이 찍은 비디오 '빨간 마후라' 때문에 한국 사회는 발칵 뒤집혔다. 가정용 캠코더로 10대 청소년들이 성관계 장면을 촬영하고 편집해 유통한 것이다. 이 비디오는 서울 전역에서 2~10만 원에 거래되었다. 언론과 경찰은 피해 여중생에게 성적 경험에 대한 질문을 퍼부었고 그는 공포에 질려 울음을 터트렸다. 이 비디오를 본뜬 '빨간 보자기' '빨간 스카프' 등 '빨간 시리즈' 비디오가 상업적으로 제작돼 불티나게 팔려 나갔다.

처벌받지 않은 소라넷의 후예들

인터넷이 등장한 뒤 포르노 생산과 유통은 소자본으로도 가능한 확실한 돈벌이가 되었다. 가해자 특정이 어려워 법적 기소는 복잡했다. 포르노를 소지한 '소비자' 다수가 10대들이었다. 여성 나체에 얼굴을 붙인 '합성 누드' 사진도 점점 번져 갔다. 합성의 '원본' 이미지에는 유명인뿐 아니라 일반인의 얼굴도 포함되었다.

1999년 문을 연 소라넷은 2016년 폐쇄될 때까지 100만 명이 넘는 회원을 보유한 한국 최대의 음란물 사이트였다. 몰카 같은 불법 촬영물, 페이크물, 전 여자친구나 전 배우자에 대한 '복수'를 명목으로 성적 촬영물을 공유하는 이른바 '리벤지 포르노'도 다수였다. 운영자들은 성폭력 범죄를 전시·조장하면서 수백억 원의 부당이득을 챙겼다. 2018년 유일하게 구속된 40대 여성 소라넷 운영자는 대법원에서 징역 4년이 확정돼 지나치게 관대한 처벌이라는 목소리가 나왔다. 이용자들은 처벌받지 않았다.

그 뒤 불법촬영물을 유포하는 '웰컴투비디오' '웹하드 카르텔' '엔n번방' 사태가 한국 사회를 뒤흔들었다. '처벌받지 않은 소라넷의 후예들'이었다. '텔레그램 엔번방'에서는 미성년자를 포함한 다수의 여성 성착취 영상이 공유됐고 '인간 시장방'에서 피해 여성을 '분양'했다. 일망타진은 없었다. 핵폭발 때 일어난 낙진으로 생긴 오염이 수만 년을 가듯 한번 업로드된 파일은 영구적이었다. 성적 촬영물 비동의 유포 피해자들은 스스로 목숨을 끊기도 했다. 피해자가 죽은 뒤에도 '유작'이라고 말머리가 붙은 동영상이 유포됐다. 지옥 같은 풍경이 펼쳐졌다.

'엔번방의 후예들'은 다시금 신기술을 적용했다. '딥페이크 포르노'는 인공지능 기술로 상대 동의 없이 몸을 합성하는 포르노그래피를 뜻한다. 딥 러닝 알고리즘을 이용해 실제와 차이 없는 음성·동작·표정 등 포르노 이미지를 좀 더 쉽게 만들어낼 수 있게 된 것이다. 엄마나 누나, 여동생, 친구, 교사 등 친밀한 관계를 맺은 사람들의 얼굴을 이용한 이른바 '지인 능욕' 딥페이크 성폭력도 증가하고 있다.

성폭력이 일상이 된 한국 사회

오늘날 한국은 딥페이크물에 의한 성폭력 피해가 가장 심각한 국가로 지목되었다. 보안업체 시큐리티히어로의 2023년 현황 보고서 〈2023 스테이트 오브 딥페이〉를 보면, 9만 5820건의 딥페이크 포르노에 등장하는 대상자 중 99퍼센트가 여성, 53퍼센트가 한국인으로 제일 많았다. 가장 자주 타깃이 된 한국인 가수는 1595건의 딥페이크물에 등장했고 조회 수는 561만 회에 달했다.[48]

한국에서는 '딥페이크 성착취/성범죄' '딥페이크 포르노'라는 말을 혼용한다. 영어권에서는 '딥페이크 포르노'가 일반적으로 쓰인다. '포르노'라는 말을 반성폭력 운동의 차원에서 사용하기도 하지만 한국적 맥락에서 자칫 포르노 찬반이라는 전통적 논쟁으로 이어질 가능성도 없지 않다. 특히 겉으로는 '음란물'을 규제하고 실제로는 성 산업을 방조하거나 개입하며 통치성을 발휘했던 박정희·전두환 정권을 거친 한국 근현대사의 경험 속에서 포르노를 둘러싼 논쟁은 더욱 복잡해질 수 있다. 중요한 것은 관점 이동이다. '포르노'가 아니라 '딥페이크'라는 기술의 힘이 어떤 권력을 가진 누구와 접속하느냐의 문제다.

2024년 붙잡힌 딥페이크 성착취물 피의자 84퍼센트가 10대 남성이라는 통계에서 나타난 것처럼 이 기술은 규제 없이 너무도 쉽게, 널리 사용돼왔다. 유념해야 할 부분은 딥페이크라는 기술이 선진적이고 미래적이며 따라서 산업적인 성장을 가져온다는 허구의 믿음 아래 '사회'가 어렵게 보호해온 민주주의의 윤리와 가치가 심각하게 훼손되고 있다는 점이다. 오랜 시간 부지기수의 여자들이 어떤 사람에게 자신의 몸을 보여줄 것인지 결정할 권리를 잃고 치욕적인 이미지와 낄낄거리는 모욕의 담론, 성폭력 속에서 몸의 자율성과 인격권을 침해당해왔다. 국민을 보호하고 민주주의를 수호해야 할 조치는 국가만이 할 수 있고, 정부와 입법기관의 책임이다.

2015년 전후 페미니즘 대중화의 상징인 "내 일상은 너의 포르노가 아니다"라는 구호에서 보듯 딥페이크 기술은 '얼굴' 있는 모든 여성의 일상을 착취하고 폭력에 노출하며 이윤 창출을 할 자원으로 삼도록 하고 있다. 60초짜리 딥페이크물 제작에 25분이 채 걸리지 않고 비용은 0원인 시대에 실재와 허구의 경계는 무너지고 여성의 몸은 주인인 자신의 의지와 상관없이 공개·변형되며 상품화한다.

이 새로운 디지털 성폭력의 핵심은 얼굴과 개인정보가 노출되어 인격까지 말살당하는 피해자와 달리 가해자들은 익명의 지배적 위치에서 젠더 헤게모니를 행사한다는 점이다.[49] 피해자들은 '지인방' '겹지인방' 등 다양한 '방'에서 조롱과 학대와 공격의 타깃이 되어 심각한 정신적·육체적 타격을 입는다. 피해자는 본인의 신체가 악용되었다는 점을 알 수도 있지만, 영원히 모를 수도 있다. 더욱이 피해자 상당수는 10대 초중반 여성이다. 법적 규제 강화는 물론, 기술 기업들의 책임까지 엄중히 물어야 하는 이유다.

몸이 돈벌이가 되는 시대

여성 신체에 대한 남성 소유, 통제 욕구가 신기술을 통해 재해석된 형태로서 딥페이크 성착취물은 가부장제 욕망의 최신 버전이다. 절대다수가 여성인 '타깃'의 몸을 조각내 가장 비인격적이고 노골적이고 모욕적인 형태로 재배치한 뒤 새로운 상품으로 진열하는 것, 이 재앙적 기술을 사용해 여성 폭력과 학대를 성적 쾌락으로 둔갑시켜 돈벌이를 가능하게 하고 산업화한 것이 바로 이

'딥페이크 바디'라는 새로운 신체에 관한 진실이다.

딥페이크 성폭력 문제에 대한 정치적 개입과 법적 규제는 "과잉 규제"[50]나 '표현의 자유 제한'에 관한 문제가 아니라 존재론적이고 인식론적인 저항의 한 형태다. 이 기술 매개적 딥페이크 성착취물 대량 생산은 국가가 추구해야 할 경제 산업의 목표가 될 수 없고, 이성애자 남성이 추구하는 '섹시함이 극대화된 전형적인 여자 몸 만들기'라는 차원도 넘어선다. SNS를 통해 누구나 자신의 모습을 공유하고 타인의 사진을 쉽게 소유할 수 있게 된 시대에 딥페이크 성착취물이 디지털 공론장을 지배하게 된다면 이는 '포르노 이슈'가 아니라 자유와 민주주의에 대한 중대한 위협으로 간주해야 한다. 나아가 '소비자' 남성 또한 비인격화·비시민화의 길을 걷게 된다.

2024년 딥페이크 처벌법(성폭력처벌법 개정안)이 국회에서 논의될 때 가장 논란이 된 단어는 '알면서'였다. 법제사법위 전체회의에서 "'우연히' 본 것까지 다 처벌해야 하느냐"고 일부 의원이 주장하면서 '알면서'라는 단서가 추가된 것이다.[51] 엎치락뒤치락한 끝에 이 단서가 삭제된 채 개정안이 국회에서 통과됐지만, 사태가 '우연히' 여기까지 오지는 않았다는 것은 모두가 알고 있다. 모두가 모르는 건 단 하나다. 우리 '몸'이 어디로 가는지에 대한 것이다.

3부

주저하는 몸,
증언하는 몸

이해한다는 것은

만짐, 감각하기, 소통하기의 문제이며

이는 다시 돌아가기, 기억하기와 관련된 문제다.

— 캐런 버라드

피부

매끄러우면서도 하얀 세계

인간의 믿음이 대관절 무엇이길래 순교자 중에는 잔혹하게 죽은 사람이 이토록 많을까. 예수의 열두 제자 중 한 명인 성 바르톨로메오Saint Barthélemy는 《성경》에 그의 발자취조차 별반 기록되지 않았지만, 죽음만큼은 강렬하게 전해 내려온다. 그는 온몸의 피부가 벗겨진 채 십자가에 매달려 순교했다. 이탈리아 북부 밀라노성당(두오모)에는 근육과 뼈만 남은 으스스한 모습의 성 바르톨로메오 상이 서 있다. 이 남자는 고뇌에 찬 표정으로 어깨와 성기 정도만 겨우 가린 커다란 천을 로마 시대 의상인 토가처럼 등 뒤로 짊어졌는데, 그것이 바로 자신의 살가죽이다.

미켈란젤로 부오나로티Michelangelo Buonarroti가 그린 〈최후의 심판〉에도 성 바르톨로메오의 모습이 나온다. 그의 한 손에는 칼이, 다른 손에는 자기 살가죽이 무겁게 들려 있다. 특별한 보존처리를 하지 않는 한, 죽은 뒤 인간의 피부는 썩어 사라진다. 나이들어 쪼그라들고 얇아지다가 마침내 가장 먼저 부패하고 문드러지는 피부는 유한한 인간을 나타내는 것만 같다. 모든 인간은 두오모의 성 바르톨로메오처럼 자기 껍데기인 피부를 온몸으로 생애 내내 짊어지고 산다.

피부는 신체에서 가장 크고 무거운 기관이다. 인체의 최전선으로 몸을 보호하는 물리적 장벽일 뿐 아니라 다양한 호르몬의 분비를 통합적으로 조절하는 내분비기관이다. 그만큼 예민하고 늘 바이러스나 세균의 침략에 시달린다. 코로나19 팬데믹 때는 각국에서 발진·물집 등 피부 트러블을 겪는 환자들도 다수 보고됐다. 호흡기 질환이 피부에까지 영향을 미친 것이다. 그도 그럴 것이 한의학에서는 피부가 비위·폐·대장·간·심장 기능과 연관돼 있다고 본다. 몸속에 화나 열이 쌓였을 때도 피부는 두드러기나 가려움증을 일으키며 빨간 불을 켠다. 서양의학 역시 피부가 장기와 연결된다는 사실을 인정하면서 피부 치료로 다른 장기의 건강을 개선하는 방법을 연구하고 있다. 인간은 아직도 피부의 세계를 충분히 알지 못한다.

왼쪽: 이탈리아 북부 밀라노성당의 성 바르톨로메오 상. 몸을 감싸고 있는 커다란 천은 그의 살가죽이다.

오른쪽: 미켈란젤로 부오나로티, 〈최후의 심판〉, 시스티나성당, 부분, 1535~1541. 성 바르톨로메오가 한 손에 자신의 살가죽을 들고 있다.

접촉의 사회적 온기

다수의 인류학자들과 심리학자들은 어린 시절의 피부 접촉과 애착을 연결시킨다. 미국 인류학자 애슐리 몬터규Ashley Montagu는 아기가 현실을 인지하는 최초의 통로가 피부이며 어린 시절 어머니와의 스킨십 결핍이 공허와 부작용을 낳는다고 강조했다. 엄마와 피부 접촉이 부족한 사람들은 청소년기 이후 애정 결핍에 시달린다는 말이다. 어린 시절 엄마와 피부 접촉을 맘껏 하지 못하고 자란 여성들은 피부 접촉을 바라서 하기 싫은 섹스도 감수한다고도 주장했다. 몬터규는 어미 없이 자란 동물도 사람과 마찬가지로 교미 때 반응하지 못한다면서 엄마의 보살핌이 자녀의 섹슈얼리티 발달에 필요한 요소라고 생각했다. 촉각 경험의 중요성을 밝힌 흥미로운 연구였고 꽤 설득력도 있었지만 무리하게 이론을 밀어붙인 나머지 엄마와 신체 접촉이 결핍된 아이가 장차 강간범이나 동성애자가 될 수도 있다고 주장해 스스로 연구의 신뢰를 떨어뜨리는 안타까운 결과를 낳았다.[1]

영국의 심리학자 존 볼비John Bowlby의 애착 이론을 수용하면서 어린 시절 어머니와 스킨십을 중시한 프랑스 정신분석가 디디에 앙지외Didier Anzieu 역시 비슷한 주장을 편다. 어린 시절 어머니와 오래 떨어져 자랐던 앙지외는 모성 실천의 중요성을 무척 강조했다. 그는 '피부자아Le Moi-peau'라는 개념을 내놓았는데, 피부가 심리적 싸개 또는 봉투라는 말이다. 아기는 어머니가 쓰다 듬어주고 안아주는 활동을 통해 자신의 표면을 구별하고 그 속에 잠긴 것처럼 인식하며 자신이 뭔가에 담겨 있다는 입체감을 느낀다고 했다. 피부는 최초로 관계를 맺는 장소이고 어머니가 격렬하게 아이를 보살피거나 어린 시절 피부에 상처를 입은 경험이 있다면 자극적 싸개와 고통의 싸개가 생기면서 피부자아 구성에 문제가 생긴다고 보았다. 피부 접촉의 문제로 인해 피학적 성행위 또는 피학증적 태도가 발생한다는 뜻이다.[2]

피부를 가진 동물이 접촉을 통해 사회화한다는 것은 두말할 나위 없다. 다른 개체와 살갗을 맞대는 긍정적인 경험 속에서 새끼들은 상대의 호의와 적의를 구분하게 되고 자신의 매력과 개성을 전달하는 법도 익힌다. 다만 어린 것들을 사회화하는 동물의 돌봄이나 학습이 어미만의 책임이라고는 볼 수 없다.

리처드 도킨스Richard Dawkins의 제자로서 동물학 연구자이자 다큐멘터리 제작자인 루시 쿡Lucy Cooke은 《암컷들》에서 암컷이 주어진 환경 아래 조신하게 새끼를 낳고 보살피는 존재라는 스승의 발상을 정면으로 치받는다. 암컷의 양육을 강조한 앞선 이론가들과 달리 쿡은 동물의 세계에서 수컷이 헌신적으로 새끼를 양육한다는 점을 밝힌다.[3] 다수 동물에게 유년기의 긍정적인 스킨십은 건강한 성장을 위한 필수 과정이겠지만, 어미의 '독박 육아'를 통해서만 새끼가 건강하게 자란다는 증거는 없다. 알다시

피 아이를 키우는 데는 온 마을이 필요하다고 할 만큼 다양한 이들의 접촉과 지원이 필요하다.

모두가 매끄러운 시대

현대인에게 피부는 가장 중요한 자기 관리 영역 중에 하나이며, 강력한 외모 자본이다. 흴수록, 매끄러울수록, 탱탱할수록, 향기로울수록, 청결할수록 '피부 계급'이 높다. 깨끗하고 부드러운 피부는 부와 권력의 상징이다. 피부과와 성형외과에서 생살을 찌르는 고통을 참아가며 점과 기미 같은 잡티를 뽑아내고 탄력을 유지하는 일은 예뻐지려는 열망으로 가득 찬 이들뿐 아니라 성별이나 연령과 무관하게 아주 일반적이고도 평범한 이들의 자기 관리 기술이다. 상당수 피부과 의원에서 피부 질환 환자를 받지 않고 미백과 주름 관리 소비자만 주로 다룬 지도 꽤 오래되었다.

　　외모로 평가받는 일이 일상인 여성은 평생 피부를 관리해야한다는 사회적 압력을 느낀다. 늙어서도 탄력을 유지하면서 피부가 빛나는 여성은 찬사를 받는다. 피부 과학이 발달하면서 같은 나이라도 피부에 '투자'한 사람과 그렇지 않은 사람들의 모습에선 수십 년의 나이 차가 느껴진다. 잡티 없이 깨끗하며 탄력 있고 윤기 나는 피부는 많은 관문을 무사히 통과하게 하고 더 좋은 곳, 더 안전한 장소로 그 사람을 안내해줄 것이라는 기대가 있다. 피부 불평등은 젠더와 권력과 계급의 문제이고 신자유주의적 분할 통치로 각자 자기 영역을 점유하게 된 사람들의 살갗은 서로 맞닿을 일이 없다.

철학자 한병철은 피부 표면의 균열과 상처를 배제하는 '매끄러운 시대'를 비판했다. 문학도 예술도 사유도 상처에서 촉발된다는 점을 강조했다. 소비 자본주의 시대, 가장 세속적인 작가 제프 쿤스Jeffrey Lynn Koons의 작품을 두고 한병철은 "매끄러움의 성화聖化"이며 "소비의 종교"라고 말했다.[4]

쿤스가 만든 '풍선 비너스'는 구석기 시대 여신상인 '빌렌도르프 비너스'를 본뜬 것으로 2003년산 동 페리뇽 로제 빈티지 와인을 출산하는 모습을 형상화했다. 매끈하고 빛나는 표면의 풍선 비너스와 동 페리뇽 모자는 소비 자본주의 시대의 '성모상'으로 추앙받는다. 심지어 관람객이 실수로 깨뜨린 쿤스의 '풍선 개' 조각조차 가치가 매겨진다. 자본주의적으로 미끌거리는 표면은 박살이 나도 예술, 아니 돈이 된다.

인종 차별의 근간

피부색은 인종 차별의 근간을 이룬다. 인종주의는 그리스·로마 시대 이후 서구 유럽 기독교 세계와 연관이 깊었다. 중동에서 태어난 예수는 오랫동안 유럽 백인으로 재현되었다. 18세기 분류학을 제시한 식물학자 칼 폰 린네Carl von Linne는 고대 그리스 생리학의 체액설과 피부색을 연결시키고 유럽인에게 하얀색과 지적인 성격을, 아프리카인들에게는 검정색과 교활함, 종속성을 부여했다. 18세기 박물학자이자 백작 조르주루이 르클레르 드 뷔퐁Georges-Louis Leclerc de Buffon은 백인이 지상에서 가장 아름답고 뛰어난 존재라고 했다.[5] 인종 차별을 과학이라는 이름으로 정당화하려는 제국주의자들의 노력에 힘입어 인간의 이상적인 피부는 눈처럼 하얘야 한다는 공통감각이 만들어졌다.

기능성 화장품 시장의 제품 대다수가 미백 라인이다. '백옥처럼 하얀 피부'란 말에서 보듯 한국인이 이상적으로 여기는 피부도 결국 얼마나 희냐의 문제다. 한국의 미백 문화를 연구한 박소정은 미백을 "있어 보이는 위치에 기입해 넣는 고급화의 신체 기술"이라고 설명한다. 그는 한국 미디어 문화, 즉 K-컬처의 핵심 요소도 미백이며, 미백이 K-뷰티의 핵심 미학이라고 밝혔다. K-뷰티 산업과 방송 제작 산업은 한국 연예인들의 티 없이 맑고 하얀 피부를 창조한다. 새로운 미백의 인종이 된 한국 스타들은 새하얀 피부를 초국적 상품으로 유통시키는 주역이고 새로운 인종적·종족적 위상을 재구성한다. 한국 스타들은 더는 '황인종' 계열이 아니다. 실제로도 그들은 백인보다 더 피부가 하얗다. 박소정은 K-뷰티가 식물학자 린네 이후 최초로 서구 인종 과학이 창안한 인종적 범주에서 벗어난 "혼종과 무국적성의 시각성"을 만들었다고 본다. 한국인들과 중국인들이 서구인의 외모를 모방하는 것이 아니라 인종적 범주를 넘어 혼혈·혼종적인 아름다움을 추구하고 있다고 본 성형 연구자 임소연·태희원의 견해와도 연결된다.[6]

혼종적인 외모를 추구하는 경향이 있지만, 미백을 중시하는 한국 안에서는 여전히 '짱깨' '똥남아' '흑형' 등으로 일컫는 타자에 대한 멸칭이 끊이지 않고 불리며, 피부색에 따른 인종 차별이 수그러들지 않는다. 한국인의 미백 추구와 유색인종 혐오는 깊은 성찰로 이어지기보다 '아시아 내 명예 백인'이라는 오만한 '국뽕'에 취해 피부색 구별 짓기에 한층 힘을 기울이는 것처럼도 보인다.

피부에 관한 현대의 고전이라고 할 수 있는 《스킨》을 쓴 인류학자이자 고생물학자인 니나 자블론스키Nina Jablonski는 "사람을 피부색으로 분류하는 방법은 아무런 의미가 없다"고 말했다. 유럽인이나 현대 아메리카인, 아시아인 등은 아프리카인들에게서 진화했다. 피부색은 일조량과 자외선 등에 기능적으로 적응하며 진화한 결과일 뿐이다.[7]

피부는 인간사를 담는다. 살면서 생긴 상처와 흉터, 뙤약볕에 그을린 구릿빛 피부, 나이 듦에 따라 생긴 검버섯과 기미도 모두 인생의 자국이다. 쭉쭉 늘어나는 할머니의 피부를 잡아당기며 놀던 기억, 좋아하는 사람의 손끝이 처음 닿았을 때의 떨림과 흥분, 원치 않는 피부 접촉에 진저리치게 끔찍한 순간까지 모두 삶의 흔적이다. 피부엔 경험과 기억이 새겨진다.

양자물리학자 캐런 버라드Karen Barad는 2024년 한국여성학회 석학 초청 포럼에서 기억과 만짐에 대해 이야기했다. "이해한다는 것은 만짐, 감각하기, 소통하기의 문제이며 이는 다시 돌아가기, 기억하기와 관련된 문제다." 접촉의 경험은 사랑이 되기도, 폭력이 되기도 한다. 이 관계의 얽힘을 추적하는 일 또한 과학의 영역임을 버라드는 다시금 강조했다.[8] 접촉과 소통이 과학의 이슈라면, 인종 차별과 성차별을 낳은 피부 과학 자체도 응당 비판받아야 마땅하며 과학자의 책임 또한 그리 가볍지 않으리라.

타투

피부에 새기는
나만의 인생 이야기

사도 바울은 말했다. "나는 예수님의 낙인을 내 몸에 지니고 있습니다."(《성경》〈갈라티아 신자들에게 보낸 서간〉 6장 17절)

　여러 기독교학자들은 이 낙인을 문신(타투)이라고 추정한다('문신'과 '타투'는 동의어지만 한국에서는 맥락상 다르게 쓰이기도 하므로 이 글에서는 혼용한다). 오래전 기독교인들은 십자가나, 그리스도라는 글자를 몸에 새겼다. 전통 기독교 사회에서 문신은 이교도의 것이라며 금지되었지만 신을 위해 고통을 견디는 사람은 예외였다. 인도 종교에서는 오래전부터 앞이마 미간에 '빈두bindu'라는 점을 찍었다. '제3의 눈'을 상징하는 이 점은 신성과 영성적인 의미를 갖는다. 몸에 의미를 새기는 것은 정체성을 표시하는 일이고, 이 행위가 삶에 강력한 영향을 미칠 거라고 사람들은 일찌감치 믿었던 것 같다.

나 역시 타투 문화를 취재하면서 직접 경험해보지도 않고 기사를 쓴다는 것이 내키지 않아, 몸에 지워지지 않는 글자를 새겼다. 타투이스트는 "아무리 취재라 하더라도 평생 몸에 남는 거니까 예쁘게 도안해보겠다"며 아름다운 레터링 디자인을 만들어주었다. 삶과 죽음의 경계에서 마지막 길잡이가 되어주길 바라며, 내 혼령과 함께할 분들이 있다면 자비를 청하고, 내 몸을 마지막으로 닦아주는 사람에게도 감사하는 의미를 담았다. 해놓고 보니 의미만 너무 거창해서, 작고 예쁜 꽃이라도 하나 더 새길까 하는 생각이 나중에 들었다. 기사가 발행된 뒤 자신의 몸에도 타투가 있다고 보여주는 후배와 지인이 놀랄 정도로 많았다.

처벌과 착취의 상징

지금까지 알려진 것 가운데 가장 오래된 문신은 오스트리아와 이탈리아 국경 근처 알프스산맥에서 발견된 5000여 년 전 '얼음 인간'의 몸에 새겨진 것이다. 이 청동기 시대 인간의 신체 여기저기에 십자가 문양과 선으로 이뤄진 문신이 있었다. 이집트에서도 여성 미라들의 피부에서 문신이 발견되었고, 중국과 러시아 국경 인근, 철기 시대의 기마전사 족장으로 추정되는 미라에도 문신이 있었다. 《삼국지》〈동이전〉에도 고대 한반도 사람들의 문신에 관한 기록이 있다.

낙인이나 오점을 뜻하는 '스티그마stigma'는 문신을 가리키는 라틴어에서 비롯했다. 고대 그리스와 로마의 상류층은 노예나 범죄자, 용병의 탈출을 막으려고 몸에 문신을 새겼다. 플라톤은 신성모독죄를 저지른 이의 몸에 문신을 새겨 공화국 밖으로 추방해야 한다고 주장했다. 문신이 수치스러운 것이었기 때문에 그리스와 로마 의사들은 문신 제거 사업으로 돈을 벌었다. 서구에선 로마 가톨릭교회가 787년 개최한 제2차 니케아 공의회에서 문신 금지령을 선포한다. 문신은 야만족이나 하는 것이라는 편견 때문이었다.[9] 서구에서 문신 문화는 한동안 중단되었다가 18세기 제국주의 탐험가들이 이 문화를 낯선 땅에서 발견하면서 다시 유럽에 수입되었다.

한반도에서는 조선 시대 이후 '신체발부 수지부모'라는 유교 관념에 따라 몸에 무언가를 새겨 넣는 일을 금기시했다. 강도 등 범죄자의 몸에는 바늘로 살갗을 찌른 뒤 지워지지 않도록 먹을 넣어 처벌했다. 이 문신이 자자형刺字刑이다. 사노비의 얼굴에 자자형을 새겼다는 얘기도 전한다. 너무 가혹한 형벌이었기에 세종은 어린이와 노인에게는 자자형을 금지했다. 어린이는 허물을 고

칠 수 있고, 노인은 살날이 얼마 남지 않았다는 이유에서였다.[10]

　일본은 1757년 처음 번역된 《수호지》의 영향으로 이레즈미 いれずみ라는 서화 문신이 발달했다. 삽화에서 영웅들이 용 문신을 하고 있었기 때문이다. 한국이나 일본의 조직폭력배들이 온몸에 새긴 바로 그 커다란 동물 문신이다. 근대 이후 일본의 문신 기술은 예술적 경지라고 인정받았고 서구의 상류층 남자들도 일본의 가게에서 줄 서서 문신을 새겼다. 지금도 이레즈미의 대가로 일컬어지는 경력자들이 세계 각국에서 온 손님들을 받으며 성업 중이다.

　문신을 가리키는 '타투tattoo'라는 영어의 어원은 폴리네시아군도 타히티의 언어 '타타우tatau('치다'라는 뜻이다)'에서 유래했다.[11] 요즘도 인기 있는 강렬한 문양의 폴리네시아 문신을 처음 서방세계에 알린 사람은 1768년 영국 탐험가 제임스 쿡James Cook 선장의 배에 함께 올랐던 박물학자 조지프 뱅크스Joseph Banks였다. 1769년 쿡의 배가 타히티에 처음 정박했을 때 섬 주민들은 이들을 환대했다. 뱅크스는 선주민들과 교류하면서 여러 그림을 남겼고 그들 몸의 문신을 관찰했다.[12]

　애초에 유럽 선교사들과 제국주의자들은 몸에 문신을 새긴 선주민先住民들을 미개한 종족으로 간주하고 지배하려 했다. 천연자원을 약탈하고 조상 대대로 살아온 주거지를 침략한 백인에 맞서 선주민들은 열심히 투쟁했다. 폴리네시아 문신은 저항의 상징이 되었고, 식민지 정부는 문신을 불법으로 만들었다.

식민지 섬 주민의 몸은 착취의 대상이었다. 17~18세기 유럽에서 식민지 사람들의 문신은 희귀한 볼거리였다. 1691년 온몸에 문신한 남태평양 출신 남자 '지올로Giolo'가 영국 런던에 전시되었다. 필리핀에서 노예로 팔려온 이 남자를 '문신의 왕자'라고 소개하는 팸플릿까지 뿌려질 정도였다. 느닷없이 구경거리로 잡혀 온 그는 이리저리 끌려다니다 천연두로 숨졌다. 유럽인들은 우아하고 고급스럽게 문신한 마오리족 남자의 잘린 머리를 비싼 값에 사들여 수집하기도 했다.[13] 식민주의가 이민족의 문화를 대하는 방식은 소유하거나 소멸시키는 것이었다.

서구 학자들은 선주민의 문신을 기록하고 해석하면서 의미 투쟁을 벌이기도 했다. 인류학자들은 문신의 목적이 미적 욕망, 정체성의 증명, 질병 치료, 액막이, 기록성 등에 있다고 보았다. 그러나 심리학자들과 정신의학자들은 억압된 성욕과 성도착이 문신의 동기라며 낙인찍었다.[14] 이는 문신을 불순한 이민족의 것이라고 천명한 그리스·로마 시대 문화와 기독교 사상을 교묘히 결합한 것처럼 보인다. 범죄심리학의 아버지 격인 체사레 롬브로소Cesare Lombroso는 범죄인에게 신체적 특징이 있으며 범죄 성향은 유전된다는 주장을 폈다. 특히 문신한 범죄자는 충동적이고 음란하고 외설적인 성향이라며 일반인과 구분했다. 사회적 편견은 이런 심리학적 주장과 상호작용했고 문신은 범죄자들의

1691년 필리핀에서 끌려온 남태평양 출신 왕자 지올로를 광고하는 팸플릿. 온몸에 문신을 한 이 '희귀 인간'은 영국 런던에서 이리저리 끌려다니며 전시되다가 천연 두로 사망했다.

것이라는 관념이 빠르게 자리 잡았다. 여러 사회에서 문신은 마약쟁이나 항만 노동자, 전과자, 동성애자의 것이라는 생각이 지배했다.

　오랜 시간 문신은 반사회적 존재라는 낙인과 같았다. 푸코는 《감시와 처벌》에서 신체형의 고통을 만들어내는 데는 규칙이 수반된다며 범죄의 경중이나 범죄자의 사람됨, 또는 희생자의 지위 등에 따라 세부적으로 낙인의 위치와 고통받는 시간이 달라진다고 분석했다. 형벌로서 문신은 신체에 지워지지 않는 표식으로 불명예를 부여한다. 문신이라는 처벌은 권력이 몸에 남긴 흔적이었던 셈이다.[15]

피부에 새기는 인생의 언어

오늘날 문신은 니체의 말처럼 '나 자신'이 되려고 선택하는 '바디 아트'의 한 방법이기도 하다. 문신 문화가 대중화하면서 나라 안팎에서 문신을 한 사람들의 이야기를 담은 책들이 몇 년간 꾸준히 출간되었다. 이를 보면, 자기 몸에 대한 자율권을 획득하고 자신감을 북돋우며 정체성을 확립하기 위해 문신을 새겼다는 이들이나, 주술 또는 믿음, 기원을 담아 문신한 이들이 적지 않다. 자해나 커다란 흉터를 가리기 위한 커버 업 문신이나 산업 재해로 잃은 손가락에 손톱을 그려 넣는 문신 등은 '치유적 문신'이라고 할 수 있다. 세상을 떠난 가족이나 친구의 얼굴, 반려동물의 모습을 몸에 새기며 영원히 함께하려는 뜻을 담아낸 '애도형 문신'도 있다. 2020년대 이후 엠제트MZ 세대 중심으로 장기기증 희망자임을 나타내는 문신이 유행했다. 일종의 '유언형 문신'이다. 좋아하는 캐릭터나 음식, 꽃, 그림, 기하학적인 선을 담은 '미적 타투'는 가장 대중적이고 일반적이다. 문신 지우는 의사가 출연하는 유튜브 등의 콘텐츠를 보면, 어린 시절 방황하느라 자기 몸에 커다란 문신을 새긴 젊은이들이 눈물을 흘리며 사연을 털어놓는 사례가 적지 않다. 어떤 문신이든 시술과 제거 모두 자신의 피부 위에 쓰는 인생사다.

오늘날 한국의 문신 기술은 'K-타투'라 불릴 정도로 세계적으로 유명하다. 한국의 타투이스트들은 나라 안팎에서 기술을 인정받으며 외국의 유명 타투 스튜디오와 활발하게 교류한다. 할리우드 스타 여럿이 한국 타투이스트를 집으로 초청하거나 그들의 스튜디오를 직접 방문해 타투를 받았다. 대중예술 아티스트들 가운데서 타투를 몸에 새긴 이들이 많지만 그들이 공중파 방송에 등장할 때는 어김없이 살색 밴드로 가리거나 모자이크로 처리한다. 한국에서 비의료인이 실시한 문신은 위법이기 때문이다. 눈썹이나 아이라인, 헤어라인 등을 그리는 미용 문신은 이보다 훨씬 대중적이지만 이 또한 의료인이 하지 않았다면 위법이

서커스 곡예사이자 미국 최초의 여성 타투이스트였던 모드 스티븐스 와그너Maud
Stevens Wagner. 당대 최고의 타투이스트였던 남편 거스 와그너Gus Wagner에게 작업
을 배웠다. 두 사람은 기계 없이 손으로 작업을 했던 마지막 타투이스트로도 알려
졌다.

다. 위생상·보건의료상 위험하다는 이유로, 문화적인 이유로 한국은 타투 금기가 무척 강한 편에 속한다.

'문신'과 '타투'라는 말의 거리만큼이나 이 문화적 양식에 대한 관념과 종류도 달라졌다. 한때 조직폭력배의 전유물로 취급되었던 타투는 이제 다양한 자본주의적 시각 매트릭스 안에서 성형 수술과 비슷하게 비난부터 찬사까지 첨예한 평가의 장에 놓인다. 자신의 선택과 경험을 자랑하는 데 주저함이 없는 '취향사회'에서 성형 수술과 문신은 '계급 없는 사회의 계급적 표식'이라고도 볼 수 있다. 예전에 문신 자체가 범죄자나 노예를 뜻하는 낙인이었고 하위 문화 장르였다면, 현대 사회에서 타투가 새겨진 몸은 자본과 취향을 드러내며 그 사람의 아비투스를 전시하는 장소가 된다.

돈과 경험이 부족한 사람들이 어린 시절 공짜로 또는 헐값에 받았을 법한, 신체를 망친다고 간주되는 성형 수술이나 문신은 하류 인생사를 증명하는 상징처럼 인식된다. 아름답게 타투로 장식한 몸 위에 명품 옷과 액세서리를 걸치는 셀러브리티와, 철없던 어린 시절에 새겼던 흉한 그림이나 글자를 덮으려고 몸 전체를 시꺼멓게 물들인 뒤 피부를 드러내는 옷조차 입지 못하다가 다시금 그 문신을 지우는 험난한 경험을 하고 있는 사람의 타투는 같다고 할 수 없다.

사랑을 몸에 새긴 여성들

타투 문화를 예상보다 오래 취재하게 되면서 한국 여성들의 타투에 고유하고 독특한 역사적 전통과 위상이 있다는 생각을 하게 됐다. 잘 알려지지 않았지만 근대 이후 많은 여성들이 문신을 피부에 새겼다. 대표적인 것이 1930~1970년대 점상 문신이었다. 주로 친구들 사이에서 나눠 가졌던 이 문신은 동병상련의 공감대와 은밀한 연대를 상징했다.[16]

다큐멘터리 영화 〈누구는 알고 누구는 모르는〉을 보면 지워지지 않는 점상 문신을 가진 70~80대 할머니들이 여럿 등장한다. 적어도 50~60여 년 전, 10대 초반의 나이에 함께 문신을 새긴 누군가는 세상을 떠났다고 할머니들은 담담하게 말한다. 함께 문신을 새겼지만 그 사람을 지우고 싶어서 불로 지져낸 흔적을 가진 이도 있었다. 먹을 갈고 바늘귀에 먹물을 묻혀 주로 팔에 바늘땀을 떠 흔적을 남기는 것을 할머니들은 "기름지 맨다"고 했다. 당시 '소녀들'은 이 점상 문신을 새긴 뒤 한 사람이 죽으면 문신이 사라진다는 속설도 함께 믿었다. 문맹으로 살다가 뒤늦게 한글학교에서 글을 배운 할머니들에게 이 문신은 친밀감과 추억을 몸에 새긴 메타언어였다.

평생 함께하고 싶지만 그렇게 하지 못한, 서로 사랑하는 여성들도 점상 문신을 나눠 가졌다. 그 시대의 점상 문신은 여성들

사이에서 주로 발견되지만, 남성들도 동참했던 것으로 보인다. 박정희 전 대통령도 어린 시절에 우정을 다짐하며 남자끼리 점상 문신을 새겼다는 얘기가 남아 있다.[17]

불과 1990년대 후반까지만 해도 여성들 사이에서 눈썹 문신이 알음알음 은밀하게 '아는 집'에서 이뤄져 온 것 또한 한국의 여성 문신이 '미용실 문화' 같은 공동체 문화였음을 방증한다. 오늘날 여성의 타투는 문화와 제도의 억압을 뚫고 자기 신체를 스스로 통제하고 자유롭게 표현한다는 측면에서 페미니스트 실천으로 볼 수 있다는 분석도 나온다.[18] 2010년대 이후 폭발적으로 성장한 타투 문화는 확실히 '내 몸은 나의 것'이라는 페미니즘적 선언과 관련이 깊다. 이 시기 타투 문화를 다룬 책들을 보면 페미니스트로서 각성과 실천에 대한 체험적인 증언이 다수를 이룬다. 여성이거나 여성이 아니거나 다양한 몸들이 '나 여기 있음'을 온몸으로 외치는 메타언어로서, 타투는 지금도 활발하게 쓰이고 있다. 타투받은 몸은 이전과 다른 몸이 된다. 그들은 타투를 통해 잊고 싶거나 잊고 싶지 않은 자신의 과거와 현재, 그리고 미래를 연결하며 살아간다.

타투라 부르든 문신이라 부르든 이 실천은 이제 다양한 패션이나 오락의 장르가 되어가고 있지만 여전히 '문신한 여자는 걸러야 한다'며 여성을 낙인찍고 타자화하는 주장이 페미니즘 백래시 물결 위에서 공공연히 유포되고 있다. 문신한 여성은 결혼하고 어머니가 될 순결한 몸을 훼손할 정도로 충동적이고 반사회적이라는 것이다. 그 옛날 서구 제국주의적 박물학자들의 주장처럼 여전히 인종 차별적이고도 성차별과 혐오의 시선이 담겨 있는 말이다.

상대방이 마주치자마자 벌벌 떨며 두려워할 만큼 강해 보이려고, 우정과 사랑을 기억하려고, 피해를 치유하고 다짐하기 위해서, 무지개 다리를 건넌 반려동물을 잊지 않으려고, 그저 예쁜 무언가를 몸에 새기고 싶어서…. 누가 누구를 거르거나 말거나, 고대부터 몸을 메타언어로 사용해온 인류의 문화적 실천은 앞으로도 사라지지 않을 것이다. 사람들은 여전히 비밀스럽게 자기만의 생각과 언어를 몸에 새긴다.

냄새와 체취

계급을 가로지르는
냄새의 지리학

정치적 글쓰기로 유명한 작가 조지 오웰George Orwell은 까칠한 성격만큼이나 예민한 코를 가졌던 것 같다. 오웰의 정원에 지금까지 장미가 남아 있다는 사실을 확인한 작가 솔닛은 전체주의를 비판하는 사회주의자가 열매를 수확할 수 있는 과일 나무를 심는 것은 놀랄 일이 아니지만, 장미 나무를 가꾸는 것은 다르다고 말했다.[19] 인간이 사는 데는 빵과 함께 장미도 필요하다는 것을 오웰이라고 왜 몰랐겠는가. 하물며 악취와 향기에 민감한 오웰의 코는 구수한 빵 냄새뿐 아니라 달콤한 장미 향기 또한 간절히 원했을 것이다.

오웰은 첫 책이자 자전소설인 《파리와 런던의 밑바닥 생활》, 노동 계급의 비참한 생활을 묘사한 르포르타주인 《위건 부두로 가는 길》에서 빈민의 악취를 실감나게 묘사했다. 종군기자의 경험으로 쓴 《카탈로니아 찬가》에서도 "전쟁 특유의 냄새"를 화약이나 화염 냄새가 아니라 "배설물과 음식 썩는 냄새"로 묘사했다. 오웰에게는 파괴의 냄새보다 먹고 싸는 인간의 몸에서 풍기는 지린내와 쓰레기 악취가 더 인간성을 파괴하는 기억으로 남았는지도 모르겠다. 그는 전체주의에 저항하지 않는 사회주의에서 썩은 내를, 가식적이고 부유한 사회주의자들에게서는 돈 냄새를 맡았다.[20]

체취에도 성별이 있다

사람 몸에서 나는 체취는 땀샘과 관련이 있다. 땀샘은 체온조절을 담당하는 에크린선과 겨드랑이 등 특정부위에 발달해 지방산과 유기물질을 배출시키는 아포크린선으로 나뉜다. 땀은 원래 냄새가 없지만 아포크린선 땀샘에서 나온 땀이 세균과 섞여 지방산과 암모니아로 분해되는 과정에서 악취로 바뀐다. 나이가 들면 몸에서 '가령취加齡臭'라는 '노인 냄새'가 난다. 중년 이후 피지 속 지방산이 산화돼 생기는 노넨알데하이드가 원인이다. 몸

구스타프 도레(Gustave Dore), 〈런던 상공—철도 여행〉, 런던과학박물관, 1872. 영국 런던의 슬럼가를 표현한 판화 작품이다. 도레의 그림은 먼지, 인구 과밀, 악취 등 도시의 '가장 평범하고' '저속한' 부분에 초점을 맞췄다는 비난을 받았다.

에서 생선 썩는 비린내가 나는 트리메틸아민뇨증(생선 냄새 증후
군)은 유전되는 희귀 질환이며 여성의 경우 월경 때 특히 냄새가
심해진다고 알려졌다. 여성을 비난할 때 냄새나는 '걸레'에 비유
하는 것은 성적으로 더럽고 문란하다는 뜻을 포함한다. 남성 특
유의 체취에 '총각 냄새' '홀아비 냄새'라는 딱지를 붙이지만 문란
한 성적 이미지로 연결되지는 않는다. 체취 문제에는 성별성이
강하게 개입한다.

다행인 것은 후각이 상황에 꽤 빨리 적응하는 감각이라는 점
이다. 향기건, 악취건 금세 무뎌진다. 후각 피로olfactory fatigue 때
문이다. 근대 이전까지 후각은 인간의 오감 중에서도 별로 중요
하게 쳐주지 않던 감각이었다. 야만인에 가까울수록 후각이 발
달한다고 보았다.

프랑스 역사학자 알랭 코르뱅Alain Corbin은 과학이 발달하고
악취와 향기가 뚜렷하게 구분된 때가 18세기 중반이라고 본다.
근대화 과정에서 과학 이론이 발달하면서 개인의 위생이 강조되
었고 향기를 품은 부르주아의 몸은 배설물·분뇨·생식기 냄새 같
은 동물적인 것, 유기체 특유의 악취를 내뿜는 민중의 몸과 분리
되었다. 빈민 지역의 변소 냄새, 농촌의 퇴비 냄새, 노동자 몸에
흐르는 땀 냄새는 혐오스러운 것이 되었다. 프랑스 성매매 여성
들은 '악취를 풍기는 여자'를 뜻하는 퓌탱putain으로 불리면서 불
결한 여자로 분류됐다.[21]

근대 이후, 악취에 대한 불안감은 도시 곳곳에 내려앉은 짙은 안개처럼 불길하게 스며들었다. 병원·교도소·병영·교회·극장 등 냄새나는 사람들이 밀집한 공간은 위생학적 위험이 들끓기 때문에 철저히 관리받아야 하는 장소로 탈바꿈했다. 부르주아는 프롤레타리아의 분비물을 두려워했으며 부자들은 가난한 자들의 체취가 자신에게 스며들지 못하도록 빈민의 악취, "역겨운 유기물의 냄새"를 없애려고 했다. 그 냄새는 "죽음의 냄새"와도 맞닿은 것이었다.[22]

공공장소를 위생적으로 깨끗하게 하고 오염을 제거하면서 불결한 것을 정화하는 근대적 기획은 일관된 역사성을 지녔다. 악취를 풍기는 성매매 여성, 빈민, 장애인 등 근대 도시를 점령해서는 안 되는 비체卑體, abject(더러운 존재, 그러나 불결한 것이 아니라 제자리에 있지 않아 질서를 교란하고 전복하는 존재)들을 감지하고 그들과 '시민'을 분리하려는 배타적 전략이었다.

도심 거리의 퀴어퍼레이드나 전국장애인차별철폐연대(전장연)의 지하철 시위를 적대시하는 목소리도 이런 근대적 타자화의 냄새를 강하게 풍긴다. 전장연 활동가들이 '시민'들이 이용하는 지하철 바닥을 기면서 나아가는 포체투지를 할 때, 젠더 퀴어들이 바깥으로 나와 광장이라는 공적인 공간에서 축제를 할 때 사실은 가장 '시민적'이면서 가장 근대적인 공간으로 인식되었던 곳이 가장 차별적인 장소였다는 사실이 폭로된다. 반대로 근대적 도시와 공간이 '청결하게' 관리되어야 한다고 생각해온 차별주의자들에게 이들의 '침투'는 오염과 동일시된다.

서구의 근대적 후각 관념은 19세기 후반 한반도에 당도했다. 조선을 찾은 선교사들은 한반도에 오래 머물면서 여러 후각 기록을 남겼다. 이들은 처음엔 산과 들에 가득한 꽃향기에 매혹됐지만 얼마 지나지 않아 코를 찌르는 타자의 냄새를 맞닥뜨린다. 거리의 도랑 냄새, 길가에 방치한 주검이 썩는 냄새, 환기하지 않은 방에서 나는 등불기름 냄새, 메주 냄새, 씻지 않는 사람들이 모여 풍기는 악취가 '청결한 백인들'의 혐오와 동정을 함께 불러일으켰다. 비위생적인 조선의 악취는 서구 백인들에겐 참기 힘든 것이었지만 '후각 피로' 덕분에 이들은 점점 환경에 익숙해진다. 하지만 조선인은 결국 기독교를 받아들여야 할 전근대적인 민족이었다. 근대 초기 선교사들의 후각 기록을 연구한 국문학자 김성연은 보이지 않는 미생물의 위협과 보이지 않는 신에 대한 믿음을 결합한 선교사들의 감각 경험은 종교와 과학과 사상이 한반도에 개입되는 장면이라고 분석했다.[23]

혐오를 심고 계급을 가르는 냄새의 힘

악취 제거는 근대화의 필수 요건이었다. 구미의 위생학적 지식을 받아들인 1920년대 한반도의 계몽주의자들은 전근대적 악취를 퇴치하는 위생 담론을 전개한다. '아무리 비단 치마저고리를 떨쳐입은 부인이더라도 머리에 냄새가 나면 견딜 수 없다'거나 '암내가 있으면 소박당하는 일이 비일비재하다'거나, '겨드랑이에 땀내가 나면 시집도 못 간다'거나, '흑인종은 냄새가 지독하다'는 식의 성차별적·인종 차별적인 체취 이야기가 신문에 실렸다.[24] 한국인들에게 체취 관리는 자신과 가족의 신체를 관리하고 타인의 신체를 감시하는 중요한 실천이 되어갔다. 의과학이 서구에서 들어오면서 체취 문제는 점점 의료화의 길을 걸었고 입 냄새를 없애는 신진대사 활성법, 겨드랑이 액취증(땀 악취증) 치료법, 냄새의 원인인 생식기 질환 치료법, 노인 냄새, 발 냄새, 월경 냄새 없애는 법, 신발장이나 화장실을 비롯한 집 안의 냄새를 없애는 탈취제 사용법 등 광범위하고 세밀한 생활 지식과 의료 지식 담론을 미디어가 적극 유포했다.

장애 운동과 퀴어 운동의 사례에서도 살폈듯 체취 관리는 공동체 성원권membership(사회 구성원으로 인정받을 권리)의 문제다.《한겨레》가 2023년 민주노총과 청소 노동자 100명을 대상으로 설문조사한 결과, 냄새가 난다는 이야기를 들었다고 대답한 이는 60퍼센트에 달했다.[25] 도시의 청결과 위생을 담당하는 청소 노동자가 역설적으로 씻을 권리조차 갖지 못하고 체취 때문에 시민으로서 자격을 잃는다. 노숙인은 겉모습 때문이 아니라 냄새 때문에 식당에서 내쫓긴다.

법철학자 누스바움은 동물적인 냄새와 지저분함이 '혐오'에 담긴 핵심적인 사고라고 말했다.[26] 미국과 유럽연합EU에서는 인종 및 사회적 소수자에 대한 혐오를 드러내는 행위를 처벌하는 혐오죄가 도입돼 있다. 한국의 경우 인종 차별 발언에 첫 모욕죄를 적용한 것이 2009년이었다. 한 인도인 성공회대학교 연구교수에게 "더러워, 냄새나는 놈"이라고 말한 30대 남성 회사원은 벌금 100만 원의 약식 명령을 받았다.

냄새 연구자들의 책을 읽다 보면 한국인들은 체취가 적은 민족이라고 언급하는 경우가 있다. 예전에 한국인들이 서구에 나갔을 때 마늘 냄새, 김치 냄새, 오징어 냄새 등으로 지탄받았다는 사실이나 서구에 진출한 한국 운동선수들이 마늘 냄새를 없애느라 치즈를 먹어대면서 김치를 멀리한다는 사실을 몰라서 한 말인 것 같다. 한국인들의 몸에서 나는 냄새가 적다기보다 자신과 타인의 체취에 상당히 민감하다고 보는 편이 더 정확할 것이다. 수능을 준비하는 교실에서 냄새나는 아이는 그 자체로 훼방자가 된다. 공부만으로도 힘겨운 아이들은 자기 살 냄새를 없애려고 온라인 커뮤니티에서 온갖 미용 제품과 의학 정보를 구하며 스스로 신체를 감시한다.

자기 관리가 개인적 규율로 정교하게 작동하는 글로벌 신자유주의 시대에 체취는 더욱 섬세한 계급 의제로 탈바꿈했다. 근대 이후 부르주아가 냄새로 프롤레타리아와 자신의 계급을 구분했듯 자본가 계급이 가진 후각의 아비투스는 다른 계급과 확실한 선을 긋고 악취를 풍기는 타자와 고급스러운 향기가 나는 자아를 구별한다.

봉준호 감독의 영화 〈기생충〉에서 계급을 가르는 특징 중 하나가 냄새다. 이 영화에서 빈곤한 가족의 몸에 스민 냄새는 보이지 않는 혐오의 원인이자 살인의 동기가 된다. 아이티IT기업 사장 박동익(이선균)은 운전기사 김기택(송강호)의 몸에서 행주 냄새, 지하철 냄새가 난다고 말한다. 아들 다송(정현준) 또한 기택 가족의 '가난한 냄새'를 감지한다. 동익은 자기 곁에서 불쾌한 냄새를 피우는 기택이 '선'을 넘는다고 생각했지만, 기택은 사람이 죽어나가는 아수라장 속에서도 악취를 식별하고 불쾌해하면서 선을 넘는 동익의 모습에 격분해 그를 살해한다. '인간의 선'을 넘는 자는 누구인가?

잃어버린 시간을 찾아서

옛 연인의 체취, 희미한 살 냄새의 기억은 오랜 시간이 지난 뒤에도 사람들의 가슴속을 헤집어놓는다. 사랑하던 사람의 몸에서 맡을 수 있었던 젖은 나뭇잎 냄새, 연한 가죽 냄새, 비누 냄새, 샴

18세기 향수 버너. 프랑스 역사학자 코르뱅은 '악취'와 '향기'가 뚜렷하게 구분되기 시작하던 때가 18세기 중반부터라고 봤다.

푸나 향수 냄새는 그 시절로 단박에 돌아가게 한다. 이렇듯 특정 냄새로 기억을 떠올리는 것을 '프루스트 효과'라고 한다. 마르셀 프루스트Marcel Proust의 《잃어버린 시간을 찾아서》에서 홍차에 적신 마들렌 냄새를 맡고 과거를 돌아보는 장면이 나오는 데서 유래했다.

사랑하는 이를 잃은 사람들은 고인의 옷을 끌어안고 숨을 훅 들이마시며 폐부 깊이 냄새를 간직하려고 한다. 사람이 떠난 뒤에도 체취는 남지만, 사실은 그조차 너무 빨리 사라져버린다. 그러나 이제 애도를 끝냈다고 생각한 어느 순간 바람결에 실려 온 특정한 냄새로 그는 떠난 이를 다시 만나게 될 것이다. 프루스트 효과의 선물이다.

여름만 있는 나라에서 살겠다고 떠난 친구는 문득 코끝을 스치는 겨울 냄새가 그리워 부랴부랴 짐을 싸서 한국으로 돌아왔다. 친구는 겨울만 되면 온통 하얀 눈으로 뒤덮이는 작은 마을에서 살아간다. 내가 예전에 살던 동네는 봄이면 찔레꽃 향기, 가을이면 낙엽 냄새가 진동하는 곳이었다. 하지만 인근 야산에 아파트가 들어서고 난 뒤 그 향기는 모두 사라졌다. 새롭게 이사한 곳에선 봄이면 향수병을 깨뜨린 것처럼 온 동네가 아카시아와 찔레꽃 향기로 가득했다. 비로소 안도감이 들었다. 냄새는 우리를 다른 곳으로 데려간다. 인생을 움직인다.

손

너와 나의 연결고리

갓난아이를 만나면 사람들은 고사리 같은 손가락을 어루만지며 예뻐한다. 막 연인이 된 사람들은 손을 잡는 것으로 호감을 표시한다. 사랑은 손길부터다.

달라이 라마Dalai Lama는 인간의 손이 다른 사람을 품어 안기 좋도록 만들어졌다고 말했다. 손이 남을 때리려고 만들어졌다면 손가락이 구부러질 필요가 없을 것이고, 이런 손의 구조는 인간의 자비롭고 온순한 성격을 나타낸다고도 했다.[27]

2015년 미국 유타대학교의 한 연구팀은 정반대의 보고서를 내놨다. 인간의 손이 싸움을 잘할 수 있도록 진화했다는 내용이었다. 이 연구는 사람의 손가락이 주먹을 쥐고 상대를 공격했을 때 자신의 뼈가 부서지지 않는 쪽으로 진화했다고 주장했다. 학계에서조차 이 연구 결과가 인간의 폭력성을 정당화한다며 비판하는 목소리가 나왔다.[28]

둘 다 맞는 얘기일 것이다. 인간은 한 손으로 다른 사람을 껴안고, 다른 손으로 공격하면서 역사를 만들어왔다. 나아가 주먹은 반드시 남을 가격하기 위해서만 쓰이는 것도 아니다. 주먹은 저항하기 위해서 휘두를 때, 데모할 때 유용하다. 쓰러진 사람이 각오를 다지면서 다시 일어설 때, 타인에게 용기를 줄 때도 주먹을 높이 들어 올린다. 주먹을 쥘 때 엄지손가락은 나머지 손가락과 다른 방향으로 구부러진다. 이를 맞섬opposition이라고 한다. 엄지의 맞섬은 도구적 인간, 싸우는 인간, 저항적 인간을 만들어냈다. 평화가 투쟁과 저항 없이 저절로 이뤄질 수 없는 상태라고 한다면 손은 그 빛과 그림자 모두를 거머쥐도록 변화했다고도 볼 수 있다.

진화하고 확장되고 표현하는 인간의 손

인간의 손은 섬세하고 고도로 발달한 신체로서 어떤 기계도 감히 따라올 수 없는 기능을 갖추었다. 20대 성인의 뼈는 평균 206개인

9500~1만 3000년 전 선사 시대 사람들이 남긴 리오 핀투라스 암각화. 이 동굴은
손 모양 그림이 많이 남아 있어 '손의 동굴'로 불린다.

데, 이 중 양손이 인체 뼈의 25퍼센트인 54개를 차지한다. 이 정도로 인간의 손은 복잡하게 구조화되어 있고, 그 덕에 온갖 난해한 일을 수행할 줄 안다. 정교한 복사본을 만들어내는 생성형 인공지능에 사람 손을 그려달라고 주문하면 기괴한 그림들이 나오는데, 이는 인간의 손동작이 얼굴보다 훨씬 복잡하고 다양하면서도 미묘해 인공지능도 제대로 학습하지 못하는 까닭이라고 한다.

손은 끝없이 진화 중이다. 스마트폰이 확장된 신체의 일부가 되면서 인간은 주먹이 아니라 엄지손가락으로 자판을 치며 남을 공격하거나 지지하는 '포노 사피엔스'가 되었다. 결국은 스마트폰을 쥐고 자판을 치기에 더 적합하도록 손가락이 길고 뾰족하게 진화할 것이라는 예측도 나온다. 인간의 손목에 밤낮으로 달라붙은 기계가 맥박과 수면 습관, 운동의 양과 질을 체크하고 신체를 단련시키는 모습을 보면, 과학 기술로 신체 기능을 향상시킬 수 있다고 믿는 트랜스휴먼의 시대가 이미 도래한 것 같다.

손을 사용하는 수어는 독자적인 단어와 문법체계를 가진 역동적인 언어다. 영화 〈반짝이는 박수 소리〉에서 이길보라 감독은 수어를 사용하는 청각장애인 부모 사이에서 태어나고 자란 비장애인으로서 음성언어와 수어를 둘 다 사용하는 코다coda, children of deaf adlut인 자신의 이야기를 다뤘다. 그는 코다가 태생적으로 교차성을 품고 태어난 존재라고 했다.[29]

수어는 손가락의 섬세함과 다양함을 최대한 끌어올린다. 적극적인 얼굴 표정과 함께 손가락의 구부림, 양손의 터치, 속도, 강도에 따라 말하고 있는 사람의 심정과 상황을 드러낸다. 신경과 의사이자 작가인 올리버 색스Oliver Sacks는 수어의 놀라운 공간 활용에 대해 덧붙였다. 수어는 어휘, 문법 등이 모두 공간에 걸쳐 있다. 손 모양, 위치, 움직임의 순차적 조합과 역동적인 표현은 "사차원 안의 언어"라는 것이다. 공간의 삼차원을 몸으로 이용하고 시간이라는 차원이 한 번 더 덧붙기 때문이다. 수어를 쓰지 않는 사람의 눈은 이 언어적 공간과 패턴을 아예 볼 수조차 없지만 수어를 어릴 때부터 배운 사람은 이 언어를 어렵지 않게 사용할 수 있다.[30]

수어만큼은 아니더라도 의례와 의사소통 수단으로 손은 다양하게 쓰인다. 성호를 긋고 기도할 때 인간은 손을 일정하게 움직이거나 교차하고 모은다. 염주나 묵주를 돌리며 만트라나 기도문을 외고, 팬데믹이 유행할 때도 사람들은 멀리서 손을 흔들며 서로의 안부를 물었다. 일상적으로도 인간은 서로를 향해 손가락 욕을 하고, 최고라며 엄지를 척 들어올린다.

감염과 접촉의 매개체

악수는 가장 흔한 인사법이다. 무기 없이 평화롭게 상대를 맞이

알브레히트 뒤러Albrecht Dürer, 〈기도하는 손〉, 알베르티나박물관, 1508. 이 그림
은 승천하는 성모 마리아를 바라보며 기도하는 사도들의 손을 표현했다.

하고 인정한다는 호혜적인 소통이다. 코로나19 기간 동안 인류는 악수를 금지했지만 손을 통한 소통은 지속됐다. 주먹인사가 악수를 대체한 것이다. 국민건강보험공단은 주먹인사조차 하지 말자면서 '목례 대국민 캠페인'을 벌였다. 캠페인은 상대와 2미터 이상 거리를 둔 목례가 "우리의 전통적 인사법"으로 코로나19 시대에 가장 적절하다고 강조했다. 반면 감염병포털을 보면, 악수 같은 표면접촉으로 감염될 가능성이 매우 낮다고 했다. 목례가 '한국 전통'이라며 새삼 강조하는 일은 김치가 코로나19 예방에 뛰어나다는 등 '우리'의 우수한 면을 내세워 공동체를 결속시키고 타자의 문화를 배척하는 식으로 내부와 외부를 구분하고 경계하는 감염병 담론이 만든 블랙코미디 같은 장면이었다. 팬데믹 시절, 사람들은 서로의 손을 놓은 측면이 있다.

　손은 접촉하는 신체인 만큼 보건당국의 핵심 관리 대상이 되기도 한다. 2000년대 이후 팬데믹이 유행할 때마다 정부가 가장 먼저 강조한 개인위생 실천은 마스크 쓰기와 손 씻기였다. 손 씻기는 개개인에게 일관되고 정교한 동작을 요구하는 국민적 규율이다. 국민건강보험공단과 질병관리청은 세제를 사용해 "구석구석 씻으며 생일 축하 노래를 두 번 정도" 흥얼거리고(크게 노래하면 안 된다. 타액이 튈 수 있으니까), 손을 씻은 다음에는 종이타월 한 장으로 손의 물기를 제거하고 그 종이타월로 수도꼭지를 잠그라고 당부했다.

신종플루 유행 이후 대한의사협회 등 전문가 집단이 추천하는 특정 브랜드의 손 세정제는 정부 홍보물에도 등장했고, 팬데믹 때 없어서 못 사는 상품이 되었다. 위기에 자본이 더욱 돈을 버는 현상인 '재난 자본주의'라는 개념으로 본다면 백신과 마스크, 손 세정제는 감염병 재난을 틈타 호황을 누린 대표 상품이었다.

손 씻기는 사실 엄청난 희생으로 얻게 된 과학적 지식이다. 19세기 병원은 감염의 온상이었다. 헝가리 출신 의사 이그나스 제멜바이스Ignas Semmelweis는 의사들이 제대로 손을 씻지 않은 채 산모의 질 안쪽으로 손을 넣어 아이를 꺼낸 탓에 병균에 감염된 수많은 산모가 산욕열에 걸려 죽었다는 점을 처음 발견했다. 당시 조사를 보면, 1840~1846년 의대생이 관리하는 병동의 산모 사망률은 1000명당 98.4명이었지만, 여성 조산사가 관리한 조산원의 사망률은 1000명당 36.2명에 불과했다. 해부실에서 분만실로 향할 때 소독약으로 손을 씻도록 하자 산모의 사망률은 1000건당 12.7건으로 줄었다. 제멜바이스는 해부용 시신을 접촉하는 의사들의 오염된 손이 산모의 죽음을 유발했다고 주장했지만 의료계를 설득하는 데 실패했고 오히려 동료들의 손가락질을 받다가 정신병원에 갇혀 죽었다.[31]

지목하는 검열의 역사

특정인을 지목하는 수단으로서 손은 공격의 신호로 쓰인다. 《미스테리아》 편집장 김용언은 박정희 전 대통령에게서 '읽고 쓰는 여자들'에 대한 국가적인 낙인과 지탄의 신호를 발견한다. 박정희는 1963년 《국가와 혁명과 나》에서 "고운 손은 우리의 적"이라며 "불란서 시집을 읽는 소녀"를 향해 "나는 고운 네 손이 밉더라"고 적었다. "특권 지배층의 손" "보드라운 손결"이 "우리의 적"이라고도 말했다. 김용언은 "스스로를 변호할 힘이 없기 때문에 비난하기에 가장 손쉬운 대상인 문학소녀는 노동하지 않는 자, 피와 땀과 눈물을 모르는 자로 순식간에 변신한다"고 풀이했다.[32] 읽고 쓰는 청년 여성을 비난한다고 해서 독재정권이 불철주야 일하는 노동자의 손을 대접한 것도 아니었다. 그 시대 노동자들의 '잘린 손가락'은 국가 경제 발전을 위해 노동력을 갈아 넣다가 희생된 이들을 상징했다.

한국 근현대사에서 가장 무섭고 가슴 아픈 손가락질은 1948년 10월 전라남도 여수·순천 등지에서 일어난 여수순천 십일구사건(구 여순반란사건) 때 벌어졌다. 반란군 쪽에 가담한 부역자를 색출하기 위해 진압군은 주민들을 공터나 학교 운동장에 모았다. 진압군은 몇몇 적당한 우익 인물 등을 시켜 부역자인 '이웃'을 가려냈는데 이들에게 지목당하면 그 자리에서 곧장 총살형이었기에 이를 '손가락 총'이라고 불렀다. 이 사건을 연구한 김득중은 당시 언론과 문인, 종교 사회 단체가 현지를 조사하고 봉기군의 비인간적 악행과 죄상을 고발하며 손가락을 놀렸다는 점을 밝힌다. 이들의 손가락 끝에서 '빨갱이'가 탄생했다는 것이다.[33]

2020년대 한국에서는 새롭게 검열되는 손가락질이 출현했다. 집게손가락과 엄지를 가까이 붙이면서 '조금'을 표시하던 손가락 모양이다. MBC 드라마 〈선덕여왕〉에서 미실(고현정)이 "하늘의 뜻이 조금 필요합니다"라는 명대사를 읊으며 취하던 손가락 포즈가 유명했고 피겨스케이팅 선수 김연아도 2011년 남아프리카공화국에서 열린 국제올림픽위원회IOC 총회의 최종 프리젠테이션에서 "조금 떨린다"며 같은 제스처를 취했다.

이처럼 일반적으로 널리 쓰이던 이 손동작은 '여혐혐(여성 혐오를 혐오한다)'이라는 여성 혐오에 관한 미러링mirroring 활동으로 찬사와 비난을 동시에 받은 여초 커뮤니티 메갈리아에서 사용되던 로고라는 이유로 '메갈 손가락' '남혐 손동작' '소추(작은 고추) 손가락' 등으로 일컬어졌다. 이후 편의점 GS25 행사 포스터(2021), 경찰 홍보물(2021), 르노코리아(2024), 볼보코리아(2024)까지 이 손가락이 등장했다며 주로 젊은 남성 중심의 비난 폭격이 쏟아졌고 기업과 공공기관들은 부랴부랴 홍보물을 수정했다.

2023년 11월 넥슨의 온라인게임 메이플스토리 홍보 영상 속의 여성 캐릭터가 0.1초 동안 보였던 손가락 모양이 '메갈 손가락'

이라며 여성 애니메이터가 공격받은 사건도 있었다. 남성을 비하할 의도로 그린 그림이라는 비난이 쏟아지며 신상 정보가 공개되고 모욕적인 성희롱 공격이 이어졌다. 사실 그는 이 그림을 그린 사람도 아니었다. 이후 피해자 쪽이 3500여 개의 모욕 글 가운데 정도가 심한 308건을 특정해 경찰에 고소했지만 경찰은 해당 사건을 각하하고 종결했다가 비난이 쏟아지자 다시 재수사를 결정하기도 했다.[34] 2024년 한 우유 회사는 그릭요거트 홍보 영상을 의뢰하면서 이 집게손가락 모양을 넣지 말라는 경고문을 적었다가 비판을 받았다. 이 손가락은 한국 현대사에서 가장 집단 편집증적이고 의도적인 오독과 검열과 곡해가 버무려진 손가락질로 남을 것이다.

분주한 위로의 수단

사회학자 리처드 세넷Richard Sennett은 손이 인간의 신체에서 가장 다채롭게 움직이고 자기 뜻대로 동작을 바꿀 수 있는 기관이라고 보았다. 손은 무언가를 탐색하며, 도구를 감싸 쥐고, 악기를 연주할 수 있게 한다. 고도로 숙련된 연주자의 손은 음을 추적한다. 중요한 것은 좋은 소리를 내기 위해 잘못을 체험하고, 자책하며, 회복하고, 자신의 것으로 만들 수 있는 연습을 계속하는 것이다. 세넷은 현악기 연주자의 손놀림이 "금세공인의 시금과 비슷한 점"이 있다며 천천히 더듬어 소리를 탐색한다고 설명한다.[35]

2024년 봄, 바이올리니스트 정경화는 명동성당에서 바흐 무반주 소나타와 파르티타를 연주하면서 안타까운 모습을 보였다. 처음부터 컨디션이 좋지 않은 상태로 공연장에 들어온 그는 연주 중에 기침을 길게 터트리거나 탄식을 내지르며 무너지기도 했다. 하지만 정작 놀라운 일은 그다음에 벌어졌다. 이 위대한 바이올리니스트는 망설이지 않고 곧바로 일어서서 연주를 이어갔다. 최악의 컨디션 속에서도 그는 무대 위에서 죽어도 좋다는 듯 혼신의 힘을 다했고, 열정적인 공연에 관객은 기나긴 박수갈채와 함께 '폭풍 눈물'을 쏟아냈다. 연주자 또한 감격스러운 표정으로 청중의 자리까지 나아가 일일이 인사하고 감사를 표했다. 지금까지 몇 번의 손가락 부상에도 연주를 포기하지 않았던 정경화는 진정한 음악의 사제임을 입증했고, 이날 최고의 명연주를 선사했다.

신문사의 한 선배는 중년의 나이에 매일 첼로 연습을 마다하지 않으며 고단한 생활에 위로로 삼았다. 암이 재발한 뒤 치병차 휴직한 그는 실력을 뽐내거나 무대에 오르려는 목적으로 첼로를 연습하는 것이 아니었다. 그저 악기를 배우지 못했던 어린 시절을 위로했던 것 같다. 그는 손끝으로 자신이 내는 음을 들었고, 또다시 내고 싶은 소리를 찾아 반복해 연습했을 것이다. 선배는 자기 삶의 무대에서 최선의 연주를 마치면서 마지막까지 분주히 손을 움직여 남은 가족들과 동료들에게 애정 어린 편지를 띄웠다.

2024년 12월 3일 대통령 윤석열의 계엄 선포 이후, 여의도에서 벌어진 '탄핵 집회'에서 나는 또다시 잊지 못할 손을 만났다. 전날 밤새 만든 주간지를 무료로 배포하기 위해 찾은 집회장에서 만난, 단정하게 손질된 2030 여성 청년들의 손이었다. 하얗고 가느다란 손가락들은 연대의 손이었다. 이 손들은 '탄핵봉'을 흔들면서 민주주의를 지지했고 이후에도 약자와 연대하는 상징이 되어 농민들과 장애인들, 노동자들에게 연대와 희망을 선사해주었다. 세상을 바꾸게 될 손들이었다.

태어나서 죽을 때까지 인간의 손은 타인을 향해 열려 있다. 타인에게 한 번도 주먹을 날리지 않고 세상을 떠나는 사람은 있지만, 살면서 한 번도 남의 손을 잡아보지 않았던 사람은 없을 것이다. 역시 인간의 손은 남을 때리기보다 남과 연결되기 위해 존재한다고 믿는 편이 낫겠다.

혀

혀에는 뼈가 없지만
뼈를 부서뜨릴 수 있다

혓바닥처럼 간사하고 섹시하며 무서운 신체 기관이 있을까. 맛을 보고 달면 삼키고, 쓰면 뱉는다. 할짝할짝 부드러운 것들을 탐닉하고, 먹이를 목구멍으로 밀어 넘긴다. 한 사람의 세 치 혀가 백만군사를 물리칠 때도 있지만, 반대로 나라를 망조 들게도 한다.

척추동물은 입에 들어온 음식물을 식도로 가져갈 때 혀로 운반한다. 혀는 소통을 가능하게 하며, 체온조절 기능도 한다. 개는 땀으로 체온을 식힐 수 없기 때문에 혀를 내밀어 체온을 조절한다. 고양이 혀에는 촘촘한 돌기가 나 있는데, 빗이나 숟가락 같은 역할을 한다. 고양이의 혀는 자신의 털을 핥아 정리하고 물을 흘

리지 않고 마시는 데 사용한다.[36]

　인간 혀에 관한 유명한 연구로는 반세기 넘게 세계인의 마음을 사로잡고 교과서에까지 실렸던 혀 지도 이론이 있다. 이 이론은 혀의 각 부분마다 서로 다른 맛이 느껴진다고 주장했다. 혀끝으론 단맛, 혀 뒷부분은 쓴맛, 혀 옆쪽 가장자리로는 짠맛과 신맛을 감각할 수 있다는 얘기다. 이는 1901년 한 독일 연구자가 내놓은 연구 결과를 1942년 미국 하버드대학교 심리학자 에드윈 보링Edwin Boring이 심리학 교재에 오역해 실으면서 퍼졌다. 오늘날 전문가들은 혀 지도를 잊는 편이 낫다고 말한다. 혀의 각 부분에서 민감하게 맛을 느끼는 부위가 있을지라도 그 차이가 뚜렷하지 않다는 이유에서다.[37]

　맛보기는 혀의 미뢰(맛봉오리)가 담당한다. 혀 표면 돌기인 유두 속에 꽃봉오리처럼 생긴 미뢰가 자리 잡고 있는데, 1만여 개에 이르는 미뢰는 미각 수용세포를 품고 있다. 임신 8주면 이미 태아에게 미뢰가 만들어지고 몇 가지 맛까지 느낀다니 개인의 입맛은 어머니 뱃속에서부터 만들어지는 걸까.

　혀는 사랑도 맛본다. 영화 〈건축학개론〉에서 납득이(조정석)는 키스를 혀의 움직임으로 설명한다. "키스라는 건 말야. 봐봐. 입술이 다 붙잖아. 이게 개 혀. 니 혀. 자연스럽게 들어온다고. 스르르 뱀처럼. 알지? 비벼. 막 비벼. 존나 비벼. (…) 이게 키스야." '여자 홍상수'라 불리는 정가영 감독의 10분짜리 단편 영화인 〈혀의 미래〉는 저속하거나 야한 표현 하나 없지만 더 직설적이다. 놀이터에서 첫 키스를 하려는 젊은 연인. 긴장도 풀 겸 이런저런 이야기를 이어가던 중, 각자의 어머니와 아버지가 재혼 상대자라는 사실을 확신하게 되고 둘은 충격에 빠진다. 남매가 될지도 모를 운명의 장난 앞에 두 사람은 키스를 할까? 말까? 입술부터 들이대는 남자를 여자는 급하게 떠민다. "우리, 일단 혀는 넣지 말아보자." 혀와 혀의 만남은 쌍방의 동의가 필요하고 짜릿한 만큼 위험도 뒤따른다.

혀는 발음에서 중요한 구실을 한다. 과거 신문·잡지 등을 보면 1920년대부터 한국인의 외국어 콤플렉스에 관한 이야기들이 종종 눈에 띄는데, 상당수가 한국인의 혀를 낙후된 신체 일부로 취급한다. 혀가 짧거나 유연하지 않아 영어나 프랑스어를 하기에 적합지 않다는 논리였다. 2010년대 어린아이들의 혀 아래와 입안 바닥을 연결하는 막인 설소대를 잘라주는 수술이 중산층 학부모들 사이에서 유행했다. 설소대 교정 수술을 받은 0~9세 아동은 2010년 2000여 명에서 2014년 3000여 명으로 4년 새 50퍼센트나 증가했다. 실제로 설소대를 잘라 영어 발음이 좋아졌다는 증거는 없었고, 오히려 아이의 정서 발달에 문제를 초래했다는 등 부작용 얘기가 많았다.

'여자어'를 바라보는 두 가지 시선

상대에게 좀 더 친절하게 다가가거나 본심을 숨기고 싶을 때 등 다양한 목적으로 '혀 짧은 소리'를 내기도 한다. 그러나 페미니즘 리부트 이후 여성들의 애교 섞인 말투나 혀 짧은 '애기어' 사용을 자제해야 한다는 주장도 거셌다. 실제로 18만 회원을 보유한 한 유명 여초 커뮤니티에서는 가입 조건으로 '애기어 금지'를 내걸기도 했다. 혀 짧은 소리 또는 친절하게 보이도록 말끝을 둥글리거나 유순하게 만드는 애기어는 '언어 코르셋'으로 일컬어졌다. 여자대학 일부 커뮤니티에서도 애교 있는 말투를 '퇴행어'로 지칭하며 완곡한 화법의 '쿠션어'까지 지양하자는 제안이 나왔다.[38] 화장이나 옷 사기 등 꾸밈 노동을 지양하자는 탈코 운동에 이어 벌어진 '언어 탈코 운동'이었다.

반면 여성들의 쿠션어·퇴행어는 언어의 가능성을 확장한다는 이론도 있다. 미국 기자이자 언어학자인 어맨다 몬텔Amanda Montell은 《워드슬럿》에서 '여자어'에 대한 비난과 공격이 불공정하다고 비판한다. 문장 끄트머리에서 음색이 갈라지는 '보컬 프라이vocal fry', 말끝을 올려 의문문처럼 들리게 하는 '업토크up talk' 등은 젊은 여성들만 사용하는 것이 아니었다. 보컬 프라이는 영국 남자들이 폼 잡을 때 쓰는 말이었으며 1980년대엔 이 현상이 '과잉 남성적'인 것으로 해석되기까지 했다. 업토크 또한 지위가 높은 사람이 힘을 드러낼 때 쓰는 방식으로, 화자가 남성일 때 누구도 업토크를 불안정의 표시로 오해하지 않았다고 몬텔은 지적한다. 젊은 여성에게 또박또박 말하라는 요구는 억압받는 사람을 도리어 벌주는 방식이며 남성 중심의 화법을 가르치는 일 또한 가부장제에 복무하는 일이라고 했다.[39] 핵심은 발화자의 위치성이다. '여자어' '애기어'가 아니라 차별과 불평등이 문제였다.

여성이 공적 공간에서 혀를 놀리지 못하도록 막은 최초의 문헌 기록은 3000년 전 호메로스Homeros의 《오디세이아》에 나온다. 남편 오디세우스를 기다리던 페넬로페가 사람들 앞에서 음유시인에게 재미있는 시를 요청했는데, 그의 아들 텔레마코스가 '사람들 앞에서 말하는 것은 남자의 일'이라며 방으로 들어가라고 명령했다. 푸블리우스 오비디우스Publius Ovidius의 《변신》에서 어린 공주 필로멜라를 강간한 남자는 공주가 진실을 말하지 못하도록 그의 혀를 뽑아버린다. 셰익스피어 희곡에서도 강간당한 뒤 혀를 잘리는 여성이 나온다. 영국에서 가장 유명한 고전학자 메리 비어드Mary Beard는 여성이 공적으로 말할 때 비음 섞인 가느다란 어조, 콧소리, 칭얼거림 같은 목소리를 낸다며 비난하는 것이 입을 막기 위한 공격이라고 했다. 중요한 것은 혀 짧은 소리가 아니라 어떤 발음을 가졌든, 목소리의 톤이 높든 낮든 발언이 허용되어야 한다는 점이다.[40]

무서운 혀, 잔혹한 혀

세상에서 가장 무서운 혀를 가진 이는 아마도 힌두 여신 칼리Kali
일 것이다. 칼리는 기다란 혀를 펼쳐 적들을 날름 삼키는 무시무
시한 존재다. 피를 핥아 먹는 칼리 여신은 인간이 두려워해야 할
대자연에 비유된다. 어미가 혀로 핥아 새끼를 키우듯, 칼리의 혀
는 취약한 것들을 보호한다. 때론 가차 없이 생명을 뺏기도 한다.
칼리의 초상화 중에는 사람 뼈와 해골 목걸이를 주렁주렁 걸고
새빨간 혀를 길게 뺀 채 한 남자를 발로 밟고 서 있는 모습을 형
상화한 것들이 있다. 여기엔 칼리를 우스꽝스럽게 만드는 해석
이 잇따른다. 살육을 저지르는 칼리를 저지하려고 남편인 시바
Śiva가 모르는 남자로 변신해 영웅적으로 자신을 희생하면서 발
아래 깔리자, 남편임을 알아보지 못한 칼리가 부끄러워서 혀를
빼물었다는 얘기다. 무시무시한 살육의 여신을 귀엽고 어리숙하
게 묘사하는 이런 이야기는 칼리의 역능을 단순화한 가부장적인
해석이라는 평가가 많다.[41]

마야 문명사에도 꽤 잔혹한 혀 이야기가 남아 있다. 서기 700년
께 멕시코 치아파스 지역 야스칠란을 다스리던 어느 지도자의
배우자인 여성은 자기 혀에 구멍을 뚫고 가시나무 덩굴을 실처
럼 꿰어 흘린 피로 신탁을 받았다. 이 유혈이 낭자한 피의 의식은
권력을 확인하고 정치 세력을 확보하기 위한 행위였을 것이다.

살육을 저지르던 칼리가 자신을 저지하려던 남편을 알아보지 못한 게 부끄러워 혀를 빼물었다는 이야기가 전해진다. 살육의 여신을 귀엽고 어리숙한 인물에 빗대는 가부장적인 해석이다.

마야 문명사에서 여성의 정치 참여를 증명하는 에피소드라고 하기엔 너무 짤막한 기록이라 한계가 있다. 분명한 건 신탁 이후 뚫리고 찢긴 혀로 이 여성은 두 번 다시 말을 할 수 없었을 거란 점이다. 가장 강력한 정치적 권위를 가진 여성이 선택받은 자로서의 능력을 보여준 동시에 알 수 없는 이유로 스스로 입을 다물어버린 선택이었을 수도 있다. 공적 발언을 포기해야만 생존할 수 있었거나, 자신을 희생해야 하는 어떤 계기가 있었던 것은 아닐까 짐작할 뿐이다.[42]

성폭력의 피해를 입은 여성이 남성의 혀를 훼손시킨 사례도 어렵지 않게 발견할 수 있다. 한국 사법 역사상 오점으로 남은 판결로서 최말자 씨의 사건이 있다. 1964년 5월, 당시 열여덟이던 최말자 씨는 스물한 살 노아무개 씨에게 성추행을 당했다. 최 씨는 입안에 들어온 무언가를 깨물어 저항했는데 그 과정에서 노 씨 혀가 1.5센티미터 정도 잘렸다. 검찰과 법원은 피해자 최 씨에게 책임을 물었고, 중상해죄 혐의가 인정돼 징역 10개월에 집행유예 2년을 선고받는다. 반면 노 씨는 성범죄로 처벌받지 않았다. 6개월이나 억울한 옥살이를 해야 했던 최 씨는 2020년 '56년 만의 미투'에 나서 부산지법에 재심을 청구했지만 1심과 항고심 모두 최 씨의 청구를 기각했다. 결국 2024년 12월 이 결정은 대법원에서 파기환송돼 60년 만에 최 씨는 재심을 받을 수 있게 됐다.

1988년에도 비슷한 사건이 있었다. 밤에 귀가하던 주부 변

아무개 씨를 두 남성이 골목으로 끌고 가 폭행하고 성추행했다. 변 씨가 방어하는 과정에서 한 명의 혀가 잘려 나갔는데, 이 사건 또한 과잉방어 논란에 휩싸였다. 검사와 가해자 쪽 변호사는 '사건 당시 술을 마셨다'며 변 씨를 부도덕한 여성으로 몰고 갔다. 그는 결국 1심에서 상해죄로 징역 6개월에 집행유예 1년을 선고받았다. 이에 "법이 보호하지 않아도 될 혓바닥을 보호했다"며 비판 여론이 들끓었다. 변 씨는 항소심에서 정당방위가 인정돼 무죄 판결을 받았고 대법원이 이를 확정했다. 이 사건은 1990년 〈단지 그대가 여자라는 이유만으로〉라는 영화로도 제작됐다.

혁명의 만찬

영화 〈아웃 오브 아프리카〉의 원작자인 이자크 디네센Isak Dinesen이 쓴 단편소설 〈바베트의 만찬〉에서는 타인을 비방하고 간을 보는 간사한 혀들을 만날 수 있다. 프랑스 일류 요리사 출신으로 노르웨이의 어느 낙후된 어촌에 정착한 바베트는 마을 사람들을 위해 진수성찬을 준비한다. 그런데 바다거북 등 낯선 프랑스 음식 재료를 본 사람들은 당장 복어 독이라도 먹어야 할 것처럼 불안에 떤다. 마을 사람들은 만찬에 앞서 '프랑스 마녀의 잔칫상'에서 각자의 혀를 순결하게 지키자고 다짐한다.

운명의 날, 그들 앞에 차려진 건 독이 아니라 일류 프랑스 레스토랑의 최고급 정찬이었다. 바베트는 마녀가 아닌 혁명가였다. 그날의 만찬은 파리 코뮌에 시민군으로 참여해 부엌칼 대신 총을 들었던 바베트가 마을 사람들을 위해 몇 날 며칠 동안 준비하고 최고의 기량을 발휘해 만든 음식이었다. 오늘날엔 많은 이들이 〈바베트의 만찬〉에서 혁명 정신을 일상으로 계승하는 공동체의 회복과 치유 정신을 발견한다.

디네센은 바베트처럼 여러 지역을 이방인으로 떠돌며 자주 구설에 휘말린 사람이었다. 바베트가 받았던 것과 비슷한 따돌림을 디네센도 받았고, 이후 오해를 풀고 공동체 구성원으로 인정받는 경험도 했다. 〈바베트의 만찬〉은 아마도 가시밭 같은 현실을 탈출하기 위해 지어낸, 달콤한 이야기였을 것이다.

바베트를 두고 마녀라고 비난하던 마을 사람들은 만찬 뒤 바베트야말로 진정한 예술가이며 천사들에게도 인정받을 거라고 말을 바꿨다. 이처럼 인간의 세 치 혓바닥은 깃털처럼 가볍고 뒤집기도 쉬운 법. 연민을 느끼거나 못마땅한 마음을 표할 때도 혀는 유용하게 쓰인다. 쯧쯧.

4부

받아들이거나,
내뱉거나

우리는 내쉬는 공기를 서로 전해주고 있다.

우리는 서로의 인프라가 되며

함께 숨 쉬며 접촉하며 우리가 공유하는

취약성과 상호의존성을 알게 된다.

— 주디스 버틀러

땀

희생의 상징이자
불쾌감의 원인

땀은 기본적으로 축복이다. 인간은 약 3만 5000년 전부터 몸의
수분을 증발시켜 체온을 식히는 방향으로 진화했다. 땀구멍이
없었다면 인간은 다른 동물처럼 먹은 것을 토하거나 길게 혀를
쭉 빼고 헥헥거리면서 체온을 조절해야 했을지도 모른다. 다행
히 인간에겐 땀구멍이 있고, 땀은 체온을 유지하는 정교한 장치
가 되어주었다.

체온을 일정하게 유지하는 항온동물인 인간에게 땀은 반드
시 필요하지만, 사회적 동물인 인간에게 과도한 땀은 곤경을 선
사한다. 무대 위, 공공장소, 격식을 차린 모임 등에서 땀을 지나치

게 흘리는 사람은 체면이 서지 않고 당혹감을 느낀다. 손바닥에 유독 땀이 많이 나는 이들은 필기도구나 휴대전화, 수저, 공구를 쥘 때조차 힘들고 악수처럼 상호작용 의례에도 신경을 써야 한다. 얼굴이나 머리에 땀이 많이 나는 이들도 밥을 먹거나 화장할 때 등 일상에서 어려움을 느끼는 경우가 많다. 땀 때문에 옷이 젖어 낭패를 겪지 않도록 겨드랑이에 미리 패치를 붙이기도 한다. 수술로 다한증을 치료할 수도 있지만 이후 보상성 다한증이 발생할 수도 있다. 다한증 부위의 교감신경을 절제했을 때 다른 곳의 땀이 폭발할 수 있는 것이다. 그러니 수술도 정답은 아니고, 더욱 난감해질 사태마저 각오해야 한다.

땀의 과학

땀에는 장사가 없다. 성별도 가리지 않는다. 남자가 여자보다 땀을 더 많이 흘리는 것 같지만, 연구 결과 성별과 무관하게 덩치가 큰 사람일수록 땀을 더 많이 흘리는 것으로 나타났다. 문화적으로 여성이 땀을 덜 흘리는 것처럼 여겨질 뿐이다. 다만 성호르몬에 따라 땀의 성분이 달라진다고는 한다. 그래서 호르몬제를 먹는 트랜스젠더의 경우 시간이 지남에 따라 체취도 바뀐다. 남성의 고환에서 발생되는 테스토스테론의 분해물질인 안드로스테논은 지린내와 비슷한 악취가 난다. 남성의 땀에서 발견되는 호르몬으로 '인간 페로몬'이라 불린 안드로스타디에논이 성욕을 자극한다는 이론도 있으나, 과학적으로 증명되진 않았다. 남자의 땀 냄새에 성적으로 끌린다기보다 땀 흘리며 운동하거나 일하는 모습에서 상대가 더 강한 성적 매력을 느낀다고 볼 수도 있다.

땀에는 개인정보가 다수 들어 있다. 미국에서는 알코올 관련 범죄를 저지른 사람이 금주를 조건으로 가석방되었을 때 땀 모니터링 장치인 스크램 캠scram cam을 부착하기도 한다. 발목에 차는 기구를 통해 국가가 연중무휴로 30분마다 개인의 땀을 감시하고 기록하는 셈이다. 《땀의 과학》을 쓴 과학 저널리스트 사라 에버츠Sarah Everts는 국가가 국민의 땀을 추적·관리하면서 국민건강보험 보장범위를 정하는 등 정책적으로 활용할 날이 머지않았다고 예측했다.[1] 이미 웨어러블 기계를 통해 활동량, 심박수, 걸음 수 등을 체크하는 데 익숙해진 사람들이 적지 않다. 인공지능이 인간 개개인의 땀을 분석하고 생체정보와 활동을 통제하는 '빅 브라더' 국가가 별다른 저항 없이 눈앞에 당도할 수도 있다. 2023년에는 땀으로 여성의 생식 호르몬을 측정할 수 있는 반지 모양의 웨어러블 바이오센서가 개발되기도 했다. 이런 바이오 기술과 파놉티콘 통치 기술이 결합된다면 그야말로 무시무시한 인구관리 체계가 탄생할지도 모른다. 쓸데없는 걱정인 것 같지만, 인간은 늘 상상 이상의 일을 저질러왔다.

국민의 땀, 국가의 원동력

오래전부터 국민의 땀은 국가 발전의 동력을 상징했다. 근대 이후 이상적인 국민상은 땀 흘리며 군말 없이 오랫동안 일할 수 있는 젊고 건장한 노동자였다. 해방 이후 그런 국민의 땀을 가장 열렬히 원했던 위정자는 박정희일 것이다. "조국은 땀과 인내, 희생을 요구한다."(1973년 6월 6일 현충일 추념사) "의지와 땀으로 보람찬 미래를 창조하자."(1979년 1월 1일 신년사) 그는 기회 있을 때마다 국민에게 땀 흘리며 열심히 일하라고 명령했다. 특히 여성 노동자는 국가와 기업의 성장을 도모하며 희생하고 헌신하는 '산업 역군'이자 '책임 있는 딸'로 호명되었다. 여성 중심 제조업 분야가 1975년까지 총 수출액의 70퍼센트를 담당했고, 1970년 36만 명이던 여성 노동자는 1978년 109만 명에 이르러 나라 경제를 떠받쳤다. 그러나 '민주 노조'를 결성하며 국가의 억압적 통치 방식에 맞섰던 여성 노동자들은 노동 쟁의권을 박탈당했고 갖은 고초를 겪었다.[2]

박정희의 딸이자 훗날 대통령이 되는 박근혜 역시 영애 시절 '여성의 땀'을 강조했다. 1978년 6월 1일 새마음갖기대회 격려사에서 그는 수많은 '여공' 앞에 서서 "여러분의 정성과 땀은 국가 건설의 디딤돌"이라고 치하했다. 당시는 여성 노동자를 '공순이'라 부르면서 사회적으로 경멸을 유도하고 집요하게 탄압하던 시기였다. 박근혜가 격려사를 하기 넉 달 전인 2월 21일, 동일방직 여성 노동자 투쟁 때였다. 회사의 편에 선 남성 직원들은 민주노조를 만든 여공들에게 똥물을 뒤집어씌웠다. 여공들은 붙들려가지 않으려고 옷을 벗었다. 사력을 다해 버티는 그들의 얼굴에서 땀과 눈물, 콧물이 흘렀다. 1979년 7월, 해태제과 여성 노동자들은 잠 쫓는 약인 타이밍을 먹고 졸음을 참아가며 하루 12~19시간씩 장시간 저임금 노동에 시달리다 여덟 시간 노동제를 요구하고 나섰다. 사측 남성 기사들은 갖은 쌍욕과 함께 무자비한 폭력을 휘두르며 여공들을 협박했다. 노동 기계가 되는 것을 거부하고 '인간'임을 선언한 순간 여공들은 이 나라의 땀 흘리는 산업 역군, 자랑스럽고 책임감 있는 딸이 아니라 "불순세력"이자 "빨갱이"가 되었다.[3]

코로나19 이후 국가에 헌신하는 여성의 땀을 떠올릴 때 가장 인상적인 장면은 간호사들의 모습일 것이다. 무더운 한여름에 방호복을 입고 비 오듯 쏟아지는 땀을 닦지도 못한 채 환자를 돌본 이들에게 'K-방역의 주역'이라는 찬사가 쏟아졌다. 그러나 이후 불합리한 의료체계의 보조 인력 정도로 머무는 간호사들의 업무를 시대에 맞게 수정하자고 목소리를 내자 '간호사들 뒤에 또 다른 배후 세력이 있을 것'이란 비난이 속출했다. 국가는 필요할 때 여성의 땀과 희생을 칭송하며 천사에 빗대지만 비상상황이 지나고 변화를 요구할 때는 이들을 불온한 세력으로 몰아갔

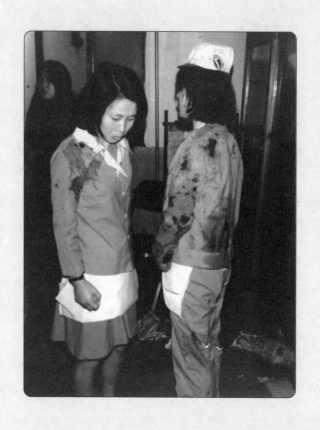

1978년 2월 21일, 동일방직 투쟁 당시 노조 탄압의 일환으로 뿌린 똥물을 뒤집어
쓴 여성 노동자들. 이들은 땀에 대한 정당한 대가를 위해 당당히 싸웠다.

다. 땀 흘리는 일터에서 '페미(페미니스트)'라는 딱지라도 붙으면 그야말로 희대의 마녀가 됐다.

땀으로 상징되는 운동의 역사

땀은 노동 운동, 사회 운동뿐 아니라 신체 운동의 역사와도 함께 한다. 오랫동안 운동은 비장애 남성의 것이었다. 2015년 페미니즘 리부트 이후 한국에서 여성 체육 인구가 폭발적으로 증가하고 관련 책들이 봇물 터지듯 출간된 것은 운동장에 진입하지 못한 여성들의 한풀이처럼 보일 지경이었다.

　미국의 유명 여성 달리기 선수이자 페미니스트 활동가인 로런 플레시먼Lauren Fleshman은 동년배 남자아이들에게 뒤지기 시작하는 사춘기 시절 여성 운동선수의 몸이 거의 부상에 맞먹는 좌절을 겪으며, 설상가상으로 승리를 위한 스피드와 근력, 지구력 향상에만 몰두할 수도 없다고 말했다. 경기력 증진과 함께 남의 시선을 의식해야 하는 '신체 이중성body duality'을 느끼기 때문이다.[4] 여성 운동선수는 자신의 땀과 함께 외모 관리에도 많은 노력을 기울여야 한다.

　딱히 프로 운동선수만 겪는 어려움이 아니다. 여성 전용 헬스장에서 남자들의 시선을 신경 쓸 필요 없이 기구를 쓰면서 '운동 맛'을 알게 되었다는 사람들이 적지 않다. 팔뚝이 드러나는 민소매, 하체가 드러나는 레깅스 같은 달라붙는 운동복을 입고 땀범벅이 되어 맘대로 운동하면서 거침없이 몸을 움직이는 재미를 느끼게 되었다고 이들은 말한다.

운동을 좋아하는 여자들이 좌절을 겪기 시작하는 사춘기에 심각한 고민이 더해지기도 한다. 겨드랑이 땀 냄새를 가리키는 액취증은 세상으로 나아가기 시작하는 10대 시절에 발현되는 수가 많기 때문이다. 겨드랑이 악취를 가리키는 '암내'는 땀의 성별성을 가장 강하게 드러내는 말이다. 국립국어원 표준국어대사전은 암내를 "암컷의 몸에서 나는 냄새. 발정기에 수컷을 유혹하기 위한 것"이라 설명한다. 하지만 사실 암내라는 단어는 동물보다 인간에게 더 많이 쓰인다. 표준국어대사전도 액취증과 암내를 같은 것이라고 규정한다.

구술생애사 작가 최현숙은 이와 같은 정의에 이의를 제기했다. 암내라는 말에는 여성의 성적 방종을 가리키는 지탄과 멸시가 숨어 있다고 말이다. 최 작가는 어려서부터 남달리 활달하고 운동을 좋아해서 남자아이들을 다 이겨 먹는 활동적인 성격이었지만 사춘기 이후 아버지가 물려준 액취증이 나타나기 시작해 오랜 시간 혼자 떠돌면서 "자괴감과 수치심과 모멸감의 무저갱"을 겪었다. 하지만 그는 냄새로 인한 상처가 이후 소외된 사람, 더러운 사람, 갇힌 사람에 대한 태도를 만들어주었다고 했다.[5] 나이

이탈리아 시칠리아섬에 있는 4세기 로마 시대 저택 바닥에 새겨진 모자이크화. 여성들이 오늘날 비키니와 유사한 차림새로 공놀이를 즐기고 있다.

가 들면서 최 작가는 '냄새나는 사람'인 노인과 노숙인 속으로 가 그들의 생애를 기록했다. 그의 치열한 글은 사적이면서도 정치적인, 체제 밖 존재가 온몸으로 내뿜는 강렬한 반역의 기록이 되었다.

인권활동가이자 연구자인 변재원은 '신체 운동'과 '사회 운동'이라는 두 개의 운동이 모두 필요하다고 말했다.[6] '나쁜 장애인'으로 유명한 전장연 박경석 대표와 만난 뒤 인권활동가가 된 그는 장애인을 꺼리는 체육관에 입장할 권리를 외치면서 들어가 땀 흘리며 운동했다. 벨기에로 유학을 떠난 뒤엔 자신에게 맞는 운동 기구, 장애인용 샤워 시설과 화장실이 있는 체육관에서 더욱 편안하고 거침없이 운동을 할 수 있었다. 신체 운동과 사회 운동은 가장 개인적이면서도 가장 사회적인 문제고, 두 가지 운동은 누구에게나, 어디서나 중요하다.

성별과 장애가 걸림이 되지 않는 평등한 운동장, 흐르는 땀에 온몸이 젖어 운동복이 달라붙을지라도 남의 시선을 신경 쓰지 않아도 되는 안전한 체육관, 열심히 땀 흘려 일한 뒤 깨끗한 물로 몸을 씻어내고 잠시라도 휴식할 수 있는 일터가 누구에게나 필요하다. 모두에게 땀 흘릴 자유가 보장되는 세상이라면, 어디서든 사랑과 평화가 넘쳐날 것이다.

이빨

씹고, 뜯고, 맛보고, 즐기고

이빨의 가장 중요한 기능은 음식을 잘게 부수는 것이지만, 이빨은 여차하면 무는 데도 유용하다. '이빨 빠진 호랑이'란 말에서 알 수 있듯, 이빨은 싸울 때 결정적인 무기가 된다. 이빨을 드러내며 으르렁거리는 건 짐승이나 인간이나 마찬가지다(사전에서는 인간은 '이' 또는 '치아', 동물은 '이빨'로 나누나 딱히 구분할 필요성이 없어 이 글에서는 혼용한다). 싸움이 벌어지면 서로 이를 갈면서 집요하게 증오하고 공격하고 방어하다가 화해하거나 관계를 종결한다. 이렇게 피곤하게 사는 동물의 치아는 성할 수 없다. 스트레스받으면 위산이 역류하고, 이는 어금니에서부터 녹아내린다.

이빨에 담긴 생의 이력

동물의 이빨에는 나무의 나이테처럼 성장선이 있는데, 그곳에 영양이나 질병 같은 개인 생의 이력이 새겨진다. 제국주의의 박물학자 퀴비에는 "당신의 치아를 보여주면 당신이 누구인지 알려주겠다"고 말했다.[7] 이빨만 보아도 문명화의 정도와 그 사람의 생활 수준을 짐작할 수 있다는 자신감의 표현이다.

유인원의 이빨을 보면 통상 수컷이 암컷보다 송곳니가 큰데, 생물학자 다윈은 이를 짝짓기 경쟁에서 진화한 결과라고 본다. 암컷을 차지하기 위해 수컷끼리 물어뜯고 싸웠다는 뜻이다. 인간의 송곳니가 상대적으로 짧고 충분히 뾰족하지 않은 것은 짝짓기 경쟁 과정에서 서로 물지 않게 되었음을 보여준다는 해석도 있다.[8] 인간의 송곳니가 시간이 흐르면서 짧아진 건 인간의 대결이 이빨을 드러내고 상대방을 공격하는 물리적인 깨물기에서 언어로 물어뜯는 방식, 곧 '이빨 까기'로 변했기 때문은 아닐까. 이것은 퇴화일까, 진화일까. 어느 쪽이든 암컷의 의사와는 무관하게 세상을 수컷만의 리그로 만들었다는 측면에서 영 마뜩잖다.

동물학연구자 루시 쿡은 진화생물학에서 가장 뜨거운 감자 중 하나가 암컷의 성선택에 관한 문제라고 말한다. 이는 수컷이 마음에 드는 암컷을 '차지'하는 게 아니라 암컷이 취향껏 적절한 상대를 골라서 성적 기호를 행사할 수 있다는 관점이다. 다윈 또한 성선택 이론을 전개하면서 공작새 수컷의 화려한 꽁지깃을 보고 고민했고, 결국 암컷의 경우도 "비교적 소극적이지만" 선택권이 있고 특정 수컷을 선호해 받아들인다고 결론 내렸다. 다윈의 주장은 당시 지식인 사회에 물의를 일으켰고 비판을 받았다. 이빨 진화에 대한 자연 선택 이론에서 수컷 중심으로 연구가 진행된 데는 빅토리아 시대의 가부장적 분위기의 영향이 컸을 것이다. 이빨에 물고 뜯고 맛보고 싸우는 기능이 있기에 호전적인 특성으로 간주되는 수컷 중심 발상을 퍼트리기 좋았던 까닭도 한몫했으리라.[9]

과시와 권력의 상징

인간의 치아는 미용의 일부이자 정상성의 상징이라 '앞니 빠진 갈가지'는 귀여운 나머지 우습고, 앞니 없는 노인은 선량한 한편 음흉해 보인다. '원 펀치 쓰리 강냉이'란 말처럼 치아는 승자의 전리품이며, 상대에게 얻어터져 치아를 잃는 것은 커다란 치욕이다. 그래서 인간은 손상된 이를 그대로 두지 않았다. 치아가 없으면 그 자리에 더 번쩍거리는 것을 박아 넣었다.

　　1920년대 미국 유명인들 사이에선 금니 대신 다이아몬드를 박는 게 유행이었다. 1980년대 미국 힙합 아티스트들은 부와 힘을 과시하려고 보석으로 만든 틀니의 일종인 그릴즈grillz를 착용하기 시작했다. 뉴욕 브루클린 흑인 거주지역 등에서 가난한 아프리카계 미국인들이 미흡한 구강 관리로 치아를 잃은 뒤 금속물질을 치아 대용으로 쓰기 시작한 것이 시초였다. 아프리카계 미국인들은 오랫동안 백인들이 운영하는 치과에 갈 수 없었다. 시인 마야 안젤루Maya Angelou는 할머니와 백인 치과의사를 찾아갔다가 겪은 모욕적인 일화를 글로 남겼다. 치과의사는 손녀를 봐달라는 할머니에게 "검둥이 입에 손을 집어넣느니 개 주둥이에 집어넣겠다"고 말했다. 마야와 할머니는 결국 장거리 고속버스를 타고 수십 킬로미터를 가서야 아픈 이 두 개를 겨우 뽑을 수 있었다.[10]

2020년대 들어서는 치아에 작은 보석을 붙이는 투스젬toothgem이 유행했다. 이 보석은 '영앤리치'의 재력과 패션 트렌드를 반영했다. 보는 사람이 부담스러울 정도로 번쩍이는 치아는 오랫동안 '동물성'을 지닌 악당의 상징이었다. 영화 007 시리즈 〈나를 사랑한 스파이〉에 등장하는 악당 죠스(리처드 키엘Richard Kiel)는 총알도 팅겨내는 강철 치아를 가졌다. 〈나 홀로 집에〉에 나오는 도둑은 번쩍이는 송곳니로 아이를 위협했다. 〈올드보이〉에서 철웅(오달수)은 오대수(최민식)에게 잡혀 이빨이 몽땅 뽑히지만 이후 튼튼한 금니를 하고 다시금 뻔뻔스럽게 등장한다.

영화에 나오는 괴물의 송곳니는 물리면 인간 아닌 존재가 된다는 잠재적 공포를 준다. 특히 여성 괴물의 이빨은 '인간' 남성의 정체성을 훼손하는 무기로 자주 묘사되었다. '바기나 덴타타 vagina dentata', 즉 이빨 달린 질the toothed vagina에 관한 신화는 아시아와 인도, 북미, 남미, 아프리카, 유럽 전역에 퍼져 있다. 신화학자 조지프 캠벨Joseph Campbell은 남근을 제거하는 이빨 달린 질에 대한 공포가 남성들의 근원적인 두려움이라고 봤다.[11]

페미니스트 영화비평가 바바라 크리드Babara Creed는 메두사가 '거세된 성기'를 가리킨다고 했던 프로이트식 해석이 남성의 두려움을 숨긴 것이라고 풀이한다. 크리드는 프로이트의 말처럼 메두사가 남근이 거세된 여성 성기를 상징하는 것이 아니라 그 반대로 "이빨 달린 질"이라고 분석했다. 메두사를 본 남성들이 굳어버린 건 남근이 잘릴까봐 두려웠기 때문이라는 말이다. 게걸스럽게 상대를 먹어치우는 여성 성기, 거세자로서 여성에 대한 근원적인 공포, 남자 잡아먹을 년man-eater 같은 일상적인 표현까지 바기나 덴타타는 여성의 이빨 달린 질과 관련이 있다.[12]

영화 〈티스〉에서 주인공인 10대 여성 돈 오키프(제스 웨이슬러Jess Weixler)는 야한 생각이 들 때 순결을 읊조리며 마음을 가라앉히는 조신한 고등학생이다. 그 자신조차 미처 몰랐지만 돈의 성기에는 날카로운 이빨이 달려 있었다. 강제 추행이나 성폭행을 시도한 남자들은 하나같이 손가락이나 성기가 잘려나간다. 폭력적인 상황에 처했거나 분노할 때 돈의 질에서 날카로운 이빨이 나오는 것이다. 선댄스 영화제에서 각광받은 이 영화는 바기나 덴타타의 여성주의적 전유로 일컬어진다. 10대가 주인공이었지만 국내 개봉 땐 미성년자 관람불가 판정을 받았다.[13] 공포영화를 관람하면서 청소년기에 받는 스트레스를 해소하고, 상상력을 자극하면서 꿈을 키울 수도 있었을 텐데 아쉬운 일이다.

할리우드 미소 사이에 자리 잡은 건치

씹고 물어뜯기 위한 이빨을 노출하는 행위는 남성들에게만 허락되기에 중세와 근대 초기 동서양의 여성들은 입을 가리고 웃어야 했다. 이빨을 드러내며 웃는 여자는 성적으로 문란하다고 간주됐다. 오늘날 '소셜식스social six'라고 일컫는 여섯 개의 앞니는 반대로 첫인상을 좌우하며 대인관계에서 자신감을 나타낸다. '건치'는 계급성과 정상성을 상징한다. 현대적 미소의 설계자는 미국의 치아 산업이다. 이들은 의과에서 치과를 분리시키고, 가지런하면서도 새하얀 이빨을 자랑스럽게 드러내는 '할리우드 미소'를 만들었다. 미백과 접착, 라미네이트 등 치과 기술을 바탕으로 치의학계는 대중문화와 패션, 마케팅과 손을 잡았다. 1980년대 로널드 레이건Ronald Reagan 당시 미국 대통령은 치아를 활짝 드러낸 할리우드 미소로 신자유주의라는 종교를 세계에 전파했다.

헤리트 반 혼토르스트Gerrit van Honthorst, 〈음란한 이미지를 들고 웃는 소녀〉, 세인
트루이스 아트뮤지엄, 1625. 중세와 근대 초기에 이빨을 노출하는 것은 남성에게만
허락되는 행위였다. 여성이 이를 드러내고 웃으면 성적으로 문란하다고 여겼다.

1982년 미국 연방대법원은 의료광고 규제를 풀었고, 고삐 풀린 의료화 산업은 날개를 달았다. 성형과 미용 치과 붐이 시작되었으며 미국식 치아 관리는 미소의 대중화·세계화를 이루었다.[14]

미인 대회 무대에 도열한 여성들은 한결같이 가지런한 치아를 드러낸다. '건치 미인'의 이상적인 앞니는 적당히 부풀고(풍융도), 각도, 크기까지 완벽하게 어우러져야 한다. 하얗고 깔끔한 치아는 '용모단정'한 인재가 갖춰야 할 필수조건이며, 치아 교정은 이차성징처럼 10대들이 성인으로 가는 길목에서 반드시 거쳐야 하는 관문이 된 지 오래다. 평생 뒤를 따라다니는 졸업사진을 찍어야 하는 학생들은 좀 더 나은 미래를 위해 특별한 투자를 받았다. 전형적인 신데렐라판 영화나 드라마에서는 이성에게 늘 차이던 뻐드렁니 고등학생이 치아교정기를 뗀 뒤 완벽한 미인이 되어 짠 하고 나타나 사랑을 이룬다.

요즘 한국 대도시의 상당수 치과에는 성형외과나 피부과처럼 '실장'이 상주하여 상담을 한다. 멀쩡하게 타고난 치아를 뽑고 깎아낸 뒤 새로운 치아를 만들어 넣거나, 튀어나온 이를 집어넣고 잇몸을 축소하며 턱관절을 작고 예쁘게 만드는 것은 '정상' 외모를 만드는 신체 관리의 표준 프로그램이 돼가고 있다. 치아 성형은 얼굴 성형이나 지방흡입과 비슷한 신체 자기계발의 일부인데 성형보다 더욱 허용적이고 그만큼 대중화되어 있다.

부에 따른 구강 건강 불평등

자본주의가 고도화하고 치의학 기술이 발달하면서 치아는 더욱 불평등해졌다. 열악한 환경에서 일하는 노동자나 활동이 어려운 장애인은 하루 서너 번 칫솔질이 용이하지 않고 치과에 가기조차 어렵다. 양극화는 점점 심해지고 있다. 중산층은 어릴 때부터 아이의 치아 건강 관리에 힘쓰지만, 소득이 적은 가구의 아이들은 치료 시기를 놓치기 일쑤다. 구강 건강 분야를 오래 추적했다는 연구자들은 깜짝 놀랄 정도로 큰 차이가 벌어지고 있다고 말한다.

한국 치과 기술이 세계 최고라는 기사엔 "과잉 진료도 최고"라는 댓글이 달린다. 돈 안 되는 증상 치료나 아말감 등 저렴한 재료를 활용한 처치는 푸대접받고, 과거 의학적 문제가 아니었던 증상들은 큰 질병이나 질환으로 간주된다. 소득에 따른 구강 불평등이 심각해지는 한편 과잉 진료와 미용을 위한 치아 성형이 성행하는, 너무도 극단적인 상황에 사람들의 치아 건강이 놓여 있다.

한 사람의 치아에는 그의 인생뿐 아니라 그가 속한 사회 전체의 모습이 아로새겨진다. 미래의 치아엔 인류가 어디로 향했는지 알 수 있는 힌트가 담기게 될 것이다. 인간 사회의 정치적이고도 문화적인 그림이 유물처럼 고스란히 각인되리라.

입맛과 허기

내가 먹는 것이 곧 나라면

서울에서만 평생 살아온 어떤 사람이 "대구에서는 수육을 돼지고기로 삶더라"며 웃었다. 서울 음식이 대구 음식보다 수준 높고, 소고기가 돼지고기보다 윗길이라는 은근한 차별 의식이었다. 수육은 소든 돼지든 삶는 사람 마음이다. 그 앞에서 강명관의《노비와 쇠고기》를 인용해가며 서울 사람들의 별난 소고기 사랑과 백성 수탈의 역사를 읊을 수도 있었겠지만 그저 웃었다.

의아했다. 대구 출신으로서 대구 음식은 타지 사람들이 모르는 맛이지, 맛없는 맛이 아니라고 여겨왔기 때문이다. 불명예를 뒤집어쓴 대구 음식의 명예를 회복하기 위해 대구 맛집을 소개하는 긴 기사를 쓰기도 했다. 어린 시절 경험한 독특한 맛을 서울에선 경험하지 못하는 안타까움도 컸다. 기사는 꽤 반향을 얻었고, '맛없는 지역의 맛' 시리즈를 취재해달라는 요청도 많이 받았다.[15]

음식 선택은 성별, 인종, 종교적 정체성과 복잡하게 연관된다. K-푸드가 세계적으로 유행이라 하지만 어떤 서구인들은 보신탕이나 번데기, 산낙지를 먹는 한국인들의 식생활을 혐오한다. 대구 이슬람사원 건설을 반대하며 그 앞에서 무슬림들이 금기시하는 돼지고기로 잔치를 벌이고 건설 현장 주변에 족발과 돼지머리를 놓아두거나 돼지기름으로 추정되는 액체를 뿌린 행위는 다른 종교·문화에 대한 멸시와 배척 이상의 극단적인 혐오 표현이다.

스테이크 같은 무거운 음식은 남성적, 샐러드 같은 가벼운 음식은 여성적이라는 가정은 각자의 음식 선호에도 영향을 미친다. 미국의 인류학자 마빈 해리스Marvin Harris는 오래전부터 특권층이 남자와 어른들에게 '이익'을 할당하며 자신들만 높은 영양 상태를 유지하고, 이를 정치 권력으로 연결했다고 보았다. 음식은 부와 권력의 원천이었고 동물성 식품은 남성적이며 상징적힘을 가진 것으로 해석되었다.[16]

음식의 정치학

서민이 식탁에 조개껍질을 쌓을 동안, 부자들은 갑각류 껍데기를 쌓는다. 세계 3대 진미라는 푸아그라와 캐비어, 트러플(송로버섯) 같은 특정 음식은 높은 계급 정체성의 표식이자, 우월한 심미적 기호와 연결된다. 반대로 한국의 꿀꿀이죽, 영국의 포리지(오트밀)처럼 하층 계급의 빈곤 상태를 나타내는 음식들도 있다.

음식 사회학 연구들은 공통적으로 부유층의 음식 선택이 경계 긋기, 구별 짓기에서 비롯된다고 설명한다. 프랑스 사회학자 피에르 부르디외Pierre Bourdieu가 제시한 '아비투스'는 타인들과 구별되는 계급 구성원들의 취향, 성향체계를 가리킨다. 음식 기호나 매너 등은 출신 계급의 영향력이 크게 작용하며 취향은 '계급'의 지표가 된다.[17] 특정 계급 구성원들은 다른 계급과 구별되는 아비투스를 지향하며 자신의 계급적 이익을 보호한다.

《음식 좌파 음식 우파》를 쓴 하야미즈 겐로速水健朗는 음식 자체가 정치적인 선택이라는 점을 강조한다. 그는 정크푸드를 지향할수록 '음식 우파', 유기농을 즐길수록 '음식 좌파'로 분류한다. 사실 부유층은 라면에 한우를 넣어 먹듯, 정크푸드부터 유기농까지 다양한 음식을 향유한다. 다만 하야미즈의 주장은 유기농을 즐기는 '음식 좌파'의 라이프스타일이 약자를 고려하지 않고 세계 빈곤층에게는 위협이 될 수도 있다는 점을 강조했다는 면에서 독특한 관점을 보여준다. 유기농은 토양과 지구를 살린 다고 생각하지만 유기농만으로 음식을 생산할 때 더 광대한 토지 개간이 필요하다고 그는 말한다. 빈곤층의 배고픔 문제를 타개하기 위해서는 유전자조작 식품GMO의 장점을 고려하는 등 음식 좌우파가 손을 잡아야 한다고도 덧붙인다. 입맛이나 식생활은 매우 까다롭고 정치적인 문제이며 단순히 개인의 라이프스타일이나 건강, 또는 취향에 머물지 않는다는 점을 일깨우는 주장이다.[18]

빈곤가정 주부들의 장보기는 근심 가득한 노동이다. "젓가락 갈 데가 없다"는 밥상 앞 불평을 떠올려보시라. 아이들이 잘 먹는 싸구려 정크푸드 중심으로 장을 보면 경제적일지 몰라도 입맛과 건강에 좋지 않은 영향을 미칠 가능성이 크다. 빈곤층의 비만율은 부유층보다 훨씬 높다. 음식은 사람의 몸을 만들고, 먹기의 사회화 과정은 개인의 위치를 정하며 세대를 통해 재생산된다.[19]

국민 음식의 변천사

오직 만드는 사람만이 커다란 솥 안에서 끓고 있는 음식의 정체를 알고 있다. 15세기 마녀사냥 교본인 《마녀를 심판하는 망치》에서 보여주듯, 마녀는 문란한 성욕으로 요술을 부리며 아이들을 한 솥 가득 삶아 먹고 악마와 동맹을 맺는다. 식욕을 참지 못해 '먹는 여성'이 마녀라면, 식욕을 견디고 제 살과 피와 뼈를 가족에게 '먹이는 여성'은 어머니가 되고 여신이 된다. 아들 500명을 먹이려다 솥에 빠져 죽은 제주 설문대할망 설화 속 아들들은 '엄마 곰국'을 먹고 충격에 빠져 오백나한상五百羅漢像이 되었다.

'집밥'은 가족재생산의 수단이자 여성 노동의 산물이었다. 각 가정의 식탁은 집안 사정에 따라 개별적인 동시에 사회적인 메뉴로 구성되었다. 1973~1975년 국제 식량파동으로 한국 정부가 주도한 혼분식정책에 따라 주부는 쌀 절약과 혼분식 소비의 책임을 떠맡고 자녀의 입맛을 훈육하는 국가의 일꾼으로 호명됐다. 국가는 식량정책에 협조하는 것이 주부의 책임이며 애국 운동이라고 '주부 애국'을 강조했다. 학교에서는 혼분식 여부를 점검하기 위해 도시락을 검사하며 학생들의 신체와 엄마들의 조리 노동을 동시에 관리·감독하고 규율했다.[20]

집밥은 국민의 정체성을 만드는 자원이기도 했다. 1980년대 해외여행 자유화와 함께 서구화의 물결이 몰아친 한국에서는 '집밥 소멸'을 걱정하는 목소리가 터져 나왔다. 외식이 늘자 '자녀들이 엄마의 정성 담긴 맛을 잊을 판'이라는 우려가 쏟아졌다. 언론에서도 '공장에서 만든 반찬이 식탁을 점령한다'는 위기 담론이 가득했다. 1988년 맥도날드가 서울 압구정 1호점을 내며 한국에 진출한 뒤에는 '아이들 입맛이 미국 스타일이 돼간다'는 통탄이

하늘을 찔렀다.²¹ 마치 국민 엄마, 국민 음식을 잃는 것처럼 호들 갑을 떠는 데는 좌파·우파가 따로 없었다. 좌파 또한 햄버거·피자를 먹는 아이들을 두고 '미제 음식'이 식탁을 점령했다며 야단법석이었다. 한국인의 밥상이 변화한다는 것은 좌우파 양쪽이 이상화하던 국민성, 고유한 민족 문화의 상실을 의미했다. 세계화와 더불어 나타난 식생활과 주부의 역할 변화를 국가 정체성의 위기와 연결한 셈이다.

실제로 '국민 음식'은 변화한다. 한국인의 주식은 여전히 밥과 국수, 빵과 같은 탄수화물이지만, 다이어트 인구가 늘어나면서 쌀이나 밀가루 소비가 줄고 그 대신 육류 소비가 증가했다. 이를 빌미로 정부는 2024년부터 벼 재배면적 감축 계획을 세우고, 실행하기에 이르렀다. 가뜩이나 기후 위기 탓에 쌀 농사는 점점 힘들어지고 있는데 정부 대책까지 거꾸로 가고 있으니 농민들은 분통을 터트린다. 밥상 물가는 고공행진한다.

평소에 먹는 식사야말로 나의 삶을 만든다. 그러나 값비싼 요리를 맛보는 미식 체험은 남이 무엇을 먹고 사는지에 관심이 많은 한국 사회의 성원권에 관한 문제가 되다시피 했다. 2023년 봄 프랑스 명품 브랜드 루이비통이 한국에서 연 팝업 레스토랑의 1인당 한 끼 식사 가격은 최고 70만 원이었는데 자리가 없을 정도로 인기였다. '애망빙'이라는 애칭으로 불리는 신라호텔의 애플망고빙수 한 그릇의 판매 가격은 2024년 13만 원을 돌파했다.

'인스타그래머블instagram-able'한 밥 한 끼를 먹기 위해 허리띠를 졸라매는 사람들도 있다. 돈을 아꼈다가 비싼 갈비집에서 허리띠를 풀고 한번쯤 '플렉스'하는 과시조차 자기 돌봄의 방법이 됐다.

마음의 허기

입맛은 계급적이지만 허기는 존재론적인 것이다. 일본 만화가 요시나가 후미よしながふみ의 《어제 뭐 먹었어?》에는 주인공 시로와 겐지 커플의 친구인 와타루 이야기가 나온다. 부자 동거인이 차려주는 값비싼 음식들을 마다하는 와타루는 구두쇠 변호사인 시로를 찾아가 어린 시절에 먹었던 무말랭이 같은 소박한 집 반찬을 내놓으라고 자주 생떼를 부린다.

  별별 산해진미를 다 맛보았을 '우주 대스타' 이효리는 엄마와 함께 여행을 떠난 텔레비전 예능 프로그램에서 하필 오징어뭇국을 먹고 싶다고 했다. 가난하고 없는 살림, 많은 식구의 입에 뭐라도 넣으려면 한 마리로 모두가 배불리 먹을 수 있는 오징어뭇국이 제격이었을 것이다. 이효리는 뜨거운 눈물을 쏟아내며 따뜻한 국을 떠먹었다. 엄마의 오징어뭇국은 어린 시절 충분히 사랑받지 못한 심리적 허기를 채운 음식인 모양이고, 그 장면은 많은 이들의 심금을 울렸다.

코로나19 지원금으로 서민들이 소고기를 사 먹은 것은 '배가 불러서', 즉 넉넉하고 아쉬울 게 없어서가 아니라 심리적 허기를 달래면서 오랜 팬데믹으로 인한 사회적 긴장을 풀고 싶었기 때문이었을 것이다. 소고기는 한국인에게 귀한 음식, 부러운 음식, 자랑하고픈 음식, 그래서 최고의 음식이었다.

영화 〈프렌치 수프〉에서 남자 주인공 도댕(브느와 마지멜Benoît Magimel)은 "하나의 맛이 완성되려면 문화와 기억이 필요하다"고 말한다. 음식에는 옛 시절로 돌아가게 하는 힘이 있다. 어린 시절 마음속 허기를 만들어낸 음식은 먹어도 먹어도 포만감이 들지 않는다. 대부분의 사람들이 생의 마지막에 어릴 때 깊이 인상에 남은 음식을 찾는다. 채워지지 않는 허기와 갈증을 달래준 음식이거나 반대로 맘껏 먹지 못해 포한이 생긴, 눈물 나는 음식일 것이다.

'혼밥'하는 아이들의 행복감이 낮다는 조사결과를 보거나 유통기한이 지난 음식을 받아먹고 살았다는 청년의 소식을 읽고서도 곧바로 '먹방'과 '푸드 포르노'를 시청하는 게 일상이다. 음식이 정치적이라는 사실을 인식하게 되었더라도 내 식생활을 수정하면서 윤리적 소비를 하는 일에는 안목과 정보력, 인내와 시간과 돈이 필요하다. 일단, 뭐 좀 먹고 나서 생각해보자.

숨과 호흡

공기마저 자본이 되는 세상

"나 숨 쉬는 공간에 니 숨결 남아 있는 거 못 참아. 행여 숨 쉬다 니 숨결까지 들이마실까, 그러다 그 인간 숨결까지 마실까 토 나와."

드라마 〈나의 아저씨〉에서 지안(이지은)이 자신을 끈질기게 괴롭히는 광일(장기용)에게 내뱉는 말이다. 과연 지안은 광일의 숨을 들이마시게 될까? 나의 숨과 남의 숨이 섞이는 것은 과학적으로 가능할까?

결론은 '가능하고말고'다. 1970~1980년대 과학 대중화에 앞장섰던 김정흠 고려대학교 물리학과 교수는 1977년 한 신문에 〈충무공의 마지막 숨〉이란 제목의 칼럼을 썼다. 수백 년 전 충무공 이순신 장군이 내쉰 마지막 호흡에 있던 분자들은 지금 우리가 들이마시는 한 호흡 속에도 들어 있으니 자부심을 갖고 애국심을 기르라는 결론이었다.[22] 물론 그 호흡에는 임진왜란을 일으킨 도요토미 히데요시豊臣秀吉의 마지막 숨도 포함돼 있다는 게 함정이다.

미국의 과학작가 샘 킨Sam Kean은 몇 발 더 나아간다. 로마 정치인 율리우스 카이사르Julius Caesar가 기원전 44년 암살 당할 때 자신의 추종자 마르쿠스 브루투스Marcus Brutus를 보고 "너도냐?"라고 말한 뒤 내쉰 1리터 정도의 마지막 숨에 그는 눈길을 준다. 숨 1리터에 든 분자 수는 약 270해(27,000,000,000,000,000,000,000) 개에 해당한다. 1해는 10의 20제곱, 1경의 1만 배다. 270해 개라면, 헤아릴 수 없이 많다는 뜻이다. 분자는 아주 단단해서 시간이 지나도 녹아 없어지지 않는다. 지구대기권 아래 돌아다니던 이 분자들은 하루에 2만 번씩 공기를 들이마시는 인간의 숨 속을 파고든다. 카이사르의 마지막 숨을 우리가 한 번이라도 들이마셨을 가능성이 상당히 크다는 것이다. 십자가에 못 박힌 예수, 폼페이 화산 폭발로 숨진 사람들, 어떤 동물이건 마지막 숨은 모든 이의 몸속에서 순환하고 있다고 킨은 설명한다.[23] 대왕고래나 예수를 고발한 유다, 예수를 못 박은 본시오 빌라도, 히틀러의 숨도 역시나 포함된다.

마지막 숨에 포함된 분자 이야기는 물리학계의 오래된 확률적 사고실험이다. 이 이론은 지구 위 모든 생명체가 '호흡 공동체'를 이뤄왔다는 점을 보여준다. 인간은 별이 죽으며 남긴 우주의 먼지에서 탄생한 생명체라고 한다. 별의 자식들이 내뱉은 숨이 서로 연결돼 있다는 사실, 멋진 건가? 하지만 그 이야기는 죄책감을 더 크게 불러온다. 인간들이 지구라는 호흡공동체를 망치고 있으니까. 그것도 지구 역사상 가장 안정적인 기후를 유지해 생물종의 다양성과 풍요를 누리는 홀로세Holocene의 인간들이 말이다. 그래서 대기가 망가진 산업혁명 시기 이후 지금까지의 시대를 인류세Anthropocene라고도 한다.

숨은 공평하게 주어지지 않는다

인간이 부리는 욕심으로 인해 숨쉬기는 점점 힘들어지고 있다. 지구의 허파인 밀림을 불태우는 먼 지역의 문제가 아니다. 한국 사회만 해도 최근 10여 년 동안 미세먼지, 가습기 살균제, 신종 플루, 메르스, 폭염이라는 강렬한 호흡 재난을 겪어왔다. 그때마다 국가가 가장 먼저 한 일은 '호흡 안보'를 명목으로 국민의 행동을 규율하는 것이었다. 국가는 국민이 가지 말아야 할 곳, 머물지 않아야 할 장소와 시간을 정했다. 언론은 각종 건강 담론을 전파·유포하고 바이러스나 세균의 혐오스러운 이미지를 실어 날랐다. 공동체의 안전을 강조한 것 같았지만, 실은 각자도생의 필연성을 각인한 것이었다.

과학적 지식은 맥락에 따라 다르게 구성된다. 미세먼지 연구로 유명한 장재연 아주대학교 의과대학 명예교수는 마스크 착용이나 창문을 닫고 공기청정기를 가동하는 것이 오히려 건강에 위해가 된다는 점을 한국인들이 간과한다고 본다. 집 안에 숨 쉴 때마다 나오는 이산화탄소나 오염물질을 공기청정기로 완전히 걸러낼 수는 없는데 정부와 언론, 사회 전체가 미세먼지의 위험성을 잘못 판단해 학술적 근거나 출처 없이 판촉사원 구실을 하고 있다는 말이다.[24]

마스크에 관한 '상식'은 사회 분위기나 과학적 담론의 맥락에 따라 달라졌고 마스크를 쓰네 마네, 세정제를 쓰네 마네 등 크고 작은 다툼이 일상적으로 벌어졌다. 하지만 팬데믹 시기 비말 감염의 위험성이 커지면서 세계적 품귀현상을 빚은 마스크는 곧 권력이 됐다. 중산층·부유층은 마스크를 쌓아두고 풍요롭게 썼지만 서민들은 오랜 시간 약국 앞에 줄을 서서 한정된 수량의 마스크를 구매하는 진풍경 속에 놓였다. 일회용 마스크 안에 덧대는 필터가 제조·판매되기도 했다. 많은 이들에게 마스크는 비쌌고, 구하기도 어려웠기 때문이다.

숨 막히는 신자유주의 체제 아래에서 한국은 '각자도생의 공기 사회'가 되었다. 숨쉬기는 많은 생물이 살아가는 데 가장 기본적인 생명 활동이지만 숨은 공평하지 않다. '공기 자본' '호흡 권력'이라고 이야기해야 하지 않을까. 자본과 권력의 유무, 노동 환경의 차이, 거주지의 위치에 따라 일상적인 숨의 질 자체가 다르다.

《호흡공동체》에서 과학자들은 "같이 사는 것은 같이 숨 쉬는 것"이며 "정치공동체가 실은 호흡공동체"라며 "공기관계"의 중요성을 강조한다. 누구와 함께 어떤 공간에서 어떤 공기를 나눠 마시느냐 하는 문제야말로 사회·정치적인 문제라는 것이다. 공기 재난 시대에 자기가 호흡할 맑고 상쾌한 공기 주머니를 스스로 마련하는 것은 곧 능력과 직결됐다. 화장실에 가는 시간까지 극도로 제한된 콜센터 직원들은 옆 사람과 다닥다닥 붙어 있어 마스크를 쓰고서도 숨 섞기를 피할 수조차 없었다. 가난한 이들은 폭염으로 뜨거운 공기 속에서 가쁜 숨을 내쉬었다. 노동자들은 무더위에 지쳐 쓰러져 숨졌다.[25]

호흡 재난의 시대

호흡 재난을 생각할 때 가장 잊히지 않는 장면은 2011년 가습기 살균제 참사 관련 발표에서 벌어진 일이었다. 세계에서 유례없는 화학 생활 약품 재난이었던 가습기 살균제 참사는 한국에서

만 수천 명의 피해자가 발생한 '단군 이래 최대 환경병'이었다.

　가습기 살균제병은 감기처럼 시작하지만 기도 근처에 생긴 염증이 몸속으로 번지면서 폐가 단단해지는 폐섬유화를 거쳐 호흡이 불가능해지고 사망까지 이르는 치명적인 질환이다. 처음엔 원인불명 폐렴일 것이라고 점쳐졌지만 가습기 살균제로 동물 실험한 결과, 사망자들과 비슷한 폐섬유화와 호흡곤란 증세가 확인됐고, 이후 해당 제품들은 강제 수거되기 시작했다. 2011년 8월 31일 정부 역학조사 결과가 발표된 뒤 2024년 11월 30일까지 정부에 신고된 가습기 살균제 피해자는 7977명에 이르렀고 그 가운데 사망자는 1883명에 달했다.

　2011년 보건복지부를 출입하며 피해자 가족들의 항의를 직접 대면할 수 있었다. 어린 자식과 임신한 배우자의 건강을 위해 가습기를 설치하고, 혹시나 곰팡이가 생길까봐 꼼꼼하게 살균제까지 구입해 사용했던 세심한 남편들의 후회와 고통은 이루 말할 수 없는 것이었다. 기자회견장에서 울부짖는 피해자 가족들과 그들을 저지하는 공무원들의 몸싸움은 너무도 비극적이고 비현실적이라 마치 한 편의 부조리극을 보는 듯했다. 편안한 숨을 위해, 가족을 위해 구입한 최신의 생활 과학 제품이 목숨을 앗아가리라고 누가 생각했겠는가. 숨은 개인적인 것이 아니라 지극히 사회적인 것이라는 점을 실감했다.

호흡은 인간을 구제한다

깊은 호흡이 과도한 스트레스나 분노를 다스릴 때 효과적이라는 사실은 이미 과학적으로도 증명됐다. 숨을 길게 내쉬어 아랫배가 꺼지게 했다가, 다시 숨을 들이쉬면서 부풀어 오르게 하는 복식호흡을 반복하면 심장박동은 느려지고 마음이 차분해진다. 고요한 호흡을 거듭하는 평온하고 여유로운 상태에서 자율신경계는 부교감 신경을 활성화한다. 중요한 일을 앞두고 숨을 가다듬고 마음을 안정시키는 것은 이런 이유에서다.

숨에 대한 이야기는 종교에서도 누대에 걸쳐 전승돼왔다. 그리스도교에서는 신이 진흙을 빚어 숨을 불어넣자 사람이 됐다고 설명한다. 불교에서 숨이 들고 남을 알아차리는 것은 무념무상으로 들어가는 수행의 기본이다. 자연의학계의 권위자들은 무너진 육체와 감정의 균형을 찾는 방법으로서 깊은 호흡이 가장 효과적이라고 한다. 인간이 편안하게 살아갈 수 있는 제일 기본적인 조건이 숨쉬기라는 것이다.

코로나19 시대 노동자의 배제된 경험을 다룬 《숨을 참다》에서는 어느 연극배우의 이야기가 나온다. 그는 공연할 때마다 경험하는 '숨을 참는 시간'이 중요하다고 했다.[26] 조명이 비출 때, 관객과 하나 되어 숨을 멈출 때, 상호 교감하는 경이로운 순간, 그 감각이야말로 예술이 가져다주는 궁극의 순간일 것이다. 예술작품을 보고 숨이 멎는 일, 음악 공연장에서 마지막 음이 끝난 뒤 모두가 숨죽인 고요한 순간, 사랑하는 사람과 맞추는 호흡, 그것이야말로 인생의 가장 황홀한 활동일 테다. 희박한 공기 속으로 들어가는 등반가나 깊고 깊은 물속으로 잠수하는 해녀나 평지에서 걸어가는 사람 누구에게나, 어디서나 호흡은 우리를 살게 한다.

2024년 12월 한국을 방문한 정치철학자 주디스 버틀러Judith Butler는 코로나19 팬데믹 시대라는 비탄의 시기를 통해 우리가 서로 상호적인 존재임을 확신하게 되었다고 설명했다. "우리는 내쉬는 공기를 서로 전해주고 있다는 사실을 알아야 한다. 우리는 서로의 인프라가 되며 타인이 내쉰 숨을 들이마신다. 함께 숨 쉬며 접촉하며 우리가 공유하고 있는 취약성과 상호의존성을 알게 된다."[27]

아기 때 아랫배를 불룩거리며 쉬던 숨은 청소년기를 지나 성인이 되면서 가슴으로 올라온다. 목까지 올라온 가쁜 숨이 넘어가고 멎는 순간, 우리는 마침내 불가역적 시간을 맞게 된다. '목숨'이 다하면 다른 세상으로 넘어갈 수밖에 없다. 아무리 깨끗하고 완벽한 자기만의 '공기주머니'를 가졌더라도 홀로 숨 쉴 수는 없으며, 영원히 숨 쉬는 인간도 없다. 우리의 숨은 모두의 숨과 섞인다. 그것만큼은 평등하다. 이 점만이 위로가 된다.

눈물

눈물 맛, 인생의 맛

눈물은 육지 포유류의 눈물샘에서 흐르는 투명한 액체를 가리키며, 세 가지 종류로 나뉜다. 안구를 촉촉하게 하고 각막의 청결을 유지하면서 눈을 보호하는 '기본 눈물', 양파나 파 따위를 썰거나 매운 연기가 눈에 들어갔을 때 나오는 '반사 눈물', 기쁘거나 슬프거나 분노할 때 흘리는 '정서적 눈물'이다.

정확하게 분류하기는 힘들 것 같다. 대학 시절 최루탄 연기가 눈에 들어갔을 때 눈물과 콧물을 흘리면서 서럽고 분통 터지는 마음이 함께 들었다. 그때 흘린 눈물은 반민주적인 정권에 대한 분노와 독재 정권 아래 군홧발에 희생당한 이들에 대한 안타까움이 컸지만, 왜 이런 고생을 사서 해야 하는 나라에 태어났나 싶은 억울함도 함께 있었다.

어렸을 때 내 별명은 울보였다. 한번 울면 어떻게 그쳐야 할지 몰라서 주저앉아 서너 시간씩 울기도 했다. 달래주는 사람이 있어야 울음을 멈출 수 있었는데 곁에 아무도 없었기 때문에 오래 울었고, 그렇다고 평생 울고 살 수만은 없으니 혼자 스윽 눈물을 닦고 일어났다. 유전자의 영향도 컸을 것이다. 아빠는 어렸을 때 친구들 사이에서 '눈물의 섭취'로 불렸다. 영화를 보고, 남의 안타까운 사정을 듣고 잘 울었다고 했다. 할머니가 돌아가셨을 때 내가 갖고 있었던 할머니의 목걸이를 붙들고 아빠와 한참 울었는데, 엄마는 왜 그 목걸이를 가져와서 겨우 멈춘 아빠의 눈물을 촉발시켰냐고 야단이었다. 울고 싶을 때 펑펑 우는 게 이득이라는 것을, 그때 엄마는 알지 못했다. 엄마가 떠났을 때 우리 식구들은 각자 한참을 통곡했다. 세상이 무너지는 것 같았다. 슬퍼서 울고, 불쌍해서 울고, 원망하고 분노하면서 울었던 것 같다.

눈물에 담긴 호르몬

감정을 동반한 정서적 눈물에는 카테콜아민이라는 스트레스 호르몬 성분이 들어 있다. 이 눈물은 유해한 성분들을 몸 밖으로 배출시키고, 엔도르핀·옥시토신 같은 호르몬을 분비해 흥분된 감정을 가라앉힌다. 엔도르핀은 '몸속에서 분비되는 모르핀'으로, 기분을 좋게 만들고 통증을 줄인다. 옥시토신은 뇌 시상하부에서 나오는 호르몬인데 다른 존재와 유대감과 애정을 느낄 때 분비된다. 한의학의 견해도 비슷하다. 체액은 오장과 관련이 있고, 눈물은 간의 화를 내려준다. 눈물은 몸의 항상성을 유지하기 위해 필수불가결한 것이다.

울고 싶지만 울지 못하는 이들에겐 표지부터 눈물이 그렁그렁한 그림책 《눈물 바다》를 추천한다. 주인공 아이는 학교에서 시험을 망쳐서 기분이 언짢다. 사실은 짝꿍이 먼저 놀렸는데 억울하게 교사한테 야단도 맞았다. 하교 시간에 갑자기 쏟아진 비를 쫄딱 맞아 물에 빠진 생쥐 꼴로 겨우 집에 돌아왔는데 부모는 본체만체 싸우고나 있고, 저녁밥을 남겼다면서 혼쭐까지 났다. 그날 밤, 잠자리에 든 아이가 훌쩍훌쩍 흘린 눈물은 어느새 바다가 되어 사람들을 집어삼키고 아이의 억울함도 깨끗이 씻어준다. 눈물 바다는 아이의 몸에 엔도르핀과 옥시토신을 왈칵왈칵 분비해주었을 것이다. 울고 난 뒤 아이들이 스르륵 잠드는 이유다.

함민복 시인은 늙은 어머니가 식당에서 자신에게 뜨거운 국밥을 덜어주는 모습을 보며 〈눈물은 왜 짠가〉라는 감동적인 시를 썼지만 시인의 눈물은 짠맛보다 신맛과 단맛이 강했을 것이다. 짜디짠 눈물은 분노할 때 나온다. 교감신경이 흥분하면서 도끼눈을 부릅뜨고 상대방에게 공격적인 에너지를 뿜어내야 하기 때문에 눈 깜박임이 줄고 눈의 수분도 증발하면서 눈물 속 나트륨 농도가 올라가기 때문이라고 한다. 기쁘거나 감격해서 흘리는 눈물에는 염분 대신 포도당이 들어 있어 비교적 단맛이 난다. 슬플 때 나오는 눈물은 산도가 강해 살짝 신맛이 난다고 알려져 있다.

정서의 척도

한국의 지성으로 불렸던 이어령 교수의 마지막 메모를 묶은 《눈물 한 방울》을 보면, 그는 짐승과 사람을 구별할 수 있는 척도가 눈물이라고 적었다. 낙타나 코끼리의 눈에서도 눈물이 나지만 인간처럼 정서적 눈물을 흘리지 못한다는 얘기였다.[28] 오랫동안 근대적 지식 체계는 동물과 구분할 수 있는 '인간다움'의 여러 척도를 만들었고 인간이 동물보다 고등한 생물이라는 증거 가운데 하나로 눈물을 꼽았다.

최근엔 동물의 눈물도 인간과 별다를 바 없다는 견해가 조금씩 나오고 있다. 코끼리가 공동체 구성원을 잃고 애도의 눈물을 흘린다는 주장이 제기되었고, 주인과 떨어져 있다가 재회한 강아지는 반가워서 눈물을 흘린다는 연구 결과도 있다.[29] 감정적 눈물이 인간만의 속성은 아니라고 지식이 수정되는 것을 보며,

'자연'을 종속적으로 지배하려 한 '인간'의 근대 이분법적 사고체계가 변화하는 것을 느낀다.

사실 인류의 지식은 아직 인간이 흘리는 눈물조차 제대로 해명하지 못하고 있다. 미술 작품을 볼 때 흘리는 눈물이 대표적이다. 미국 텍사스 휴스턴에는 미술가 마크 로스코Mark Rothko의 작품을 내건 침묵과 명상의 공간인 '로스코 채플'이 있다. 미술사가 제임스 엘킨스James Elkins는 《그림과 눈물》에서 "로스코 채플은 눈물에 푹 절어 있는 곳"이라며 "로스코의 그림 앞에서 흘려진 많은 눈물은 불가해한 눈물"이라고 썼다.[30] 로스코의 그림을 보고 왜 울었는지 아무도 모른다는 뜻이다.

로스코는 평생 비극과 고통, 종교에 연루된 사람이었고 그런 정서를 관객이 알아차렸던 것만은 분명해 보인다. 로스코 채플이 만든 "눈물범벅된 세계"는 좌절과 고통의 시공간을 통과한 사람만이 느낄 수 있는 위로와 공감으로 가득찬 세계일 성싶다.[31] 영화 〈퍼펙트 데이즈〉의 마지막 장면에서 주인공 히라야마(야쿠쇼 고지役所広司)가 가수 니나 시몬Nina Simone의 노래 〈필링 굿〉을 들으며 가득 고인 눈물 너머로 바라본 세계, 이례적으로 예술영화관 객석을 가득 메운 한국의 중년 관객들이 투영한 자신의 세계역시 눈물범벅이긴 마찬가지일 테다. 평생 열렬히 바라고 욕망했지만 끝내 모든 것이 덧없음을 인정할 수밖에 없는, 무상하고 '퍼펙트'한 공空의 세계. 인생은 감격스럽게 완벽하고 아름답게

미국 텍사스주 휴스턴에 위치한 로스코 채플. 미술가 로스코의 작품을 내건 이 공간에서 많은 사람들이 눈물을 흘리지만 우는 이유를 모른다.

느껴질 때도 있지만 디폴트값은 냉정한 것이다. 눈물이 쏙 들어갈 정도로 차가우며 예외도 없다. 그런 가운데 함께 울어주고 눈물을 닦아주는 다정한 이들이 곁에 있다는 건 큰 선물이다.

슬픔에도 유리천장이 있다

"남자는 세 번 운다. 태어났을 때, 부모가 돌아가셨을 때, 나라가 망했을 때"라는 말이 있다. 울지 않는 것은 남자다움의 상징이었다. 성별 이분법은 여자를 감성적이고 동물에 가까운 것으로, 남자를 이성적인 인간 영역에 고착했다. 《슬픔의 위안》을 쓴 론 마라스코Ron Marasco와 브라이언 셔프Brian Shuff는 "슬픔에도 유리천장이 있다"고 했다. 여성의 슬픔은 사회적인 보상 없는 감정이자 행동이라는 뜻이다.[32]

오늘날 우는 남자는 정서가 풍부하고 공감능력이 발달해 있다고 인정받게 됐지만 여자의 눈물은 당연하다고 여겨지거나 "애교와 함께 대남對男 심리전에서 사용하는 생화학 무기"(나무위키)라는 식으로 조롱받는다. 여자의 눈물 냄새가 남성 호르몬인 테스토스테론의 혈중 농도를 감소시켜 남성의 공격성을 약화시킨다는 연구결과를 소개하면서 "강도를 만나면 울어라"는 식의 어이없는 제목이 달린 기사가 나오기도 했다. 눈물 냄새를 맡을 수 있을 만큼 코가 민감한 이들이 실제로 존재하는지도 의문이고, 만약 사실이라면 다른 성별이 흘린 눈물도 비슷한 효과를 가져올 것이라고 추측하지만 이에 관한 실험은 이뤄지지 않았다.

애도를 위한 눈물

마라스코와 셔프는 역사 이래로 비극적인 일이 벌어졌을 때마다 여자는 남자의 뒤치다꺼리를 하면서 죽은 이들을 묻어왔다고도 했다.[33] 고대 유럽과 중동 지역에서는 장례 때 주로 여성이 흘리는 애도의 눈물을 유리나 질그릇으로 만든 눈물 단지에 받아두었다가 고인과 함께 묻었다. 빅토리아 시대에 유행한 눈물 단지는 뚜껑에 작은 구멍을 뚫었는데, 애도자들의 눈물이 모두 증발하는 건 애도 기간이 끝났음을 의미했다. 눈물 단지는 상실을 치유하는 애도의 의례 중 하나였던 셈이다.

2400년 전 소포클레스Sophoklēs의 비극 속 안티고네야말로 애도의 윤리적 차원을 드러내는 '죽음 바라지'로 가장 유명한 여성이다. 그는 삼촌이자 국왕인 크레온의 매장 금지 명령을 거슬러 오빠의 몸을 수습하면서 슬퍼했기에 죽음을 맞는다. 이 서사는 가부장적 권위를 거스르는 애도의 정치성을 나타내는 대표적 사례로 꼽는다. 세월호 참사 이후 한국 사회에서 애도는 공공연히 금지당했지만 그 때문에 가로막힌 국민적 정서는 더 큰 에너지가 되어 박근혜 전 대통령 탄핵에 결정적 영향을 끼쳤다. 윤석열 정부가 이태원 참사 직후 '국가 애도 기간'을 선포했던 것도 애도의 시효를 정부가 정하고 '애도 끝'이란 메시지까지 전달했다며 반발을 샀다. 사전에 사고를 막을 인력이 왜 부족했는지, 빗발치는 신고에도 왜 대응이 제대로 이뤄지지 않고 응급구조인력이 제시간에 도착하지 않았는지 등은 구명되지 않아 애도는 오래 지연되었다.

유권자들의 감정을 자극하는 정치인들의 눈물은 자주 '악어의 눈물'에 비유된다. 악어가 먹이를 잡아먹을 때 먹잇감을 안쓰러워하는 눈물을 흘린다고 해서 붙은 말이다. 박 전 대통령이 세월호 참사와 관련해 대국민 담화를 하며 눈물을 흘렸을 때, 지난 대선 당시 이재명 더불어민주당 후보가 자신의 삶을 이야기하며 눈물을 흘렸을 때, 역시 해당 대선 때 김건희 씨가 기자회견을 하면서 흘렸던 눈물도 '악어의 눈물'로 일컬어지며 정치적 공방이 오갔다. 거짓 눈물이라는 얘기다. 영문도 모르게 욕먹은 악어로선 억울할 것이다.

작가 최인호가 가톨릭 세례를 받은 뒤 책상에서 기도하며 흘린 눈물 자국은 그가 세상을 떠난 뒤에도 진하게 남아 있었다. 나약한 인간이 신 앞에 서게 될 때, 부족한 나지만 그대로 받아주길 간구할 때, 위로가 필요할 때, 뉘우칠 때 사람들은 눈물을 흘린다. 기뻐서, 슬퍼서, 분노해서, 부끄러워서… 희로애락을 함께하는 눈물의 맛은 짠맛과 신맛, 쓴맛, 단맛이 모두 어우러진 인생의 맛이다.

항문

인류의 시작과 끝

제주 탄생 설화 속 설문대할망은 똥을 누어 360개의 오름을 만들었다. 16세기 프랑스 작가 프랑수아 라블레François Rabelais의 소설 속 거인 팡타그뤼엘은 방귀 한 번에 난쟁이를 5만 명이나 낳았다. 항문은 생명의 시작이다. 배아가 세포분열을 시작해서 가장 먼저 생기는 구멍인 원구原口가 항문이 된다. 그래서인지 인류가 지어낸 항문과 똥 이야기, 방귀 이야기 가운데 상당수가 새로운 생명의 탄생을 의미한다.

가장 먼저 생겨난 항문은 소화기관 맨 끝에서 악취 나는 가스와 찌꺼기를 내보내며 궂은일을 도맡는다. 더럽다고 여기는 만큼 금기도 심해서 어린이라도 예외가 될 수 없었다. 지난 2009년 11월, 방송통신심의위원회는 MBC 시트콤 〈지붕 뚫고 하이킥〉에서 극 중 초등학생 해리(진지희)가 "빵꾸똥꾸야!"라는 말을 노상 입에 달고 다닌다며 제재(권고)를 내렸다. 국가기관의 근엄한 결정을 보도하던 뉴스 앵커마저 웃음을 참지 못하고 방송 사고를 낼 정도로 코미디 같은 현실이었다. 시청자는 그 유해한 대사를 들으려고 오히려 시트콤을 더 찾아보았고, 시청률은 껑충 뛰었다.

항문의 청결도와 권력의 상관관계

항문을 청결하게 관리하겠다는 의욕으로 인간은 갖가지 방법을 써왔다. 고대 그리스인들은 치렁치렁한 전통 의상인 토가를 더럽히지 않으려고 대파처럼 생긴 식물 리크를 밑씻개로 사용했다. 로마 세습 귀족들은 장미수에 적신 수건으로 뒤를 닦았고, 평범한 시민들도 해면이 달린 막대기로 닦았다.[34] 한국의 경우 '며느리밑씻개'라는 고약한 이름을 가진 가시 돋친 덩굴식물이 유명하다. 의붓자식엉덩이씻개(마마코노시리누구이継子の尻拭い)라는 일본 식물명에서 유래했다는 설도 있지만 게으른 며느리를 못마땅하게 여긴 시부모가 뒷간 근처에 가시 박힌 풀꽃을 심었다는 이야기도 전해 내려온다.

배변과 뒤처리는 인권의 문제다. 남이 사용한 변기를 못 쓰는 몹시 위생적인 권력자가 있지만, 화장실 이용이 어려워 전전긍긍하는 노약자와 장애인이 존재하고 배변 관련 위생시설이 제대로 갖춰지지 않은 곳에서 살아가는 세계 인구도 26억 명이나 된다. 세계인 열에 넷은 재래식 화장실, 변기, 양동이조차 이용하기 어렵다. 이런 지역의 극빈층 여성들은 용변처리가 더욱 곤혹스럽다. 저널리스트이자 논픽션 작가 로즈 조지Rose George는 "화장실은 특권"이라 말한다.[35]

남몰래 단련시키는 나의 항문

항문은 현대인의 몸과 마음의 건강을 증진하는 데 유용하게 쓰이며 숨은 존재감을 드러내기도 한다. 유기농 커피 관장은 한때 만병통치 요법으로 취급받으며 한국에서도 선풍적인 인기를 끌었다. 체중 감량이나 해독 요법으로 단식할 때는 항문 관장이 필수다. 장에 쌓인 숙변을 배출한다는데, 이 메커니즘이 과학적으로 입증된 것은 아니다. 단식 때 항문으로 쏟아져 나오는 찌꺼기는 숙변이 아니라 굶어 죽은 장내 세균의 사체일 가능성이 높다.

도나 기공수련, 요가, 명상의 세계에서 항문과 회음 주변은 에너지를 축적하고 순환시키는 중요한 부위이며, 수행으로 단련

된다. 캐나다 의사 아널드 케겔Arnold Kegel이 요실금을 치료하려
고 고안한 '케겔 운동'은 항문을 조였다 풀었다 하는 운동으로 골
반 근육을 단련하고 혈액과 임파선 순환을 원활하게 해 피로물
질까지 제거할 수 있다고 한다. 남성의 정력을 강화하고 여성의
변비를 해소하며 각종 생식기 질환 예방효과까지 거둘 수 있는
데다 아무도 모르게 어디서나 할 수 있는 효과 만점 운동법으로
도 널리 알려져 있다. 젊은 시절부터 수십 년간 명상과 수련을 해
왔다는 가수 김도향은 〈항문을 조입시다〉라는 제목의 노래까지
만들어 불렀다. 너무너무 화가 나고 힘이 들 때 가끔씩 항문을 조
이면 정말 좋다고, 조용히 이를 조이자는 내용의 가사다. 심신 건
강 유지에 그만이라는 것이다.

뀌는 남자, 참는 여자

정신분석학 연구 전통이야말로 항문을 빼놓고 말할 수 없다. 심
한 변비 증상으로 고통받았던 프로이트의 이론을 보면, 아이들
의 리비도(성욕·성충동)는 젖을 물고 빠는 데 집중하는 구강기를
거쳐 항문으로 옮겨간다. 항문기의 아이는 똥을 참고, 누고, 만지
고, 먹는 등 배변 관련 행위를 통해 사랑과 분노를 배운다. 심리
적인 문제를 어릴 적 배변 경험과 연결시키는 정신분석학의 지

적 전통이 있다.[36] 실제로 이를 입증하기 위한 여러 연구가 진행됐지만 부모의 혹독한 배변 훈련이 성격 문제의 결정적인 원인이라는 증거는 모호했고 이 이론은 차차 힘을 잃었다. 1980년대 이후 '강박성 인격장애'라는 분류 속에 집착, 완벽주의, 과도한 헌신, 정리벽, 완고함, 엄격함과 고집 등이 포함되었는데 이는 '항문기 성격 이론'과 흡사했다. 항문기 성격 이론은 여전히 살아남아 영향력을 행사하고 있는 셈이다.[37]

이런 이론이 가진 문화적 파장은 적지 않았다. 무엇보다 툭하면 '엄마 탓'이 가능해졌다. 자식을 낳고 주 양육자로서 돌봄을 맡았다는 이유로 아이 내면에 똬리 튼 어둠의 상당 부분을 엄마 탓으로 돌리게 된 것이다. 이렇게 항문기 성격 이론은 여성에게 심적 부담을 더했고 엄마 노릇을 잘해야 한다는 사회적 압력을 가중시켰다.

방귀는 생리적 현상이지만 '방귀 뀌기'는 권력의 문제다. 이승만 전 대통령이 낚시하다가 방귀를 뀌자 옆에서 그 소리를 들은 내무장관이 "각하, 시원하시겠습니다"라고 말했다는 일화가 있다. 사실 여부를 확인하기는 어렵지만 권력자에게 아부하는 대표적인 에피소드로 지금도 회자된다. 방귀 뀌기는 괄약근 조절로 통제가 가능하고 젠더 규범과도 무관하지 않다. 한국의 전래동화 〈방귀쟁이 며느리〉에서 주인공 며느리는 시집에서 몇 년 동안 참았다가 한 번 뀐 방귀가 너무 강력해서 소박을 맞는다.

거의 모든 문화권에서 여성들은 방귀를 참는다. 영미권의 한 유명한 연구를 보면, 이성애자 남성의 경우 종종 일부러 방귀를 뀐다고 답한 비율은 이성애자 여성보다 세 배 높았다. "여성 신체에 대한 이상화와 배설물에 대한 낙인 효과" 때문이라고 연구진들은 결론 내렸다. 이 연구에서 여성은 대체로 방귀나 대변 등 배변 현상에 혐오감과 수치심을 더 많이 느꼈고 공중화장실 이용에 어려움을 겪으며 배설하는 소리도 들리지 않도록 관리하는 비율이 높았다. 반면 남성은 대변이나 방귀 관련 규범을 적극적으로 위반하는 행동이 오히려 더 남자답다고 보았다. 방귀를 남성의 무기로 봤고 냄새가 지독할수록 남자답다고 여기기도 했다. 남자들에게 방귀는 권력을 과시하고 허세를 부리는 용도, 남성성을 강화하는 방법이었다.[38]

하지만 때로 방귀 뀌기는 뜻하지 않게 대변을 지리는 것으로 이어진다. 이렇듯 은밀한 곳에서 조용히 처리되어야 한다는 배변의 규칙을 위반하는 자는 즉각 '인간성'을 철회당하고 혐오의 대상이 된다. 스스로 화장실에서 배변 처리를 할 수 없는 만성질환자, 노인, 중증장애인은 대변을 볼 때마다 다른 사람의 눈치를 보거나 수치심을 느낀다. 일본 작가 가시라기 히로키頭木 弘樹는 스무 살 때 궤양성대장염이 생긴 이후 괄약근을 조절하기 힘들어지고 아무 데서나 싸버릴까 두려워 먹지도 외출하지도 못했다. 화장실 변기까지 당도하기 전에 대변이 나와버릴 때, 그 수치는 말로 다 할 수 없었다고 한다. 작가는 "'싸는 것'의 수치스러움은 '지리는 것'에 의해 정점에 달한다"고 말한다.[39] 항문의 괄약근을 제대로 조절하지 못하고 대변을 보는 일은 공동체의 위생과 규칙을 위반하는 행위이기 때문에 인간다움을 잃고 사회 구성원으로서 자격을 박탈당하는 사태로 이어진다.

함부로 미워하는 사람들

한국에서 동성애 혐오 세력은 '항문 성교'를 공격의 근거로 사용한다. 2011년 서울 학생인권조례 제정 운동 당시 그들은 '엄마~나 오늘 학교에서 항문 성교 배웠어요'라는 피켓을 들었다. 사실 가족계획 시절 항문 성교는 부부간에 권장되는 사항이었다. 항문 성교에 대한 "신비화된 공포 전략"이나 항문 성교에 대한 왜곡된 이미지를 교육을 통해 걷어내야 한다는 지적도 나온다. 성소수자 인권 운동 활동가들은 동성애와 항문을 동일시하는 프로파간다가 과학적 지식처럼 위장해 성소수자에 대한 낙인을 강화하고, 항문을 통한 즐거움과 쾌락을 금기시하고 있다며 이 혐오 담론의 악영향을 비판했다.[40] 《애널로그》를 쓴 프랑스 작가 이자벨 시몽Isabelle Simon은 "항문 성교는 사실 동물성과 아무 상관이 없다"며 항문을 "관능적인 영역의 제왕"이라고 보았다. 그는 사회

히에로니무스 보스Hieronymus Bosch, 〈세속적인 쾌락의 동산〉, 프라도미술관, 16세기. 프랑스 작가 시몽은 이 그림을 통해 항문의 기능과 역사를 설명한다. 인간이 태어나 먹고, 사랑하고, 유희하고, 배설하고, 죽고, 묻히고, 되살아나는 삶과 죽음의 순환을 엿볼 수 있다.

적·종교적·상징적인 금기 때문에 인간이 누릴 수 있는 관능적인 즐거움을 상실할 필요가 없다며 특히 남성의 경우 몸 안쪽에 있는 숨은 영역을 발굴하도록 독려하기까지 한다.[41]

법철학자 누스바움은 남의 배설물을 접촉하는 데서 혐오가 생기고, 자기 배설물을 잘못 처리하는 데서 수치심이 생긴다는 점을 간파했다. 자신의 항문 속으로 무언가 침투될 수 있다는 상상이 여성 차별적이고 호모포비아적인 혐오를 낳는다고 그는 설명한다. 이 감정은 기본적으로 오염에 대한 두려움이며 신체 부산물이나 인간의 취약성과 연결된다는 것이다.[42] 특히 남성은 자신의 내장 기관인 직장이 '여성의 질처럼 동물적인 배설물 저장고가 될지 모른다'는 불안감을 갖게 된다. 여성이 가진 '동물성'과 거리를 두려는 의지에서 혐오가 생긴다는 뜻이다. 특권을 가진 이들은 몸에서 나온 분비물을 특정 인종·계급·성별을 가진 취약한 타자에게 투사한다. 더럽고 혐오스러운 타자로서 여성과 동성애자는 '걸레'와 '벌레'에 빗대어지는 밑바닥 존재가 된다. 반면 특권 집단은 스스로 동물성에서 초월해 깨끗하고 고귀한 '인간'으로 격상한다.

불행하게도 그러한 모든 노력은 수포로 돌아갈 것이다. 항문으로 싼 자기 똥을 엉덩이에 짓이겨보지 않은 사람은 아무도 없다. 태어날 때 조절이 되지 않았던 항문은 인간이 수명을 다하고 세상을 떠날 때도 저절로 열리고 마지막 분비물을 뿜어낸다. 더는 '인간'이라고 할 수 없는 시신은 다음 단계로 넘어간다. 부패의 과정을 거치며 진득해지고 미생물의 밥이 되는 것이다. 이때 미생물을 유인하는 마중물이 대변이고, 이것을 내보내는 장소가 바로 항문이다. 항문은 우리가 세상에 생명으로 올 때 그랬듯, 다른 생명으로 옮겨갈 때도 성실하게 제 몫을 한다.

5부

소멸하는 신체와
그 이후의 세계

특정 정치 체제에서 누가 살고 누가 죽는지

숫자를 해석하는 방법을 찾아야 한다.

— 주디스 버틀러

살점

인간의 몸과 정육점 고기는
무엇이 다른가

넷플릭스 시리즈 〈킹덤〉에서 노쇠한 왕은 생사초라는 신비의 식
물을 먹고 좀비가 된다. 죽음이 유예된 왕은 인육을 갈구한다. 궁
밖은 먹을 것이 없어 아비규환이다. 사냥꾼 영신(김성규)은 백성
의 굶주림을 보다 못해 왕에게 물려 죽은 이의 시신으로 국을 끓
여 나눠 준다. 이 사실을 알아챈 서비(배두나)가 어찌 이런 짓을 할
수 있느냐고 따지자 영신은 싸늘하게 말한다. "죽은 후에는 그저
고기일 뿐이지." 고깃국을 먹고 난 백성은 좀비 떼로 거듭난다. 인
간이되 인간 아닌 존재들이 서로 먹고 먹히는 세상은 슬프고도
무섭기 그지없는 아수라장, 지옥이다.

실제로 조선 시대에 백성이 인육을 먹었다는 기록이 여럿 남아 있다. 조선 중기 양반 오희문吳希文이 쓴 임진왜란·정유재란 피란일기인 《쇄미록瑣尾錄》은 굶주림에 지친 백성들이 혼자 길 가는 사람을 산짐승처럼 잡아먹은 일이 있다고 전한다.[1] 《조선왕조실록》 세종 30년(1448)의 기록을 보면 백성의 인육 먹기에 대한 윤리적인 논쟁이 나오고, 선조 9년(1576)에는 인육과 사람 쓸개를 치료약으로 쓰는 자들에 대해 현상금을 걸었다.[2] 현종 12년(1671)에는 실로 참혹한 사건이 있었으니, 깊은 골짜기에 살던 한 가족의 딸과 아들이 죽자 어미가 자식의 송장을 삶아 먹는 일이 발생했다. 숙종 22년(1696)에도 굶주린 백성이 인육을 먹었다는 기록이 있다.[3]

조선 시대 식인 사건은 대체로 흉년이나 재난으로 굶주리거나 병을 고치려고 죽은 사람의 살을 먹었다는 사실을 두고 윤리성을 따진다. 반대로 부모나 가족을 살리기 위해 자기를 희생하면 효행의 모범 사례로 칭송된다. 익산에는 지금도 자기 넓적다리 살을 베어 병든 아버지에게 삶아 먹였다는 효자 이야기가 전해진다. 죽어가는 부모의 입에 자기 피를 흘려 넣어 살렸다는 전설처럼, 사람의 살점을 먹이는 데는 치유의 성격도 있었던 것으로 보인다.

식인 문화의 공포

식인 문화를 일컫는 카니발리즘cannibalism에 관한 서구의 증언은 16세기에 처음 나타난다. 1519년 멕시코에 도착한 에르난 코르테스Hernándo Cortés와 부하들은 전쟁으로 수많은 사람을 죽여온 '인간 백정'들인데, 아즈테카 왕국을 정복하면서 이곳 제의에 인신공양(제사에 산 사람을 희생 제물로 바치는 것)과 식인 풍습이 있다고 서방세계에 알렸다.[4] 인류학자 해리스, 클로드 레비스트로스 Claude Lévi-Strauss 등은 카니발리즘이 실제로 여러 나라에서 광범위하게 존재한 문화인지 오래 탐구했다. 인류학자들이 구술을 바탕으로 한 연구를 보면, 뉴기니 선주민들은 고인의 주검을 먹으며 사랑과 존경을 표현했다. 이 부족원 중에 상당수가 쿠루병으로 세상을 떠났는데, 고인의 살과 뇌를 익혀 먹는 과정에서 병원균에 감염된 것으로 추정된다. 하지만 정보 제공자들이 식인 풍습을 전해주었을 때 그 풍습은 이미 사라진 뒤였고 서구인들에게 직접 목격된 적은 없다. 식인은 상상의 문화라고 볼 수 없지만 '원시 부족' 사회에서 일반적인 관습도 아니었다.

카니발리즘은 뉴기니와 아마존 같은 고립된 공동 사회에서만 발견되었다.[5] 카니발리즘이 로빈슨 크루소를 겁박하는 식인종 이야기처럼 유색인종을 타자화하고 두려움과 혼란에 빠진 유럽인들의 머릿속에만 존재한다는 얘기도 있다. 근대의 부르주아

독일 탐험가 한스 스테이든Hans Staden의 브라질 탐험 경험을 담은 책에 수록된 테오도르 드 브리Theodor de Bry의 판화로, 브라질 한 부족의 식인 풍습을 형상화했다. 유색인종을 타자화하는 카니발리즘에는 지배와 착취의 그림자가 드리워져 있다.

주체는 더럽고 두렵고 전염성이 있는 것을 분리하고 대상화하는 이원론 속에서 탄생했다. 서구 백인의 이원론 속에서 식인종과 문명인은 구분되었고 야만인과 다른 '우리 인간'의 살점은 절대 '고기'가 되어선 안 되는 것이었다.[6]

반면 고기로 환원되는 존재는 적과 타자들이었다. 카니발리즘에는 지배와 착취의 그림자가 드리워져 있다. 드라마 〈킹덤〉 속 백성은 죽을 만큼 굶주려 동족의 살점을 먹고 억울하게 좀비가 되었는데, 전란이 극에 달하자 '좀비 군사'로 동원되어 초과근무에 시달리는 줄도 모르고 적의 살점을 물어뜯으면서 나라를 구한다. 그러고는 보상도 없이 다시 버림받는다. 백성은 지배층에게 철저히 도구적으로 이용되고 버려지는 존재다. 좀비들이 식민주의와 국민국가에 희생된 사람들을 형상화한다는 것은 영화와 드라마 좀비물에서 흔히 쓰이는 문법으로, 공포영화의 탈식민주의적 전통이다.[7]

예술 문화 속 카니발리즘

자식들을 잡아먹는 대표적인 이야기인 크로노스 신화는 자기 자리를 빼앗을 가능성이 있는 자식들을 제거하는 가부장의 모습을 보여준다. 크로노스는 자식들을 잡아먹지만 아들에게 패배해 결국 게워내게 된다. 새로운 세대는 거인 살해에 성공한다. 물러날 때가 된 권력자들은 다음 세대를 삼키지만 영원히 왕좌를 지킬 수는 없다.

동화 속에서는 약자인 아이들이 희생되는 카니발리즘이 자주 눈에 띈다. 신화연구자 마리나 워너Marina Warner는 아동문학의 초석인 그림 형제와 샤를 페로Charles Perrault의 이야기 중에 상당수가 식인과 관계가 있다는 점을 보여준다. 이들의 동화 속에 식인 이야기는 셀 수 없이 많은데 아이를 궁지에 빠뜨려 잡아먹는 사람은 대체로 마녀들, 여자들이다.

그림 형제의 〈빨간 모자〉에 나오는 늑대는 할머니로 변장하고 여자아이를 잡아먹으려고 한다. 페로의 〈잠자는 숲속의 미녀〉 원전에서 계모는 며느리와 손주들을 잡아먹으려다가 그 자신이 수프가 된다. 그림 형제의 〈헨젤과 그레텔〉에 등장하는 눈 나쁜 마녀는 헨젤이 충분히 먹을 만큼 살쪘는지 손으로 더듬어본다. 역시 그림 형제가 쓴 〈주피터 나무〉에서 계모는 의붓아들을 살해하고 요리해 내놓는데, 아빠는 그게 아들인 줄 모르고 먹는다.[8]

이탈리아 정치철학자 실비아 페데리치Silvia Federici는 16~17세기 여성이 공적 생활의 모든 영역에서 입지를 상실하고 야만족에 부과된 적대와 소외를 한몸에 받았다고 설명한다. 마녀는 영아살해 집단에 속해 있었다.[9] 남편의 아들을 죽여 음식으로 만들고 손주를 잡아먹는 '계모'는 마녀와 같은 위상이었다.

제시 윌콕스 스미스Jessie Willcox Smith가 그린 〈빨간 모자〉 삽화. 동화 속에서 약자 인 아이들이 희생되는 카니발리즘이 엿보인다.

인간의 육신이 누군가에게 먹힐 수 있고 동물과 다르지 않다는 관념은 예술과 철학 영역에도 큰 영향을 미쳤다. 우울하고 끔찍한 그림으로 유명한 아일랜드 태생 화가 프랜시스 베이컨 Francis Bacon은 늘 자신이 왜 정육점의 고기가 아닌지 반문했다. 베이컨은 어려서부터 자신이 동성애자임을 알았으나 폭압적인 아버지 때문에 고통당했고 일생을 통틀어 인간으로 살아가는 것이 정육점의 고기처럼 비참한 일이라고 생각했다. 그는 소 갈빗대 옆에 있는 자신의 벌거벗은 상체 사진을 찍거나 허공에 걸린 소고기 사이에 앉아 있는 남자의 모습을 그리기도 했다. 고기가 사람인지, 사람이 고기인지 알 수 없는 형상이다. "고통받는 인간은 동물이고, 고통받는 동물은 인간"이라고 그는 말했다.

십자가 책형을 다룬 그림에서 베이컨은 그리스도를 고깃덩어리로 비유해 충격을 던졌다.[10] 사회학자 세넷은 십자가형의 고통을 모방하는 것이 인간의 종교적 관습임을 지적한다. "신은 '빛'일 뿐 아니라 '살'"이라고 그는 말한다. 그리스도는 십자가에 못박혀 육신이라는 살의 문제를 깨닫게 한 사람이자 신이다.[11]

먹고 먹히는 존재

레비스트로스의 말처럼, 산 자가 죽은 자를 동일시하는 가장 간

단한 방법은 고인을 먹는 것이었다.[12] 가톨릭 미사는 제사인 동시에 예수의 살을 나누어 먹는 의례를 거행한다. "내 살을 먹고 내 피를 마시는 사람은 내 안에 머무르고, 나도 그 사람 안에 머무른다"(《성경》〈요한 복음서〉 6장 56~57절)고 예수는 말했다. 제자들은 스승의 살을 먹으며 고통을 받아들인다. 예수의 몸을 자기 안에 넣는 것은 공동체에서 사회적 약자에 대한 책임을 가져야 한다는 뜻도 담겼다.

안타깝게도 인류 공동체는 약자의 곁에 서기보다 억압하고 희생시키는 새로운 방법을 창안하는 데 더 큰 열성을 쏟았다. 여러 활동가들이나 학자들은 장애인과 여성 등 타자화된 존재가 동물처럼 혐오의 대상이 되는 동시에 고기처럼 여러 등급으로 서열화·위계화된다는 점에 주목한다. 이를테면 우수한 유전자만 보존하려는 우생학은 인류학자 프랜시스 골턴Francis Galton이 창한 '인위도태설'에 기원을 둔다. 골턴은 가축이 개량되듯 과학적 개입으로 인간 또한 개량될 수 있다고 보았다.[13] 1930년대 우생학이 발달한 미국에선 정신장애인들을 대상으로 강제 불임 수술을 하는 단종법을 통과시켰고 나치 독일은 장애인을 단종하도록 규정했다. 하지만 대규모 축산·도살을 '동물 홀로코스트'에 비유하는 논리에 유럽인들 다수가 경악한다. 어떻게 사람을, 희생자를 동물과 고기에 비유하느냐는 말이다. 한국에서도 김혜순 시인의 시집 《피어라 돼지》를 놓고 비슷한 논란이 있었다. 살처

분된 돼지의 몸과 '민중'의 몸을 동일시했다며 반발하는 목소리가 나왔던 것이다.[14]

페미니스트 활동가이자 비건인 캐럴 애덤스Carol Adams는 종차별과 성차별을 동일 선상에 놓고 혐오와 차별의 육식 문화를 고발한다. "고기는 늘 권력을 쥔 자가 먹었다"고 그는 말한다. 서구 철학 전통에 따르면 여성은 인간(남성)과 비인간 동물 사이에 있으며 유색인 여성은 인간도 짐승도 아닌 그 어디쯤에 위치한다. 동물 억압은 유색 인종이나 여성을 억압하는 이데올로기와 닮아 있고 "육식을 지지하는 문화 담론은 가부장제의 본질"이라고 애덤스는 말한다.[15]

의견을 달리하는 생태적 페미니스트도 있다. 오스트레일리아의 생태학자 발 플럼우드Val Plumwood는 "인간은 먹이"라고 선포한다. 1985년 플럼우드는 카누를 타다가 악어의 공격을 받고 물속으로 끌려 들어가는 '죽음의 소용돌이'를 세 번이나 겪은 뒤 기적처럼 살아남았다. 지구 최상위 포식자에서 한순간에 먹이로 전락하는 순간이었다. 그는 인간이 고기가 될 수 없다는 생각은 오만하며 타자를 도구화한다고 말했다. 또한 애덤스 같은 비건들은 결과적으로 데카르트적 근대 이원론에 빠지게 된다고 지적한다. 육식 동물의 육식을 자연적인 것으로, 인간의 육식을 문화적인 것으로 구분하는 생각 자체가 이원론이라는 뜻이다. 그는 채식의 중요성을 강조하는 것보다 다른 존재를 존중하며 먹고 먹히는 진실을 인정하면서 우리가 누군가의 먹이가 될 수 있다는 점을 인식하는 것이야말로 생태적 관점이라는 견해를 펼쳤다.[16]

인류학자 레비스트로스는 "우리는 모두 식인종이다"라고 말했다. 생체 이식처럼 타인의 신체 일부를 자기 몸에 이식하는 것은 치유적인 식인 풍습 범주에 속하는 것이 분명하다고 했다.[17] 사람 태반 추출물로 만드는 인태반 주사는 이제 대중적인 갱년기 치료제로 널리 쓰인다.

아무도 나를 돌봐주지 않는 시대, 아무도 남을 챙겨주지 않는 각자도생 신자유주의 시대에 인류는 타인을 기억하는 목적이 아니라 늙음과 죽음을 유예하고자 타인의 신체 일부를 자기 신체에 투여한다. 하지만 끝없이 달아날 수 없다.

인간이 비인간 동식물과 친족이라고 굳게 믿은 플럼우드는 뇌졸중으로 갑작스레 세상을 떠나 땅에 묻힌 뒤 미생물과 벌레의 먹이가 되었다. 인간의 죽음은 끝이 아니라 동식물에게 먹힘으로써 거대한 이야기 속으로 진입하는 과정이라고 그는 믿었다. 우리는 모두 결국 누군가의 먹이가 될 존재들이라는 잔혹한 진실은 작은 충격과 함께 깨달음을 준다.

목

목이 잘려도 목소리는
멈출 수 없다

2024년 파리올림픽 개회식 하이라이트 프로그램을 보다가 깜짝
놀랐다. 새빨간 드레스를 입은 목 잘린 여자들이 프랑스혁명 시
대의 감옥인 콩시에르주리 창문 앞에 도열한 채 자기 머리를 손
에 들고 나타난 것이다. 당시 콩시에르주리의 별칭은 '단두대 대
합실'이었다.[18]

여자의 잘린 머리는 새빨간 입술을 쫑긋거리며 노래를 불렀
다. 〈아, 괜찮을 거야!Ah, ça ira!〉라는 제목의 프랑스혁명 시기 민
요라고 했다. "귀족들의 목을 매달아버리고 혁명을 완수할 테니
괜찮을 거야"라는 무시무시한 내용의 가사였다. "새야 새야 파랑

새야. 녹두밭에 앉지 마라. 녹두꽃이 떨어지면 청포장수 울고 간다"라며 동학혁명의 실패를 애달파 한 한반도의 옛 노래를 떠올리면 저 유럽인들의 신나는 혁명가에선 그야말로 '성공한 민중혁명'의 기개가 느껴져 부럽기도 했다.

개회식은 속도감 있게 진행됐다. '괜찮을 거'라고 했지만 그다지 괜찮지 않아 보이는 목 잘린 여자들 앞으로 프랑스혁명군 여성이 배를 타고 지나갔다. 1789년 10월, 여성 민중은 무기를 들고 대포를 끌며 파리 근교 베르사유 궁전에서 국왕을 파리로 데려오는 전과를 올렸지만 평등한 '시민' 대접을 받지 못했다. 그런데도 파리올림픽에서 혁명의 상징으로 재현되다니!

혁명적 여성의 말하는 목

단두대는 1789년 파리대학교 의학부 교수였던 조제프이냐스 기요탱Joseph-Ignace Guillotin이 제안한 처형 기구다. 혁명으로 소집된 삼부회에 제3신분 대표로 참석한 그는 처형이 누구에게나 동일한 방식으로, 고통 없이 이뤄져야 한다고 주장했다. 사선 모양으로 생긴 거대한 칼날이 수형자의 목을 단숨에 내리치는 장치는 마지막 인정을 베푸는 용도로 공식 채택됐다.

당시 단두대 공개 처형은 대중에게 엄청난 카타르시스와 흥

1793년 1월 21일 루이 16세Louis XVI의 단두대 처형 장면. 단두대는 1789년에 만들어져 1939년까지 활용되었다. 공개 처형은 대중에게 엄청난 카타르시스와 흥분을 불러일으킨 정치 쇼였다.

분을 불러일으킨 정치 쇼였다. 대중은 '단두대 부적'에도 열광했다. 처형된 단두대 칼날을 수집했으며 잘린 목에서 흘러나온 피는 만병통치약이라고 믿었다. 처형자의 머리카락이나 뼛조각도 얻으려고 혈안이 되었다. 1889년 파리 만국박람회 때는 신축 에펠탑보다 단두대 처형이 더 화제가 되었을 정도였다. 마지막 단두대 공개 처형은 1939년 어느 살인범의 처형이었는데, 이때도 큰 소동이 벌어져 아수라장이 됐다.[19]

단두대에서 목이 잘린 여성은 여럿이었다. 그중 1791년 〈여성과 여성 시민의 권리 선언〉을 발표한 혁명가 올랭프 드 구주 Olympe de Gouges는 가장 유명한 사형수였다. 구주는 1789년 프랑스혁명으로 공표된 〈인간과 시민의 권리 선언〉에서 여성과 흑인, 노예, 사생아 등 소외된 약자들이 배제되었다고 보았고 "여성은 단두대에 오를 권리가 있다. 마찬가지로 여성은 연단에 오를 권리도 가져야 한다"(〈여성과 여성 시민의 권리 선언〉 제10조)는 유명한 말을 남겼다. 그는 피부색과 무관하게 모든 인간이 존엄하다는 개념을 처음으로 선포하고 유색인종과 여성의 투쟁을 연결시킨 최초의 페미니스트였다.

'혁명 여성들'은 계몽사상을 습득한 남성 시민의 동지라기보다 이성적인 '머리'가 없고 동물적이며 야만적인 존재로 폄훼되었다. 여성 참정권과 이혼권, 동거권을 주장하며 결혼 제도 바깥에 있었던 구주는 성적·가정적으로 조신한 여자가 아니라며 지탄받은 위험한 인물이었기 때문에 "남자들의 적의와 여성 연대 부재" 속에서 홀로 목소리를 내고 투쟁했다.[20]

1904년 구주의 수감 기록을 분석하여 프랑스혁명기 여성의 정신상태에 관한 의학적 보고서를 쓴 알프레드 기와Alfred Guillois 박사는 구주의 병을 혁명 히스테리의 일종이라 결론지었다. 페미니스트 역사학자 조앤 W. 스콧Joan W. Scott은 "(지나친 월경 양으로 야기된) 비정상적인 성욕, (매일 목욕하는 것을 과도하게 좋아한 데서 분명히 알 수 있는) 나르시시즘, (재혼을 거듭 거부한 데서 입증되는) 전반적인 윤리의 결여는 그녀의 정신 병리를 분명하게 보여주는 징후들로 해석되었다"며 "구주는 여성이 남성을 모방하고자 할 때 어떠한 일이 발생하는지를 보여주는 하나의 실례였다"고 분석한다. 《백과전서》를 쓴 계몽주의자 드니 디드로Denis Diderot는 《여성론》에서 여성이 자궁 때문에 망상, 광란, 터무니없는 생각을 한다며 히스테리 같은 사례를 들어 치료가 필요하다고 주장했다. 계몽주의 사상가들 사이에서 이 미쳐 날뛰는 "불같은 상상력, 억누르기 힘든 것처럼 보이는 영혼"은 자궁 때문이었고, 이성(곧 법, 남성)의 힘으로 제압할 수 있는 것이었다.[21]

구주는 '혁명가'가 아니라 '미친년'이었다. 과연 그는 스스로 "나는 쓰는 데 미쳤다. 나 자신을 출판하는 데 미쳤다"고 말했다.[22] 당시 혁명기 입법 과정에서 '쓰는 여자'는 인정받지 못했고, 저자의 권리가 없었다. 하지만 구주는 끝없이 자신의 사상을 말하고 쓰고 출판하는 데 모든 것을 바쳤다. 금지된 출판물을 인쇄했다며 밀고 당해 구속된 구주는 민중의 지지자를 비방하고 내전을 선동한다는 혐의로 체포되었고 단두대에 올라 다음 세대에게 복수를 당부한 뒤 1793년 끝내 목이 잘렸다. 구주의 목소리가 재조명된 것은 200년이 지나서였다. 그리고 2024년 파리올림픽 때 여성 인권을 증진한 인물로 추앙받으며 황금빛 동상이 세워졌다.

억압의 칼이 박힌 목

목은 머리와 몸통을 연결하는 신체 부위다. 인류는 권력에 방해되거나 저항하는 자들의 목숨을 거두기 위해 참수라는 오랜 처형 방식을 사용해왔다. 유럽 초기 기독교 시대엔 특히 기적을 일으킨 참수 순교자들이 여럿 나왔는데 이들을 '세팔로포어 cephalophore'라고 일컫는다. '머리를 운반하는 자'라는 뜻이다.

《역사 즐기는 법》의 박신영 작가는 왕비 앙투아네트가 등장한 2024년 파리올림픽 개회식 장면을 보고 페이스북에 "자신의 잘린 목을 들고 서서 말하는 것이 생 드니St. Denis와 같은 순교자의 이미지"라고 해석했다.[23] 3세기 중엽 이탈리아 태생으로 파리의 첫 주교로 파견된 생 드니는 세팔로포어의 대표적 인물이었다. 로마 제국의 기독교 박해 때 참수 당한 성인은 잘린 자신의 목을 들고 걸어가면서도 강론을 멈추지 않았다고 한다. 목에 칼이 들어와도 할 말은 하는 사람이었다.

박 작가는 2024년 파리올림픽 개막식에서 자기 목을 들고 노래를 부르는 앙투아네트의 모습이 죽어서도 말하기를 멈추지 않았던 순교자 전통의 연결선상에 있을 뿐 아니라 아들 근친강간('근친상간'은 서로 합의된 성관계를 가리키므로 친족성폭력은 '근친강간'이 옳은 표현이다. 박 작가도 '근친강간'이라 표현했다)을 비롯한 여러 흑색 소문과 억울한 혐의를 소명하던 왕비의 모습을 연상시킨다고 했다. 이번 올림픽 개회식 기획자들 또한 인터뷰에서 유럽 성인들의 세팔로포어 전통과 앙투아네트를 연결시켰다고 말했다.

이에 영미권 학자들 사이에서는 앙투아네트의 머리 잘린 몸이 프랑스 공화주의의 상징으로 사용되는 것에 신중을 기해야 한다는 목소리가 나왔다. 프랑스혁명의 복잡한 과거를 고의로 단순화한다는 지적이었다. 앞서 말했듯 앙투아네트와 구주의 사례만 보더라도 그 시기의 여성 차별과 혐오에 기반한 가짜 뉴스가 얼마나 여성들을 억압했는지 알 수 있다. 국가와 성별을 넘어선 화합의 장을 연출하는 세계적 이벤트에서 앙트와네트의 잘린 머리를 전시하고 구주의 동상을 세운 올림픽 개막식의 기획자들은 '웃자고 하는 일에 죽자고 달려든다'면서 어깨를 으쓱 올릴지도 모를 일이지만.

믿음 대신 목을 내놓은 여성들

목이 잘린 여성 성인들에 대해 좀 더 살펴보자. 8세기 영국의 성 오스기스St. Osgyth는 수녀가 되려 했지만 부모의 뜻으로 정략결혼했다가 이후 어렵사리 수녀원을 창립한다. 이교도의 침입 때 기도하던 중 참수 당한 그는 손으로 자신의 머리를 든 채 수도원 문까지 걸어가 쓰러졌고, 그의 머리가 굴러떨어진 자리에는 치유의 샘이 솟아났다고 한다. 스위스 취리히에도 기독교 박해 때 참수 당한 뒤 자기 머리를 들고 언덕을 걸어갔다는 여성 성인 레굴라St. Regular의 전설이 전해진다. 304년께 로마 지역의 순교자였던 성 아네스St. Agnes는 평생 결혼하지 않고 홀로 동정의 삶을 살기로 했지만 외모가 아름다워 수많은 남성들의 구애에 시달렸다. 기독교 박해 때 급기야 그에게 청혼했다가 거절당한 한 남성의 고발로 신자임이 폭로돼 집단 강간 위기에 처하는 등 고초를 겪다가 끝내 참수 당한다.

한국 가톨릭사에서도 머리가 잘리며 순교한 여성들이 존재한다. 1801년 신유박해 때 순교한 복자(성녀는 아니지만 공경의 대상으로 선포된 사람) 이순이 루갈다는 결혼했지만 평생 남편과 동정을 지키며 남매처럼 살다 붙잡혀 배교하지 않고 참수되었다. 그는 여러 장의 편지로 목소리를 후대에 남겼고, 처형 장면을 본 목격자들은 목에서 흰 피가 쏟아졌다고 전한다. 기독교 여성 순교자들이 사실

상 스스로 목숨을 끊거나 동정의 삶을 살기로 서원한 것은 순결 서약의 의미도 있었겠지만, 그 시절 여성으로서 유일하게 주체적인 삶이 허락된 수도자로 살다 죽으려는 적극적인 선택이었다고 해석하는 것이 타당할 듯하다. 이들은 목이 잘리면서 존재를 증명했고 자기 뜻대로 살다 간 흔적을 역사에 새겼다.

고대 사회부터 여성의 목소리를 억압하는 가부장적 압력이 존재했음을 주장한 고전학자 비어드는 SNS에서 "당신의 목을 따고 '거시기'를 모가지에 박아주겠다"는 협박을 받은 적이 있다고 털어놓았다. 미국의 한 여성 저널리스트를 협박한 유저의 SNS 아이디가 대가리없는암퇘지headlessfemalepig였다는 점은 우연이 아니었다. 가상세계 단두대에서 여성의 혀를 뽑고 목을 치겠다는 협박에 대해 비어드는 "남성이 발언하는 세계에서 여자들을 잡아 빼내는 것"이라고 말했다. 현실에서는 잘린 목이 더는 목소리를 낼 수 없을 테니까.[24] 최근에는 세계 곳곳에서 가부장적 종교와 신화에 도전하는 여신 조각상의 목을 자르는 분위기도 나타난다. 성모 마리아가 예수를 낳는 장면을 형상화한 작품에서 성모의 목을 잘라낸 사건도 발생했다. 여성의 도전적인 목소리를 가로막는 반달리즘, 여성에게 겁을 줘서 위축시키려는 이들의 반동적인 상징 폭력이다.[25]

목소리의 정치

철학자 슬라보이 지제크Slavoj Žižek는 2024년 파리올림픽 개회식이 성별이나 인종과 무관하게 모두가 춤추게 한 행사였다며 "유럽의 해방적 숨결"이라 높게 평했다.[26] 반라의 디오니소스 축제를 연 그곳에선 적어도 목이 잘려 나가서 이미 사람도 아니고 귀신도 아닌 비체들까지 입을 열 기회가 주어졌다.

축제를 마친 이들은 마침내 목소리를 내기 시작했다. 2024년 파리올림픽 배드민턴 여자 단식 금메달리스트 안세영 선수는 "제 목소리에 힘이 좀 실렸으면 좋겠는 바람 때문"에 금메달이 필요했다고 말했다. 알제리 복싱 금메달리스트 이마네 칼리프Imane Khelif는 올림픽 기간 동안 자신의 성별 의혹을 제기하며 괴롭혔던 정치인 트럼프, 사업가 일론 머스크Elon Musk, 작가 조앤 롤링Joanne Rowling을 고소했다. 그가 금메달을 딴 뒤 기자회견에서 낸 목소리야말로 올림픽 정신이었다.

"내가 세계에 하고 싶은 말은 모든 사람이 올림픽 정신을 준수하고 타인을 비방하지 말아야 한다는 점이다. 앞으로 올림픽에서는 나같이 비난받는 사람이 없길 바란다."

억울함을 오래 참아내고 비로소 목소리 내기 시작한 이에게 성공한 혁명가의 구절을 전하고 싶다. 괜찮을 거야, 괜찮을 거야!

단식

죽음을 각오하거나
죽음에 맞서거나

단식은 '칼 안 대는 수술'이라고 한다. 건강 증진 효과가 큰 만큼 위험하다. 내가 처음 단식한 건 30대 초반이었다. 작은 강의실에서 단식의 원리를 배운 뒤 일상생활을 하면서 각자 실천하는 '생활 단식' 프로그램에 참여했다. 음식을 서서히 줄여가는 감식과 음식을 끊은 채 맹물과 약간의 효소물만 먹는 본단식, 그 뒤 음식량을 조금씩 늘려가는 보식까지 열흘 정도 소요되었던 것 같다. 생각보다 견딜 만했다. 지금처럼 SNS나 메신저서비스가 활성화돼 있지 않은 때였던지라 인터넷 게시판만으로 소통했는데도 '단식 동지들'은 긴밀히 연결된 끈끈한 공동체를 이뤘다. 사소한 몸의 변화에도 서로 즉각적으로 반응하고 "괜찮아요, 곧 나아질 거예요"라며 응원해주었다. 으쌰으쌰 용기를 주고받으면서 우정과 정보를 교환했다.

오랫동안 띄엄띄엄 단식을 실천했던 건 고질적이고도 극심한 월경통을 치료해보려 함이었다. 단식이 증세 완화에 도움이 된다고 들었기 때문이다. 실제로 단식을 한 직후 월경혈은 유난히 맑은 빨간색을 띄었고 통증도 덜한 것 같았다. 하지만 그때뿐이었다. 단식과 병행하라는 붕어 운동, 합장합척 운동, 된장 찜질, 겨자 찜질 등 각종 요법을 열심히 실천해보았지만 통증은 경감되지 않았고 결국 회사를 휴직하고 수술을 한 뒤 쉬면서 치료했다. 단식이 몸에 칼을 대지 않고 장기를 휴식하게 해주는 것이라면 외과 수술은 강제로 몸을 쉬게 해주는 효과가 있었다.

최근엔 열여섯 시간 동안 굶고 여덟 시간 동안 먹는 '간헐적 단식'이 세계적으로 가장 유행하는 다이어트 비법으로 자리 잡았다. 특히 미국 실리콘밸리의 스타트업 기업가들이 나름의 '과학적인' 간헐적 단식 프로그램을 만들며 앞장섰다. 간헐적 단식은 '최강의 나'를 만드는 자기계발로서 실리콘밸리식 투자와 자기 경영의 성격이 강하다.

한국에서는 단식이 대체요법으로 쓰이는 경우도 많다. 나는 단식의 효과가 고혈압·당뇨·고지혈증 같은 성인병을 치료한다는 둥 마치 만병통치약처럼 과장되어 있다고 생각한다. 굶어서 뺀 살, 먹기 시작하면 찐다는 건 진리다. (심지어 더 찔 수 있다.) 단식 체험 기사를 두 번씩이나 쓰면서 증명했지만 근육 운동 없이 덮어놓고 굶다 보면 체지방보다 근육이나 수분이 주로 빠진다. 단식을 하면서 무리한 운동까지 병행할 순 없으니 근손실은 필연적이다. 그럼에도 나는 일시적이라도 먹는 것을 멈추고 위장을 쉬게 해야 한다고 여겨 여전히 한 해에 한 번쯤은 며칠 동안 단식한다. 굶을 땐 고통스럽지만 살이 빠져서 뿌듯한 것은 물론이고 가학적 쾌락이랄까, 거식증까지는 아니지만 일시적으로나마 내 몸을 통제했다는 자부심에 마음까지 가벼워진다.

먹지 않는 성스러운 여자들

단식은 인내와 극기의 과정이다. 당연히 인류의 종교적 전통과 가까웠다. 기독교와 불교, 유대교, 이슬람교, 도교 등 여러 종교에서 단식 문화가 있다. 예수는 광야에서 40일 동안 기도하며 단식했다. 한국 개신교도들의 집단적이고도 오랜 금식 실천은 유례를 찾기 어렵다고 한다. 지금도 가톨릭에서는 부활절 전 사순시기 특정 요일에 단식·금욕하는 것이 원칙이다. 식욕과 성욕을 충족하는 행위가 모두 금지된다.

오스트레일리아의 사회학자 데버러 럽턴Deborah Lupton은 종교와 영성, 금욕, 식이요법 사이에 강한 역사적 연결성이 있으며, '먹기 과정' 안에 에로티시즘과 쾌락이 뒤얽힌다고 보았다. 식욕은 성욕과 연관되어 있고 두 욕구 모두 '먹는 입'을 적극적으로 사용한다. 럽턴은 단식이 자기 통제, 정화의 기술이자 주체성을 구성하는 수단이라며 특히 여성의 단식은 여성이 스스로 몸을 통제할 수 없다는 관념을 극복하려는 전략이라고 말했다.[27]

단식은 지극히 남성적인 문화로 이해되어왔지만, 여성들이야말로 오래전부터 단식의 자기 규율 방식에 매혹됐다. 기독교 역사가들의 주장을 종합하면, 서구 유럽의 중세와 르네상스 시대 수백 년간 단식과 절식 문화는 여성이 주도했다. 그 대표적 인물이 이탈리아 시에나의 성녀 카타리나St. Caterina다. 그가 처음 단식한 것은 결혼하라는 부모의 강압에 저항하면서였다. 거듭된 단식 때문에 고해신부가 이를 금지하기도 했다. 고행과 단식에 전념한 그는 중환자들을 돌본 치유자인 동시에 교회 안의 분열에 목소리를 냈던 카리스마 있는 정치지도자였다. 열렬한 지지자가 늘어나자 고발 당했고, 자신이 소속된 도미니코수도회 총회에 불려가기도 했다. 카타리나는 반복적인 금식으로 인해 서른셋에 굶어 죽었다.

이탈리아 아시시의 성녀 클라라St. Clara는 월, 수, 금요일마다 굶었다. 포르투갈의 복자 알렉산드리나 마리아 다 코스타Alexandrina Maria da Costa는 자신을 강간하려는 남자들을 피해 달아나다가 창

도메니코 베카푸미Domenico Beccafumi, 〈성흔을 받는 시아네의 성녀 카타리나〉, 개인 소장, 1550. 고행과 단식에 전념한 성녀 카타리나는 치유자인 동시에 카리스마 있는 정치지도자였다.

밖으로 뛰어내려 전신마비가 되었고 그 뒤 신비체험을 거듭하면서 생애 마지막 13년 동안 축성된 성체 말고는 거의 먹지 않았다고 한다. 독일 신비가인 테레제 노이만Therese Neumann 수녀 또한 39년 동안 하루 한 번 성체만 먹었다고 전해진다.

먹지 않는 성스러운 여성들은 의심을 받았다. 15세기 이탈리아 리에티의 복자 골룸바Columba는 마술로 단식한다는 비난에 시달렸다. 하느님이 아니라 악마가 식사를 거부하도록 시켰을 수도 있다고 여겨졌기 때문이다. 먹는 여자나 먹지 않는 여자나 모두 죄인이었고 마녀로 몰리지 않으면 다행이었다. 먹을 것에 넘어간 이브도, 먹을 것을 거부하는 이브의 후예들도 유혹에 홀린 여성의 징표가 되었다. 성녀들의 초인적이며 극단적 단식은 교회를 경유하지 않고 신과 직접 연결하여 역설적으로 생존하기 위한 방법이었다. 단식은 자신을 증명하고 여성 억압을 극복하는 능동적인 선택이 될 수 있었다. 성녀 카타리나의 단식과 죽음 또한 여성의 목소리를 금지한 데 따른 항거로 해석되기도 한다. 중세 여성 신비가들을 연구한 이충범은 성녀 카타리나의 죽음이 "영웅적 자살, 당대 여성 주체에 충실하려고 한 추앙받는 자살"이며 "사회·집단의 이념에 의해 저질러진 타살"이라고 풀이한다.[28]

《또 하나의 나를 보자》의 주인공인 양애란 씨는 열세 살 때부터 45년 넘게 물로 목만 축이는 정도로 살아왔다고 알려졌다. 2007년 만난 그는 나뭇가지처럼 마른 몸이라 어린아이와 같이 연약해 보였다. 반면 잡은 손은 뜨거웠고 카랑카랑한 목소리에 실린 에너지도 대단했다. 그는 병자가 찾아오면 상대의 고통으로 들어가 자신의 몸과 바꾼다고 했다. 검증하기도 어렵고, 직접 보고도 믿기 힘든 이야기였지만 중세의 성스러운 여성들처럼 양애란 씨 또한 치유의 힘을 갖고 있다고 확신하며 멀리서 찾아오는 이들이 줄을 이었다. 하늘의 기운을 먹고산다는 의미로 벽곡辟穀이라고도 불리는 단식이 초월적인 힘과 연결되었다고 믿는 사람들이 여전히 있다.

투쟁과 저항의 상징

저항적 단식 또한 빼놓을 수 없는 인류의 문화다. 1900년대 초 영국 여성 참정권 운동가들은 오늘날 페미니스트보다 훨씬 과격했다. 이들은 정부 청사 유리창에 돌을 던졌고 달리는 말에 스스로 몸을 던져 죽었다. 감옥에 갇혀 단식투쟁하는 이들 앞에 경찰 당국은 음식을 늘어놓았다. 식욕을 자극하는 데 실패하자 코와 입에 고무관을 집어넣고 강제 급식을 했다. 여성들은 극심한 트라우마를 겪었다. 여성 참정권 운동가 실비아 팽크허스트Sylvia Pankhurst는 당시 강제 급식을 강간에 비유했다. 영국의 점령에 반대한 아일랜드에서는 감옥에서 단식투쟁을 하던 어느 독립운동가가 1927년 강제 급식으로 사망하자 그를 위한 애도 행사에 4만 명이 참여했다.

1920년대 이후 인도 독립운동가 마하트마 간디Mahatma Gandhi 가 벌인 단식투쟁은 한반도에까지 전해졌다. 박열을 비롯한 일제 강점기 독립운동가들은 도쿄와 경성 감옥에서 단식투쟁을 거듭했다. 1923년 전남 신안군 암태도 농민항쟁 당시엔 무려 600명이 법원 앞에서 단식했다. 일제에 동조한 언론은 '단식이 유행'이라며 조선인들의 저항을 조롱했다.

한국 현대사에서 단식을 실천한 가장 유명한 사람들로 김영삼과 김대중을 빼놓을 수 없다. 1983년 야당 지도자 김영삼은 5·18 민주화운동을 추모하고 독재에 항거하는 뜻으로 23일간 단식했다. 전두환 정권에 의해 강제 입원 당한 김영삼은 진료와 급식을 거부했는데, 그 병실 앞에서 안기부(국가안전기획부. 국가정보원의 전신) 요원들은 불고기를 구워 먹었다. 1990년 평화민주당 총재 김대중은 지방자치제 실시, 내각제 포기 등을 걸고 13일간 단식했고 마침내 지방자치제 실시 약속을 얻어내었다.

양 김 씨의 저항을 두려워하던 전두환은 자신이 궁지에 몰리자 음식을 끊겠다고 했다. 1995년 12월 안양교도소에서 5공화국의 정통성을 부인하는 것에 승복할 수 없다면서 그는 밥을 거부했다. 하지만 보리차나 끓이지 않은 쌀뜨물을 교도소 쪽에 요구해 "그것도 단식이냐"는 빈축을 샀다. 20여 일 넘게 단식했지만

5부 — 소멸하는 신체와 그 이후의 세계

오염된 쌀뜨물 섭취로 인한 식중독 증세 때문에 그의 투쟁은 모양새 없이 중단됐다.

음식을 끊고 미래를 바꾸다

세월호 참사의 책임을 묻는 서울 광화문 앞 단식농성장 풍경은 여기에 견줄 수 없이 참혹했다. 2014년 9월 6일 세월호 특별법 제정을 촉구하며 유가족들이 단식농성 중이던 광화문광장에 극우성향 누리집인 일베(일간베스트) 회원 등 100여 명이 '폭식 투쟁'이라는 이름으로 치킨과 피자 등을 주문해 먹으며 조롱했다. 국밥 50인 분을 세월호 유가족들 눈앞에서 나눠 준 이도 있었다. 공소시효 5년이 끝나기 전 희생자 가족들은 이들을 고소했지만 검찰은 불기소 처분했다.

　　단식은 구경거리가 되기도 한다. 소설가 프란츠 카프카Franz Kafka의 단편 〈단식 광대〉는 단식을 직업으로 삼은 한 남자의 이야기다. 서커스단에 소속된 단식 광대는 고요히 예수처럼 40일을 단식했고 마칠 땐 관객의 극진한 환대를 받았다. 하지만 점점 사람들의 관심에서 멀어지고 잊힌 광대는 홀로 단식하다 죽어간다. 1926년엔 실제로 단식 광대 여섯 명이 독일 베를린에서 공연했다. 경탄한 이들도 있었지만, 많은 이들이 그 주위에서 기름 냄새를 잔뜩 풍기며 튀김을 먹었다. 2003년에는 미국인 마술사 데이비드 블레인David Blaine이 허공의 유리상자 안에서 44일 동안 단식했다. 이 '21세기의 단식 광대'를 찾은 사람은 25만 명에 이르렀다. 이때도 주변에서 사람들은 고기를 구워 냄새를 피워댔다.[29] 이쯤 되면 의지를 갖고 단식하는 사람들을 방해하며 괴롭히는 것도 인류의 악습이라고 보아야 할 것 같다.

모든 단식은 위험을 무릅쓴 베팅이다. 어떤 미래를 위한 모험인지가 다를 뿐이다. 굶주림으로 사람들은 사회든 자신이든 변화시키려 한다. 성공하리라는 보장이 없고 방해도 많지만, 지금 이대로는 도저히 편안히 먹고살 수가 없기 때문이다.

몸의 상실과 변형

애도할 가치를 묻다

2024년 노벨문학상 수상자 한강의 단편소설 〈작별〉에는 어느 겨울날 벤치에 앉아 있다가 느닷없이 눈사람으로 변해버린 여자가 등장한다.

스물넷에 아들을 낳아 10년째 홀로 키워온 여자는 회사에서 권고사직을 당하고 소득원을 잃었다. 여자는 자기가 사물 같다고 생각한다. 지난 몇 년 동안 여자는 세상을 떠난 아이들이 나오는 꿈을 되풀이해서 꾸었다. 반투명 몸을 가진 아이들이 눈앞에 어른거렸다. 갑자기 몸을 잃어버린 '세월호의 아이들'이었을 것이다. '눈사람 여자'는 그 아이들과 얼마나 달랐을까? 점점 몸이 녹아 없어지는 여자는 살 만한 가치가 있는 생명이었을까? 몸이 사라진 여자를 누가 기억하고 애도해주었을까?

구체적인 훼손과 폭력의 현장

몸은 단순한 생물학적 실체가 아니라 사회적·정치적·역사적 억압과 폭력이 새겨진 텍스트다. 예컨대 '오월 광주'는 훼손된 신체를 빼고 말할 수 없다.[30] 1980년 오월 광주에서 계엄군의 폭력으로 숨진 여고생의 시신을 검시한 조서에는 "왼쪽 가슴에 날카로운 것으로 찌른 상처와, 골반부 및 대퇴부에 여러 발의 총탄이 관통했다"고 기록됐다. 유족은 국가를 상대로 낸 정신적 손해배상 소송에서 2024년 1월 승소했다. 국가 폭력이 일어나거나 전쟁기에 민간인 여성을 강간하고 성폭력을 행사하는 일은 집단 정체성을 훼손시키고 상대편 힘을 빼앗는 전략으로 사용되었다. 1971년 방글라데시 해방전쟁 기간에 파키스탄 군대가 수십만 명의 방글라데시 여성을 조직적으로 강간했다. 피해 여성은 '용감한 여성'을 뜻하는 비랑고나birangona라고 불렸는데 이는 점점 '불명예스러운 여성'이라는 의미로 바뀌었다. 훼손당한 여성들의 삶과 신체는 애도의 대상이 되지 못했다.

광범위한 폭력이 자행될 때 필연적으로 몸의 상실과 상해가 이뤄진다. 1945년 해방부터 한국전쟁기까지 한반도 곳곳에서 대량 학살이 벌어졌다. 민간인 학살은 국가의 암묵적인 승인 아래 진행되었다. 제주 4·3 희생자는 최소 1만 5000명에서 3만 명으로 보고됐지만 수치가 확실치 않다. 여순사건 진상규명 및 희생자 명예회복위원회는 2022년 1월 21일부터 2023년 12월 31일까지 2년간 총 7465건의 희생자 신고를 접수하였는데 정확한 규모는 알 수 없다.

1946년 미군정이 친일 관리를 고용하고 토지 개혁을 지연시켜 식량 공출을 강압적으로 시행하는 데 반발해 일어난 대구의 10월항쟁과 1950년 7월 초중순에 벌어진 가창골 학살도 마찬가지다. '골로 간다'는 말이 유래한 가창골 학살 사건은 댐 건설로 학살지 상당 부분이 수몰되면서 희생자들의 유골조차 수습하기 어렵게 됐다. 계급 갈등, 주민 갈등, 사적인 원한과 질투와 욕망이 뒤얽힌 고발과 방임이 이어지면서 한반도 곳곳에서 사람이 죽어갔다. 그 수를 셀 수 없고, 끔찍한 살상과 신체 훼손 장면도 차마 묘사할 수 없다.

어떤 신체는 파괴되고 사라지더라도 헤아려지지 않는다. 한 나라가 고인을 대하는 태도를 보면 그 나라 사람들의 자비심과 준법정신, 마음을 정확하게 측정할 수 있다는 말이 있다. 1989년 영국 템스강에서 벌어진 마셔니스호 침몰사고에서 참사 피해자들은 생일 파티를 하고 있다가 다른 배와 부딪쳐 물 밑으로 가라

1946년 10월 1일 대구 시위 당시 현장 사진. 거리 오른쪽에 장총으로 무장한 경찰들이 엄폐물 뒤에 숨어 있고 왼쪽 시위 군중 앞에는 쓰러진 주검이 보인다. 이 시위는 식량난이 심각한 상황에서 미 군정이 친일관리를 고용하고 토지개혁을 지연하며 식량 공출 정책을 강압적으로 시행하자 발생한 저항 사건이다.

앉았다. 지문 감식을 위해 쉰한 명의 희생자 가운데 스물다섯 명의 손목이 잘렸고, 유해를 안장할 땐 손을 함께 묻지 못한 시신도 있었다. 참사 뒤 4년째에 어느 시신 보관소 냉동실에서 두 손이 발견됐지만 폐기 처분돼버렸다. 유족은 시신을 보지 못했고, 사후 부검 사실도 알지 못했다.

물론 화재나 폭발 현장에서 신체 훼손이 심하다면 유족에게 보이지 말 것을 권고하는 이들도 있다. 영국의 유명 해부학자이자 법의인류학자인 수 블랙Sue Black은 법의학 관계자들이라고 해서 훼손된 고인의 시신을 유족이 볼지 말지 결정 내릴 권리가 있는 건 아니라고 말한다. "우리가 할 수 있는 일은 가족이 대면해야 할 일을 준비하고 그 순간을 맞을 수 있도록 돕는 것뿐이다."[31]

현장이나 시신 보존은 참사가 벌어졌을 때 가장 중요하고도 기본적인 수칙이다. 2003년 2월 18일 대구에서 벌어진 지하철 화재 참사에서는 192명이 사망하고 151명의 부상자가 발생했다. 참사 이튿날 대구시와 대구지하철공사는 사고 현장을 물청소해 참사 흔적을 지워버렸다. 가족 가운데서는 몇 개월이 지나서야 고인을 확인한 이들도 있었고, 지금까지 무연고자로 남은 여섯 명 중에 셋은 결국 DNA조차 확보하지 못했다.

대규모 폭력과 재난, 재해, 전쟁에서 '희생자'는 '집계' 자체가 논란이고 발표조차 정치적인 것으로 간주된다. 오래전 이스라엘 인권 단체가 가자지구 전쟁에서 사망한 팔레스타인인 숫자를 공표했다는 이유만으로 반역죄로 기소되었던 것이 한 예다. 버틀러는 상대 쪽 인구 개개인 모두가 '적'으로 여겨지므로 애초에 '부수적 피해'는 있을 수 없다고 말한다. "특정 정치 체제에서 누가 살고 누가 죽는지 숫자를 해석하는 방법을 찾아야 한다"고 그는 강조한다.[32] 어떤 몸이 애도할 가치가 있는지, 어떤 삶이 '살 만한 가치'가 있는지, 그 기준은 무엇인지 질문하는 것이다. 한강 소설 〈작별〉에 등장하는 눈사람 여자나 세월호의 아이들이나 《소년이 온다》의 소년 동호나 그의 친구 정대도 마찬가지다. 권력이 보호하는 범주 바깥의 존재는 사라진다 해도 공적으로 애도받지 못한다.

정상과 정상이 아닌 것

철학자 푸코의 '생명권력'은 무엇이 정상이고 일탈인지 관여하고 조절한다. 인간의 몸은 권력이 행사되는 핵심적인 장소이고 건강과 성별, 생식, 출산, 사망, 외모 문제가 모두 결부돼 있다. 초음파와 산전 검사는 태아가 '정상'인지 아닌지 식별한다. 실명이나 신체 절단 등을 통해 자신의 정체성을 통합시키려는 '트랜스에이블transabled'은 스스로 장애인이 되고 싶어 하는 사람들로, 신체 통합 정체성 장애를 가진 정신 질환자로 분류된다.

미국 장애 운동 활동가이자 작가인 일라이 E. 클레어Eli E. Clare는 위장관 수술로 몸을 변형해 살을 빼겠다는 사람이나 외과적 수술로 신체 일부나 기능을 상실해서 스스로 온전해지려는 트랜스에이블을 제대로 이해하지 못한다. 그러나 가슴에 칼을 댄 트랜스남성FTM으로서 몸과 마음의 불일치와 씨름하는 자신을 되돌아본다.[33] 뇌병변장애인인 그는 교사였던 친아버지에게서 어린 시절 성적 학대를 당한 친족 성폭력 생존자다. 교사인 엄마 또한 이를 묵인했다. 아버지는 딸의 성 정체성 혼란을 교정하고 '정상'으로 만들려는 의미였다고 변명했다. 성인이 된 뒤 클레어는 유방을 제거하고 몸을 변형하는 트랜지션transition을 이행한다. 납작한 가슴의 트랜스남성이 되는 과정은 '치유'가 아니었다. 애초에 치유나 교정 대상이 아니었기 때문이다.

별안간 예기치 못한 사고로 취약한 몸이 되는 사례는 적지 않다. 왕성하고 열정적인 스포츠 애호가이자 까다로운 빅토리아 시대의 문학을 연구한 영문학자 크리스티나 크로스비Christina Crosby는 쉰 번째 생일 때 자전거 사고로 목이 부러져 사지마비가 된다. 그는 거대한 고통 이후 '와해된 몸'이 되어 언어를 잃고 비명을 지르며 격노했다. 갑갑한 잠수복을 입은 듯한 몸에는 시도 때도 없이 강한 전류가 흘렀고 그때마다 불타는 듯한 통증을 느꼈다. 하지만 그 못지않게 취약한 사람들이 그와 그의 동성 연인을 부축했다. 음식을 제공하고, 어려운 이동을 도왔다. 몸의 역사에

타인의 마음과 손길이 깃들었다. 몸의 변화는 관계의 변화를 가져왔다.[34]

비인간종들과 관계를 맺으며 완벽한 일체감을 느끼는 이들도 있다. 장애인 예술가인 에밀리 가시오Emilie Gossiaux는 달려오는 대형 트럭에 부딪혀 시각을 잃었다. 압도적으로 비장애인 중심인 세계에서 그는 촉각을 이용해 작품을 만든다. 그의 작품 속에서 안내견 겸 반려견인 런던은 가시오와 함께 춤춘다. 페미니즘 이론가 도나 해러웨이Donna Haraway의 에세이 〈반려종 선언〉에서 아이디어를 얻었다는 가시오는 비인간 존재인 런던과 상호소통하며 연결된다.[35] 반려종의 정치를 강조하는 이런 예술적 표현은 '정상'과 '인간'이라는 기준이나 잣대로 권력이 얼마나 다양한 존재와 관계를 삭제했는지를 반증한다.

기억한다는 것

어떤 이들은 공동체의 기억에서 의도적으로 배제된다. 김초엽의 《방금 떠나온 세계》에 수록된 단편소설 〈인지 공간〉에서 '나'는 격자 구조로 이뤄진 인지 공간의 관리자다. 이 공간에서 인류 전체의 통합적 지식이 유지·개선된다. 친구 이브는 몸이 아주 작아서 높은 인지 공간에 도달할 수 없다. 이브는 어렸을 때 하늘에

떠 있던 세 개의 달을 기억하고 있지만 사람들은 언제부턴가 세 번째 달을 이야기하지 않았다. 인지 공간은 지식 저장소인 동시에 공동체의 기억을 변형하는 장소였고 세 번째 달은 이 공동 공간에서 삭제되었던 것이다. 이브는 바깥 세계를 배회하다가 들짐승에게 습격 당해 죽게 된다. 학자들은 이브에 대한 기억을 기록하지 않기로 결정했고 이브는 세 번째 달처럼 공동 기억에서 사라졌다. '나'는 이브를 기억하기 위해 그 세계를 떠나기로 한다.

2022년 10월 29일, 서울 용산구 이태원 골목에서 발생한 압사 사고로 159명이 사망하고 195명이 다쳤다. 피해 유가족들은 철야 1만 5900배, 단식농성, 오체투지, 삼보일배 행진에 나섰다. 시민분향소 강제 철거, 특별법 제정에 대한 대통령 거부권(재의요구권) 행사 등 어려움이 발생할 때마다 유가족은 땅으로 몸을 던졌다. "우리 자식도 길거리에서 죽었는데 진짜 내가 여기서 죽어도 괜찮다"는 심정이었다고 했다. 이들은 사회적 기억을 환기하며 어떤 생명이 애도할 가치가 있는지 묻고 또 물었다.

이태원 참사와 그 이후의 세계를 기록한 《참사는 골목에 머물지 않는다》의 출간을 기념하는 북토크가 2024년 10월 27일 열렸다. 전장연이 장애인권리 7대 입법을 위해 지하철 바닥에서 포체투지를 한 지 97일째 되던 날이었다. 이날 서울광장에서는 보수 개신교계 단체가 동성혼과 차별금지법 제정에 반대하는 집회를 열었다. 어떤 존재를 이 세계에서 지우기 위해 격앙되어 목소리를 높인 사람들이 그 거리에만 최소 12~20만 명(경찰 추산)이었다. 느닷없이 사라지고, 헤아려지지 않는 몸들이 곳곳에 있었다.

죽음과 부활

죽은 자가 산 자를
구할 수 있는가

지금도 제주에선 조문을 온 문상객에게 성게미역국을 대접하는 전통이 남아 있다. 산모의 회복을 돕거나 태어난 날을 기념하며 먹던 국을 망자를 추모할 때도 먹는 셈이다. 소고기 육개장이건 올갱이(다슬기) 된장국이건 뜨끈한 국은 어느 장례식에서나 빠지지 않는 음식이다. 긴장으로 인해 굳은 몸을 풀어주고 피를 돌게 한다.

2014년 어느 가난한 남성은 삶을 스스로 정리하며 자기 주검을 수습할 이들 앞으로 10만 원이 든 '돈 봉투'를 남겼다. 겉면에는 "고맙습니다. 국밥이나 한 그릇 하시죠, 개의치 마시고"라고 썼다. "개의치 마시고"라는 글자는 나중에 서둘러 크게 적은 듯했다. 봉투에 담긴 돈은 빳빳한 신권이었다. 장수 시대, 백세 시대에 그는 68년을 살다 갔다. 너무 길지도 짧지도 않은 삶을 마무리하면서 최선을 다해 감사와 미안함을 잊지 않으려 한 흔적이 뚜렷했다. 그의 죽음이 알려지자 인터넷 댓글창은 시끄러웠다. 고인의 명복을 비는 글도 있었지만 '왜 세 들어 산 집에서 죽었냐' '바다나 계곡도 있지 않으냐'고 탓하는 내용이 다수였다. 죽은 이의 염치에 산 자들이 몰염치로 답했다.

사회학자 김홍중은 《서바이벌리스트 모더니티》에서 한국 근대의 간판 사상이 '생존의 사상'이라며 냉전의 공포 속에 한국인들은 체면과 염치를 버리게 되었다고 설명했다. 냉전 시대 악바리처럼 살아남아야 한다는 생존 사상은 신자유주의 시대 '먹고사니즘'으로 변형되었다. 무슨 수를 써서라도 나부터 먹고살아야 한다는 목표를 추구하다 보니 민주주의의 열정은 흘러간 옛 노래가 되고 당장 자기 이익만을 앞세우는 경제적 합리성이 지배했다. 유명 넷플릭스 시리즈 〈오징어 게임〉 같은 잔혹한 승자독식 드라마에 한국 근대 놀이가 주요 모티프가 되는 것은 우연이 아닐 터이다. 무인도 생존이며 요리며 춤이며 각종 서바이벌 프로그램까지, 세계에서도 유명한 한국인의 생존 사상은 수십 년을 이어온 뿌리 깊은 공통 감각이다.[36]

모두가 바라는, 품위 있는 죽음

악착같이 살려던 사람일지라도 죽을 땐 깔끔하게 떠나고 싶어 한다. 《사람은 어떻게 죽음을 맞이하는가》를 쓴 의사 출신 작가 셔윈 B. 눌랜드Sherwin B. Nuland는 알고 지내던 어느 여성 변호사가 "어머니의 죽음은 결코 아름답지 못했다"며 남은 가족으로서 자괴감에 빠진 것을 위로해주었다고 했다. '품위 있는 죽음'에 대한 믿음을 갖는 자세만으로도 칭찬받아 마땅했기 때문이다. 하지만 눌랜드는 알고 있었다, 평화로운 성품을 가진 사람이 평화로운 여건에서 평화로운 죽음을 맞이하는 경우는 극히 드물다는 것을.[37] 나도 알고 있다. 그 변호사는 어머니의 아름다운 죽음을 돕지 못해 절망적이었다기보다, 자신 또한 그런 죽음을 맞이할까 봐 두려웠을 것이다. 나도 모친의 마지막을 보면서 비슷한 감정을 느꼈다. 이 두려움과 공포는 내 안에 지워지지 않는 상흔처럼 남아 있다.

모든 죽음이 삶을 총결산하는 기회를 얻는 것은 아니다. 우리는 어느 날 갑자기 죽을 수도 있고, 생각보다 훨씬 더 천천히 죽음을 만날 수도 있다. 대부분의 사람들은 죽음을 예감하면서도 예기치 못하게 이를 맞이한다. 심혈관계 작동 중지와 혈류 손실로 산소 운반이 중단되고, 호흡을 못해 세포 대사가 멈추며, 뇌 활동이 정지되어 의식과 신체 통제력을 상실한 상태로 죽음에 이른다. 그전에 죽음을 미리 준비해야 한다고 사람들은 말한다. 죽기 직전까지 '인간답게' 자유 의지에 따라 살다가 민폐 끼치는 일 없이 깨끗하게 떠나기를 원하는 까닭이다. 그러나 마지막 여행 준비는 생각만큼 쉽지 않다.

모든 죽음에는 돈이 든다. '웰다잉'이란 미명 아래 죽음에 대한 계획마저 신자유주의적 자기계발의 일부가 되어가는 과정은 아닌지 나는 의심한다. 마지막 순간과 그 이후까지 완벽하고 깔끔하게 준비해놓고 떠나는 이상적인 죽음 이미지가 내게도 존재한다. 몇 가지 사보험이 임종기의 고통과 번거로움을 덜어줄 것이라는 믿음도 있다. 한때는 선승들처럼 산으로 걸어 들어가 스스로 낙엽을 덮고 자연의 일부가 되는 허황된 꿈까지 꾸었다. 통증을 견딜 수 없을 땐 전 재산을 털어넣고 죽을힘을 다해 스위스로 가서 조력 자살을 하든, 스콧 니어링Scott Nearing처럼 스스로 곡기를 끊고 편안한 죽음을 맞고 싶었다. 색스처럼 아름다운 글을 몇 편 남기고 독자들의 응원과 사랑하는 사람들의 보살핌 속에서 고요히 세상을 떠나고 싶었다. 하지만 그럴 수 있는 재력도, 능력도 없다. 세상 사람 대부분이 그런 기회를 얻지 못한다.

안락사는 여전히 병자와 여러 고통받는 사람들의 마음을 잡아끈다. 강인하고 단호한 의지로 실존적 고통을 끝내는 '깔끔한 죽음'에 대해서는 지금도 논쟁이 계속되고 있지만, 왠지 평화롭고 고요한 죽음처럼 느껴지기 때문이다. 하지만 윤리적인 문제가 아니더라도 안락사의 비용이나 외국에서 진행해야 하는 까다로운 심사와 허락 조건 등 당사자의 지적·물질적 자원을 요구하는 점도 논란거리다. 의료 조력사망 역시 호스피스와 완화의료 인프라 축소를 낳을 수 있고 의료진에게 죄책감과 고통을 가져다줄 수 있다는 점에서 어려운 숙제를 안고 있다.

곡기를 끊고 육신을 벗는 죽음은 어떨까.《단식 존엄사》의 저자 비류잉畢柳鶯은 타이완병원 재활학과 의사로서 여든셋인 어머니가 음식을 끊어 세상을 떠나기로 결심한 뒤 이를 곁에서 지켜보며 기록했다. 저자의 어머니는 단식 21일째 날 임종했다. 단식 존엄사를 결정한 뒤 가족은 생전 장례식을 치르고 서로의 마음을 표현했다. 슬프지만 따뜻하게 이별하는, 이상적인 죽음의 풍경처럼 보인다.[38]

호스피스 의사 김호성은 이런 단식 존엄사 또한 쉽지 않으며 음식과 물을 끊는 과정에서 갈증이나 섬망 같은 육체적 고통이 극심할 수 있고 의료진의 윤리적 죄책감도 상당하다고 설명한다. 의료인류학자 송병기와 함께 쓴《나는 평온하게 죽고 싶습니다》에서 김호성은 '임종기 환자를 어떻게 끝까지 사회 구성원으로 인정할 것인가'가 가장 큰 관건이라고 말했다. 송병기는 죽는 순간까지 사람답게 살고 싶은 이 열망은 "더러운 꼴 안 보고 깔끔하게 죽고 싶다"는 말로 수렴된다고 말한다.[39] 깔끔하게 죽고 싶다는 생각은 '죽는 순간까지 어떡해야 사람대접을 받을 수 있을까'라는 말과 연결될 것이다. 삶의 의미를 명료하게 정리하고, 끝까지 사회 구성원으로서 인정받으면서 죽는 것, 그것이 삶의 마지막 시간과 죽음을 위한 목표가 될 수 있을까? 그것이 사람답게, 의미 있게 살다 가는 일일까?

죽음은 가장 개인적이면서도 가장 사회적인 것이다. 언론이 부고기사(오비추어리obituary)를 통해 떠난 이의 발자취를 남기는 일이야말로 첨예한 의미 투쟁이다. 누군가의 죽음을 쓸지 말지, 그의 삶을 어떻게 평가하고 적시할 것인지를 놓고 벌이는 사상투쟁이며 기록 투쟁이다. 죽은 자에 대한 기억과 애도는 정치적이다. 죽은 자에 대한 평가는 시간이 지남에 따라 엎치락뒤치락하고, 망령은 수시로 귀환한다.

죽음을 무릅쓴 공생의 감각

2024년 12월 3일, 한국 사회를 계엄의 공포 속으로 몰아넣은 자는 죽은 독재자들이 저지른 악행을 또다시 자행하려 했다. "파렴치한 종북 반국가세력"을 지목하며 대통령 윤석열은 레드 콤플렉스라는 이념의 낡은 버튼을 정확히 눌렀다. 국회가 계엄 요구안을 가결한 뒤엔 "두 시간짜리 내란이라는 것이 있느냐"고 뻔뻔스럽게 말했다. 시민들은 '탄핵봉'을 흔들면서 꺼지지 않는 불빛으로 광장을 수놓았다. 다 죽어도 나만은 살겠다는 생존 감각이 남도 살리고 나도 살겠다는 공생의 감각을 잠식하지 못했다.

남을 살리고 내가 죽는 길을 택한 이들도 있다. 전태일은 유서에서 남은 이들을 "나의 나인 그대들"이라고 불렀다. 계엄과 내란사태에 맞선 시민들은 버틀러가 강조했던 '상호의존성'을 여실히 증명했다. 계엄이 선포되자마자 국회로 달려 나가 선두에 선 장년층 시민들은 젊은이들을 위해 자기 몸을 총알받이로 쓰려고 했다. 나는 이 위기의 순간, 기꺼이 죽음을 선택하려고 하는 시민들의 모습에서 큰 충격을 받았다. "데모하지 마라"고 귀에 딱지가 앉도록 듣고 자란 세대의 딸들이 '덕질'을 하면서 소중하게 간직해온 응원봉을 무기처럼 닦아 들고 거리로 나서는 장면도 마찬가지였다.

한겨울 "내란수괴" "국짐"의 장례를 치러주겠다며 '상여 투쟁'을 하던 농민들은 얼마 뒤 아끼던 트랙터를 몰고 일주일에 걸쳐 서울로 향했다. 농민들이 남태령고개에서 경찰의 차벽에 앞뒤로 가로막혀 고립되자, '시위 인원이 많으면 진압이 악랄해지지 않더라'며 시민들이 매서운 겨울바람을 뚫고 시위대에 속속 합류했다. 이들 다수가 여성 청년들이었다. 농민들의 눈에 눈물이 차올랐다. 청년들은 "전봉준투쟁단 폐정 개혁안 12조에 이미 여성·장애인·이주민·소수자 혐오와 차별 철폐가 들어 있었다. 농민들은 이미 우리와 함께하고 계셨다"고 했다. 이들의 모습에서 금지된 애도를 행하는 안티고네의 모습이 보였다.

버틀러는 죽은 뒤 '애도 가능한 계급'과 애도조차 여의치 않은 '폐기 가능한 계급'으로 나뉜다고 말했다.[40] 민주주의 광장에서는 '폐기 가능한 계급'에 대한 애도가 멈추지 않았다. 한강은 "당신이 죽은 뒤 장례식을 치르지 못해, 내 삶이 장례식이 되었습니다"라고 썼다.[41] 죽은 이들을 기억하는 산 사람들 역시 자기 삶의 위태로움을 절박하게 느껴온 이들이었다. 2015년 11월 앞장서서 물대포를 맞고 사망한 백남기 농민 덕분에 더는 추운 날 물대포를 맞지 않게 됐다고 청년들은 말했다. 트랙터에 올라서서, SNS와 커뮤니티를 통해 백남기 농민 이야기를 쉼 없이 퍼 날랐다. 죽은 자가 산 자를 살렸다고 했다.

사람들은 2016년 강남역 여성 혐오 살인사건과 교제 살인 피해자, 성폭력 피해자, 현장학습 실습 중 사망한 고등학생, 성확정 수술 뒤 2020년 육군 강제 전역 처분을 당하고 이듬해 세상을 떠난 변희수 하사의 이름을 차례로 외쳤다. 스스로 '젠더 퀴어'라고 밝힌 청년은 윤석열 정부의 성소수자 혐오를 견디지 못하고 먼저 세상을 떠난 친구의 이름을 불렀다. 산 자가 죽은 자를 호명했다.

2020년 12월 한파 속에서 세상을 떠난 캄보디아 여성 이주노동자 속행, 한국에서 '미등록 이주아동'으로 산 26년을 포함해 32년 짧은 생을 살다 간 강태완(몽골 이름 타이왕), 장애해방을 외치며 산화한 장애인 열사들의 죽음을 딛고 살게 된 것을, 광장의 가장 위태로운 사람들은 떠올렸다. 엄동설한에 경찰차가 만든 고립된 차벽 안에서 사람들은 차별 철폐를 외쳤다. 죽음과 삶을 감각하고 돌봄의 공동체를 새롭게 구성했다. "핫팩, 음식 보내주지 않았으면 정말 말 그대로 우린 죽었어. (…) 여전히 사람들이 계속 핫팩 보내주고 서로 옆 사람 확인하고 해서 살아남았어."('더쿠' 게시물)[42] 이들은 얼어붙으면서 먹고사니즘의 생존 경제로부터 '세계'를 되찾아왔다.

장갑차를 몸으로 막은 사람, 젊은이들 대신 죽자고 외친 노인, 저체온증에 쓰러질 때까지 농민들의 곁을 떠나지 않은 여성 청년들…. 이들이 비상계엄이라는 비상하고도 비장한 죽음의 순간, 겁 없이 민주주의의 숨을 불어넣었다. 죽은 자들의 시간을 딛고 산 사람들이 온몸으로 살고 있다는 사실을 명백하게 깨달으며 삶과 살과 피와 뼈와 숨이 '나'만의 것이 아니라며 외치고 또 춤췄다.

남태령고개에서 대치가 시작된 지 30여 시간 만에 행진을 다시 시작한 전봉준의 후예들은 눈물로 트랙터의 시동을 걸었다. 투쟁 단장은 주름진 얼굴로 여성 청년들을 "동지"라고 호명했다. 전태일의료센터건립위원회에 사람들이 벽돌값을 보냈다. 여성 농민들의 생산물을 판매하는 온라인 장터의 서버가 버벅거릴 만큼 시민들의 결제가 이어졌다. 응원봉을 들고 한남동 시위를 안내한 성직자가 있는 수도회에 앞다투어 돈을 보냈다. 사람들은 민주주의 장례식장에서 선결제된 국밥을 삼키면서 차별과 혐오의 장례를 치르고 부활을 준비했다. 갈등이 없지 않았지만, 강력한 연대감을 경험한 이들은 쉽게 물러서지도 않았다.

함께-생존하기

한국인들의 몰염치한 '생존 사상'을 설명한 사회학자 김홍중도 21세기 한국 사회의 취약한 존재들이 울부짖는 생존에 대한 호소는 "타자들과 '함께-생존하기'"를 의미한다고 보았다.[43] 국민에게 총을 겨눈 초유의 내란 사태에서 '사회'에 연결되려는 취약한 사람들의 목소리가 두드러졌다. 위태로운 자들이 상호의존하며 〈다시 만난 세계〉를 불렀고 되찾아온 세계를 간신히 지탱했다.

　권력자들은 자기가 누리던 모든 것을 포기하지 않으려고 법망 안팎에서 갖은 꼼수를 썼다. 경찰청 블라인드에는 시민을 개와 바퀴벌레에 견주는 조롱이 올라왔다. 보수 언론은 남태령 시위가 '불법'이며 탄핵을 둘러싼 찬반 여론이 비등하다고 을러댔다. 민주주의를 수호하려는 시민들은 살 가치가 없는 생명으로 어렵지 않게 전락할 수 있었다. 사태는 점점 내전으로 격화했다. 누가 죽고 누가 살 것인가, 누구를 죽게 내버려두고 누구를 살게

할 것인가.

예수 그리스도는 차가운 겨울날 헛간에서 태어난 가느다란 생명이었다. 말구유에서 첫 숨을 들이쉰 그는 십자가에 매달려 떠날 때까지 새로운 세상을 꿈꾸고 전했으며 죽음과 부활의 기적을 일깨웠다. 그가 바라던 세계는 가능하기나 한 걸까? 우리는 왜 지상에 없는 것을 추구해야 하는가? 우리의 삶과 죽음은 대체 어디로 가는가?

적어도 여기까진 왔다. "과거가 현재를 도울 수 있는가?" "죽은 자가 산 자를 구할 수 있는가?" 한강 작가의 질문에, 시민들이 "그렇다"고 답했다. 죽은 전태일이, 백남기가, 변희수가 산 자들을 구했다고 했다. 누군가의 죽음 위에 우리가 살아 있음을 잊지 않는다고 청년들이 응답했다. 미래가 답했다.

주석

들어가며

1   엘리자베스 그로스, 《몸 페미니즘을 향해》, 임옥희·채세진 옮김, 꿈꾼
        문고, 2019, 12~18쪽.

1부 타오르는 몸의 기억들

1   노지원, 〈정부 10억 지원한 전시에 '조선 펌하' 일제 시선 담겼다〉, 《한
        겨레》 온라인, 2023.10.18. https://www.hani.co.kr/arti/international/
        europe/1112555.htm.

2   권혁희, 《조선에서 온 사진엽서》, 민음사, 2005, 208쪽.

3   전보경, 〈조선 여성의 '젖가슴 사진'을 둘러싼 기억의 정치〉, 《페미니
        즘연구》 8(1), 한국여성연구소, 2008, 125~157쪽.

4   전봉건, 《전봉건 시전집》, 남진우 엮음, 문학동네, 2008; 나태주, 《세
        상을 껴안다》, 지혜, 2013.

5   손택수, 〈요즘의 실어증〉, 《문파문학》 2021 봄, Vol.59, 문파문학사, 2021, 53쪽.

6   오혜진, 《문학을 부수는 문학들》, 민음사, 2018, 345쪽; 박다해, 〈이외수 '단풍' 글 논란… '여성 혐오' 없이 문학 못 하나요〉, 《한겨레》 온라인, 2018.10.16. https://www.hani.co.kr/arti/culture/culture_general/866019.html.

7   매릴린 옐롬, 《유방의 역사》, 윤길순 옮김, 자작나무, 1999, 168, 181쪽.

8   앞의 책, 203쪽; 다케다 마사야 엮음, 《성스러운 유방사》, 김경원 옮김, 아르테, 2019, 150쪽.

9   정유경, 〈'가슴은 남편에게 애정을 나눠주는 곳' 황당한 국가건강정보포털〉, 《한겨레》 온라인, 2016.08.04. https://www.hani.co.kr/arti/society/health/755164.html.

10   다케다 마사야 엮음, 앞의 책, 53~55쪽.

11   플로렌스 윌리엄스, 《가슴 이야기》, 강석기 옮김, 엠아이디, 201 4, 46쪽.

12   이에 관해서는 다음 글을 참고할 것. 이윤숙, 〈'우유'가 아니라 '소젖'이라 부를 때〉, 일다, 2025.02.19. https://www.ildaro.com/10119.

13   김주희·임인숙, 〈한국 비정규직 여성 노동자들의 노출투쟁〉, 《한국여성학》, 한국여성학 학술저널 제24권 3호, 2008, 41~76쪽.

14   페멘, 《페멘 선언》, 길경선 옮김, 꿈꾼문고, 2019, 36쪽.

15   메리쿠르에 대한 좀 더 자세한 설명은 다음을 참조할 것. 양희영, 〈프랑스 혁명의 아마존 테루아뉴 드 메리쿠르〉, 《서양사론》 제99호, 2008.12, 69~101쪽.

16   이에 관해서는 넷플릭스 다큐멘터리 〈미스 아메리카나〉를 참고할 것.

17   김용래, 〈미국서 8미터짜리 매릴린 먼로 대형동상 두고 논란〉, 《연합뉴스》, 2021.05.24. https://www.yna.co.kr/view/AKR20210524105300009.

18   헤더 라드케,《엉덩이즘》, 박다솜 옮김, 알에이치코리아, 2024, 319쪽.

19   레이철 홈스,《사르키 바트만》, 이석호 옮김, 문학동네, 2011, 100쪽.

20   앞의 책, 201쪽.

21   헤더 라드케, 앞의 책, 93, 110~111쪽.

22   박선주,《체질인류학》, 민음사, 1994, 28쪽.

23   이영아,《예쁜 여자 만들기》, 푸른역사, 2011, 122쪽.

24   〈미는 얼굴로부터 다리의 미로〉,《조선일보》, 1929.07.18, 3면;〈규중
     의 조선 여성은 각선미가 왜 없나〉,《동아일보》, 1931.09.29, 4면.

25   최지혜,《경성 백화점 상품 박물지》, 혜화1117, 2023, 303쪽.

26   안석주,〈여성선전시대가 오면 (2)〉,《조선일보》, 1930.01.12, 5면.

27   〈'민중의 발' 될 수 있을까〉,《동아일보》, 1983.06.01, 11면; 이규태,
     〈이규태 코너: 각선미 검사〉,《조선일보》, 1985.08.25, 5면.

28   〈탁구최강전 '각선미 장외 경연'〉,《조선일보》, 1993.02.21, 15면;〈'미
     니스커트'의 실패: 탁구 관심 끌기 고육책에도 관중 반응 냉담〉,《동아
     일보》, 1993.03.10, 19면.

29   〈다리의 미는 주의 여하로 가질 수 있다〉,《조선일보》, 1930.07.31, 5면.

30   버지니아 울프,《자기만의 방》, 이미애 옮김, 민음사, 2021, 100쪽.

31   엘리자베스 세멀핵,《신발로 읽는 인간의 역사》, 황희경 옮김, 아날로
     그, 2023, 207, 212~228쪽.

32   앞의 책, 228~230쪽.

33   〈경제상으로 풍족지 못한 직업부인의 사치는 잘못〉,《동아일보》,
     1931.10.11, 4면;〈굽놉흔 구두에 가진 병이 다 생겨〉,《조선일보》,
     1936.05.01, 4면.

34   Bell Hooks, "Dig Deep: Beyond Lean In", 2013.10.28. https://

thefeministwire.com/2013/10/17973.

35 도러시 고, 《문화와 폭력》, 최수경 옮김, 글항아리, 2022, 120, 136쪽.

36 리베카 솔닛, 《걷기의 인문학》, 김정아 옮김, 반비, 2017, 374~375쪽.

37 허정숙, 《나의 단발과 단발 전후》, 두루미, 2018, 11~12쪽.

38 〈여자단발가부토론〉, 《동아일보》, 1926.01.21, 5면.

39 〈단발을 하면 대머리가 쉬 돼〉, 《동아일보》, 1935.05.10, 4면.

40 안다영, 〈곱슬머리 펴지 않으면 해고? 두발의 불공정 사회〉, KBS, 2024.04.05. https://news.kbs.co.kr/news/pc/view/view.do?ncd=7932689.

41 김효섭, 〈'두발 선택은 자유' 美 흑인 헤어 차별금지법 통과〉, 연합뉴스TV, 2019.07.06. https://www.yna.co.kr/view/MYH20190706001800038.

42 SKY CRIPPS-JACKSON, "The History of Textured Hair", *COLLEEN*, 2020.08.28. https://www.colleen.nz/archive/the-history-of-textured-hair.

43 원종훈·김영휴, 《세계 헤어웨어 이야기》, 아마존북스, 2022, 77, 113, 118쪽.

44 Jieun Lee, Euisol Jeong, "The 4B movement: envisioning a feminist future with/in a non-reproductive future in Korea", *Journal of Gender Studies*, Volume 30, 2021, Issue 5, p. 633~644.

45 이유진, 〈'출산이 애국' 여협의 본말전도〉, 《한겨레》, 2005.10.28, 3면.

46 신경아, 〈저출산 대책의 쟁점과 딜레마: 여성 없는 여성정책〉, 《페미니즘연구》 10(1), 한국여성연구소, 2010, 89~122쪽.

47 원종욱, 〈결혼 시장 측면에서 살펴본 연령 계층별 결혼결정요인 분석〉, 제13차 인구포럼, 2017.02.24. 이 보고서의 원본은 온라인에서 찾을 수 없었다.

48 아미아 스리니바산, 《섹스할 권리》, 김수민 옮김, 창비, 2022, 168쪽.

49 https://www.facebook.com/MargaretAtwoodAuthor/posts/pfbid07fk
    Zp4thtvhJkYvbwH6xYU9H1oSzJnM7Wp3FMvLoJk1p4BfFg47yAFA
    AyMovmcmal.

50 이에 관해서는 다음 책을 참고할 것. 슐라미스 파이어스톤, 《성의 변
    증법》, 김민예숙·유숙열 옮김, 꾸리에, 2016.

51 김주희, 〈더 없이 '리얼'한 여체의 테크놀로지: 섹스돌의 물질성과 '여
    성'〉, 2024 한국여성학회 추계국제학술대회, 2024.11.09.

52 손희정, 〈디지털 시대, 고어 남성성의 등장〉, 《디지털 시대의 페미니
    즘》, 한국여성학회 기획, 한겨레출판, 2024, 27~28쪽.

2부 상처 입은 스토리텔러

1 아리스토텔레스, 《관상학》, 김재홍 옮김, 길, 2014, 121~131쪽.

2 클로딘느 사게르, 《못생긴 여자의 역사》, 김미진 옮김, 호밀밭, 2018,
   40~44쪽.

3 캐서린 매코맥, 《시선의 불평등》, 하지은 옮김, 아트북스, 2022, 186,
   237쪽.

4 연상호, 《얼굴》, 세미콜론, 2018, 153쪽.

5 박성희, 〈한국 미인을 찾아서 5〉, 《조선일보》, 1997.02.12, 19면.

6 Stephanie Summersby, Bonnie Harris, Thomas F. Denson, David
   White, *Tracking sexual dimorphism of facial width-to-height ratio across
   the lifespan: implications for perceived aggressiveness*, 04 May 2022,

https://doi.org/10.1098/rsos.211500. https://royalsocietypublishing.
org/doi/10.1098/rsos.211500.

7   미셸 푸코, 《사회를 보호해야 한다》, 김상운 옮김, 난장, 2015, 304~
    305쪽.

8   벵자맹 주아노, 《얼굴, 감출 수 없는 내면의 지도》, 신혜연 옮김, 21세
    기북스, 2014, 212쪽.

9   애덤 윌킨스, 《얼굴은 인간을 어떻게 진화시켰는가》, 김수민 옮김, 김
    준홍 감수, 을유문화사, 2018, 502쪽.

10 태희원, 《오만한 서구와 혼혈 얼굴》, 서해문집, 2023.

11 이에 관해서는 다음 책을 참고할 것. 임소연, 〈K-성형 수술의 과학〉, 《인
    문잡지 한편9: 외모》, 민음사, 2020; 임소연, 《나는 어떻게 성형 미인이
    되었나》, 돌베개, 2022; 박소정, 《미백》, 컬처룩, 2022; 태희원, 앞의 책.

12 애덤 윌킨스, 《얼굴은 인간을 어떻게 진화시켰는가》, 김수민 옮김, 김
    준홍 감수, 을유문화사, 2018, 503쪽.

13 조르조 아감벤, 《얼굴 없는 인간》, 박문정 옮김, 효형출판, 2021,
    147~148쪽.

14 성형 관련 이야기를 주고받는 사이트 '성예사'에 2023년 8월 1일 올
    라온 게시물 댓글이다. https://sungyesa.com/new/bbs/board.php?bo_
    table=free&wr_id=3356673.

15 김소영, 〈'10분 더 공부하면 아내 얼굴 바뀐다'… 학용품 문구 '논란'〉,
    《머니투데이》, 2021.03.29. https://news.mt.co.kr/mtview.php?no=
    2021032912594465387.

16 도우리, 〈존잘남이라는 신흥 계급의 부상〉, 《한겨레21》 1518호,
    2024.06.15.

17 엘리자베스 하이켄, 《비너스의 유혹》, 권복규·정진영 옮김, 문학과지
     성사, 2008, 29쪽.

18 〈가정고문〉, 《동아일보》, 1926.10.03, 3면.

19 이영아, 앞의 책, 184~185쪽.

20 앞의 책, 219~220쪽.

21 〈내핍 (1) 미용 정형〉, 《경향신문》, 1964.01.11, 7면; 〈어글리 우먼 11. 여인
     의 미는 불행의 절반을 가불, 피란 때도 화장품 안 잊어〉, 《조선일보》,
     1966.07.03, 5면; 〈사치성 성형 붐… 배 주름살 펴는 데 300만 원〉, 《동
     아일보》, 1979.03.23, 7면.

22 〈미스코리아 이민지, 성형 미인 속에서 고른 진주… 네티즌 '자연 미인이
     미스코리아 진 되어야'〉, 《이투데이》, 2015.07.12. https://www.etoday.
     co.kr/news/view/1161164.

23 마사 C. 누스바움·솔 레브모어, 《지혜롭게 나이 든다는 것》, 안진이 옮
     김, 어크로스, 2018, 129쪽.

24 넷플릭스 다큐멘터리 〈익스플레인: 세계를 해설하다〉에 나오는 열 번
     째 에피소드 '성형 수술'을 참조할 것.

25 임소연, 앞의 책, 2020, 67~84쪽.

26 임소연, 앞의 책, 2022, 203쪽.

27 운노 히로시, 《다이어트의 역사》, 서수지 옮김, 탐나는책, 2022, 15~16쪽.

28 〈이소라처럼… 몸매 만들기 비디오 열풍〉, 《한겨레》, 1999.04.22, 14면.

29 김미영, 〈그들의 환호? 그녀들의 반란? '44가 대세'〉, 《한겨레》 온
     라인, 2006.06.14. https://www.hani.co.kr/arti/culture/culture_
     general/132225.html.

30 오브리 고든, 《우리가 살에 관해 말하지 않는 것들》, 장한라 옮김, 동

녘, 2023, 15~21, 329쪽.

31   앞의 책, 337쪽.

32   MEGHAN DE MARIA, "Why More People Need To Know What 'Fatcalling' Is", *REFINERY29*, NOVEMBER 9, 2017. https://www.refinery29.com/en-us/2017/11/167419/fatcalling-definition-body-shaming-street-harassment.

33   러네이 엥겔른, 《거울 앞에서 너무 많은 시간을 보냈다》, 김문주 옮김, 웅진지식하우스, 2017, 249~296쪽; 오브리 고든, 앞의 책, 338~341쪽.

34   아리스토텔레스, 앞의 책, 107쪽.

35   다니엘라 마이어·클라우스 마이어, 《털》, 김희상 옮김, 작가정신, 2004, 9~12쪽.

36   앞의 책, 52쪽.

37   Rebecca M. Herzig, *Plucked: A History of Hair Removal*, New York University Press, 2015.

38   Rebecca Tuhus-Dubrow, "The new feminist armpit hair revolution: half-statement, half-ornament", *The Guardian*, 24 Jun 2019. https://www.theguardian.com/lifeandstyle/2019/jun/24/feminist-armpit-hair-revolution-half-statement-half-ornament.

39   유선희, 〈겨털이 어때서〉, 《한겨레》, 2017.05.15, 30면. https://www.hani.co.kr/arti/culture/movie/794628.html.

40   Rory Satran, "Armpit Hair Is Back, Whether You Like It or Not", *The Wall Street Journal*, 16 July 2022. https://www.wsj.com/articles/armpit-hair-back-emma-corrin-vogue-11657925530?mod=Searchresults_pos5&page=1.

41 수전 보르도, 《참을 수 없는 무거움》, 박오복 옮김, 또하나의문화, 2003, 14~16, 140쪽.

42 임옥희, 〈은유로서의 거식증〉, 《여/성이론》 제11호, 여성문화이론연구소, 2004.12, 103~130쪽.

43 캐럴라인 냅, 《욕구들》, 정지인 옮김, 북하우스, 2021, 212쪽.

44 수지 오바크, 《몸에 갇힌 사람들》, 김명남 옮김, 창비, 2011, 119쪽.

45 류지현·조윤희·원용진, 〈프로아나: 몸 정치성의 교란〉, 《미디어, 젠더 & 문화》 vol.36, no.4, 한국여성커뮤니케이션학회, 2021, 5~59쪽.

46 이유진, 〈내 몸이 별로인가 싶었던 그날 '섭식장애' 고통의 늪에 빠 졌다〉, 《한겨레》, 2023.02.18, 24~25면. https://www.hani.co.kr/arti/society/health/1080228.html.

47 린 헌트, 《포르노그라피의 발명》, 조한욱 옮김, 책세상, 1996, 53쪽.

48 https://www.securityhero.io/state-of-deepfakes/#overview-of-current-state.

49 이에 관해서는 다음 책을 참고할 것. 매튜 홀·제프 헌, 《리벤지 포르노》, 조은경 옮김, 현대지성, 2019, 106쪽.

50 이유진, 〈이준석 '딥페이크, 대통령 관심에 과잉규제 우려… 불안 과장 안 돼'〉, 《한겨레》 온라인, 2024.08.27. https://www.hani.co.kr/arti/politics/politics_general/1155613.html.

51 김나연, 〈넣어? 말어? …딥페이크 처벌법 '알면서' 소동〉, 《경향신문》, 2024.09.30, 8면.

3부 주저하는 몸, 증언하는 몸

1   애슐리 몬터규,《터칭》, 최로미 옮김, 글항아리, 2017, 280~282쪽. 몬 터규의 업적과 한계에 관해서는 박순영 서울대학교 인류학과 교수의 추천사를 참고할 것. 앞의 책, 6쪽.

2   디디에 앙지외,《피부자아》, 권정아·안석 옮김, 인간희극, 2013, 25, 77, 85~91, 294쪽.

3   루시 쿡,《암컷들》, 조은영 옮김, 웅진지식하우스, 2023, 216~225쪽.

4   한병철,《아름다움의 구원》, 이재영 옮김, 문학과지성사, 2016, 17, 54~55쪽.

5   미나토 지히로,《생각하는 피부》, 김경주, 이종욱 옮김, 논형, 2014, 65~66쪽.

6   박소정, 앞의 책, 156~162, 214~216, 298쪽. 얼굴의 혼종성에 대해 서는 다음 책들을 참고할 것. 임소연, 앞의 책, 2020; 임소연, 앞의 책, 2022; 태희원, 앞의 책.

7   니나 자블론스키,《스킨》, 진선미 옮김, 양문, 2012, 132, 145쪽.

8   이유진,〈과거는 재구성되는 것, 우리는 모두 얽혀 있다〉,《한겨레21》 1534호, 2024.10.21.

9   스티브 길버트,《문신, 금지된 패션의 역사》, 이순호 옮김, 르네상스, 2004, 19~22쪽.

10 《조선왕조실록 세종실록》45권, 세종 11년 7월 30일.

11 강은주,〈한국사회에서 타투의 문화적 의미변화〉,《한국디자인트렌드 학회 한국디자인포럼》제19호, 2008.01, 403~412쪽.

12 스티브 길버트, 앞의 책, 48~49쪽.

13   앞의 책, 39~43, 99~100쪽.

14   앞의 책, 240쪽.

15   미셸 푸코, 《감시와 처벌》, 오생근 옮김, 나남출판, 2003, 68~69쪽.

16   강은주, 〈한국사회에서 타투의 문화적 의미변화〉, 《Design Forum》 19권, 403~412쪽.

17   조갑제, 〈조갑제 기자가 쓰는 근대화 혁명가 박정희의 생애: 제2부 상 모리 소년. '의형제' 김삼수 목사〉, 《조선일보》, 1988.01.17, 21면.

18   렌데 발렌티나, 〈여성 타투이스트의 관점에서 본 한국의 성별 개인 주의 사안: Gender Specific Individualism Issues in Korea Through the Lens of Female Tattoo Artists〉, 서울대학교대학원, 2023.

19   리베카 솔닛, 《오웰의 장미》, 최애리 옮김, 반비, 2022, 27쪽.

20   조지 오웰, 《카탈로니아 찬가》, 정영목 옮김, 민음사, 2001, 26쪽; 존 서덜랜드, 《오웰의 코》, 차은정 옮김, 민음사, 2020, 43~49쪽.

21   알랭 코르뱅, 《악취와 향기》, 주나미 옮김, 오롯, 2019, 78쪽.

22   앞의 책, 98, 244, 360쪽.

23   김성연, 〈근대 초기 선교사 기록에 담긴 후각 감각을 통해 본 문화번 역의 가능성〉, 《인문과학》 제124집, 7~41쪽. http://doi.org/10.23017/inmun.

24   〈하절부인의 몸 가다듬 주의할 세 가지〉, 《동아일보》, 1926.07.28, 3면; 〈땀 나오는 이치 5, 생리적이나 병리적으로 봄을 보호하는 미묘한 작용〉, 《조선일보》, 1927.07.29, 3면; 〈체취 이야기 2〉, 《조선일보》, 1934.07.10, 5면.

25   박지영·곽진산, 〈씻을 곳은 공중화장실뿐… 퇴근길 '냄새 난다' 주변서 눈총〉, 《한겨레》, 2023.08.17, 4면.

26 마사 C. 누스바움, 《혐오와 수치심》, 조계원 옮김, 민음사, 2015, 170~172쪽.

27 달라이 라마, 《아름답게 사는 지혜》, 주민황 옮김, 정우사, 2000, 63쪽.

28 김종우, 〈인간의 손, 주먹 쥐도록 진화… 美 연구보고서 논란〉, 《연합뉴스》, 2015.10.22. https://www.yna.co.kr/view/AKR20151022053200075.

29 이길보라, 《반짝이는 박수 소리》, 문학동네, 2022, 186쪽.

30 올리버 색스, 《목소리를 보았네》, 김승욱 옮김, 알마, 2012, 130~132쪽.

31 Irvine Loudon, "Ignaz Phillip Semmelweis' studies of death in childbirth", *J R Soc Med* 106(11), 2013 Nov, p. 461~463. https://www. ncbi.nlm.nih.gov/pmc/articles/PMC3807776.

32 김용언, 《문학소녀》, 반비, 2017, 207~209쪽.

33 김득중, 《'빨갱이'의 탄생》, 도서출판선인, 2009, 402쪽.

34 윤연정·정혜민, 〈경찰, '집게손 괴롭힘' 불송치 비판에 재수사〉, 《한겨레》, 2024.08.08, 1면.

35 리처드 세넷, 《장인》, 김홍식 옮김, 아르테, 2011, 243, 255~256쪽.

36 강석기, 〈고양이 발바닥이 까끌까끌한 이유〉, 《동아사이언스》, 2018. https://m.dongascience.com/news.php?idx=25914.

37 빌 브라이슨, 《바디》, 이한음 옮김, 까치, 2020, 144~145쪽.

38 이하나·진혜민·최예리, 〈혀 짧은 소리. 애교 말투 그만… 언어생활도 '탈코르셋' 시작〉, 《여성신문》, 2021.07.30. https://www.womennews. co.kr/news/articleView.html?idxno=214286.

39 어맨다 몬텔, 《워드슬럿》, 이민경 옮김, 아르테, 2022, 138~162쪽. 보컬 프라이와 관련된 더 자세한 내용을 알고 싶다면 다음 링크를 참고할 것. https://vieweng.blogspot.com/2017/05/vocal-fry.html;

https://www.theguardian.com/commentisfree/2015/jul/24/vocal-fry-strong-female-voice.

40 메리 비어드, 《여성, 전적으로 권력에 관한》, 오수원 옮김, 글항아리, 2018, 24, 36, 50쪽.

41 Devdutt Pattanaik, "Kali and her tongue", *The times of India*, 2011.12.12. https://timesofindia.indiatimes.com/kali-and-her-tongue/articleshow/10816142.cms.

42 The British Museum, "Maya: The Yaxchilán Lintels", SMARTHISTORY. https://smarthistory.org/maya-the-yaxchilan-lintels.

4부 받아들이거나, 내뱉거나

1 사라 에버츠, 《땀의 과학》, 김성훈 옮김, 한국경제신문, 2022, 219~223쪽.

2 김현미, 〈한국의 근대성과 여성의 노동권〉, 《한국여성학》, 한국여성학 학술저널 제16권 1호, 한국여성학회, 2000, 39~45쪽.

3 더 자세한 사항은 다음 책을 참고할 것. 이영재, 《공장과 신화》, 학민사, 2016.

4 로런 플레시먼, 《여자치고 잘 뛰네》, 이윤정 옮김, 글항아리, 2024, 32쪽.

5 최현숙, 《두려움은 소문일 뿐이다》, 문학동네, 2023, 48쪽.

6 변재원, 〈두 개의 운동을 할 권리가 필요하다〉, 《한겨레》, 2024.06.24, 25면.

7 피터 S. 엉거, 《이빨》, 노승영 옮김, 교유서가, 2018, 9쪽.

8 앞의 책, 170쪽.

9   루시 쿡, 앞의 책, 84~88쪽.

10   메리 오토, 《아 해보세요》, 한동현·이동정·이정옥 옮김, 후마니타스, 2021, 305쪽. 더 자세한 이야기는 다음 책을 참조할 것. 마야 안젤루, 《새장에 갇힌 새가 왜 노래하는지 나는 아네》, 김욱동 옮김, 문예출판사, 2006, 249쪽.

11   조지프 캠벨, 《신의 가면 1: 원시 신화》, 이진구 옮김, 까치, 2003, 93쪽.

12   바바라 크리드, 《여성괴물: 억압과 위반 사이》, 손희정 옮김, 여성문화이론연구소, 2017, 203~206쪽.

13   더 자세한 이야기는 다음 글을 참조할 것. 황진미, 〈성기의 응징, 능동적 처녀성의 탄생〉, 《씨네21》, 2009.02.05. http://m.cine21.com/news/view/?mag_id=54841.

14   메리 오토, 앞의 책, 41~46쪽.

15   이 기사와 그에 대한 반응은 다음을 참고할 것. 이유진, 〈요즘 대세는 대구 음식… 맛없는 맛, 언제 적 얘기죠?〉, 《한겨레》, 2022.05.27. https://www.hani.co.kr/arti/specialsection/esc_section/1044717.html.

16   마빈 해리스, 《음식문화의 수수께끼》, 서진영 옮김, 한길사, 2018, 32쪽.

17   피에프 부르디외, 《구별짓기》 상, 최종철 옮김, 새물결, 2006, 22쪽.

18   하야미즈 겐로, 《음식 좌파 음식 우파》, 이수형 옮김, 오월의봄, 2015, 212쪽.

19   앨런 비어즈워스·테레사 케일, 《메뉴의 사회학》, 박형신·정헌주 옮김, 한울, 2010, 169~170쪽.

20   더 자세한 이야기는 다음 책을 참고할 것. 주영하·김혜숙·양미경, 《한국인, 무엇을 먹고 살았나》, 한국학중앙연구원, 2017.

21   조휴정, 〈외식 성행 편리함 속에 입맛 변질〉, 《매일경제》, 1991.05.20,

21면; 〈공장반찬 다양한 입맛 '식탁점령'〉, 《경향신문》, 1992.08.29, 13면; 〈아이들 입맛 '아메리칸 스타일'〉, 《경향신문》, 1995.05.04, 8면.

22 김정흠, 〈충무공의 마지막 숨〉, 《동아일보》, 1977.10.24, 5면.

23 샘 킨, 《카이사르의 마지막 숨》, 이충호 옮김, 해나무, 2021, 19~20쪽.

24 장재연, 《공기 파는 사회에 반대한다》, 동아시아, 2019, 314~315쪽.

25 전치형·김성은·김희원·강미량, 《호흡공동체》, 창비, 2021, 15, 195쪽.

26 김종진·박내현·박점규·박혜리·변정윤·송경동·시야·연정·이다혜·이병희·정슬기·정윤영·정창조·하명희·희정, 《숨을 참다》, 익천문화재단 길동무·직장갑질119 기획, 후마니타스, 2022, 242쪽.

27 이유진, 〈윤석열, 트럼프에게 힘 과시? 권위주의 모방해 한국 민주주의 위협〉, 《한겨레21》 1542호, 2024.12.16.

28 이어령, 《눈물 한 방울》, 김영사, 2022, 3쪽.

29 조홍섭, 〈개도 '기쁨의 눈물' 흘린다. … "비인간 동물 중 처음"〉, 《한겨레》, 2022.08.23. https://www.hani.co.kr/arti/animalpeople/companion_animal/1055801.html; 조홍섭, 〈죽은 어미 곁 막내딸 코끼리의 '눈물'〉, 《한겨레》, 2020.02.10. https://www.hani.co.kr/arti/animalpeople/ecology_evolution/927656.html.

30 제임스 엘킨스, 《그림과 눈물》, 정지인 옮김, 아트북스, 2007, 49쪽.

31 앞의 책, 38쪽.

32 론 마라스코·브라이언 셔프, 《슬픔의 위안》, 김설인 옮김, 현암사, 2019, 268쪽.

33 앞의 책, 266쪽.

34 로즈 조지, 《똥에 대해 이야기해봅시다, 진지하게》, 하인해 옮김, 카라칼, 2020, 239쪽; 이자벨 시몽, 《애널로그》, 윤미연 옮김, 문학동네,

100~105쪽.

35   로즈 조지, 앞의 책, 10~11쪽.

36   이자벨 시몽, 앞의 책, 98쪽.

37   닉 해즐럼,《화장실의 심리학》, 김하현 옮김, 시대의창, 2018, 139~142, 169~175쪽.

38   앞의 책, 2018, 139~142쪽.

39   가시라기 히로키,《먹는 것과 싸는 것》, 김영현 옮김, 다다서재, 2022, 165쪽.

40   나영정,〈무엇이든, 누구에게든 성교육이되 ①: 성교육에서 다루어야 하는 항문 섹스와 역량: 플레져와 항문〉,《오늘의 교육》81호, 2024, 204~217쪽.

41   이자벨 시몽, 앞의 책, 274~289쪽.

42   마사 C. 누스바움, 앞의 책, 211~212쪽.

5부 소멸하는 신체와 그 이후의 세계

1   《한국민족문화 대백과사전》. https://encykorea.aks.ac.kr/Article/E0031181.

2   〈동부승지 이계전이 인육을 먹은 것에 대한 처벌의 불가함을 아뢰다〉,《조선왕조실록 세종실록》119권, 세종 30년 1월 16일. https://sillok.history.go.kr/id/kda_13001016_001;〈간담이 창질에 효과가 있다는 낭설로 사람들이 죽자, 현상금을 걸어 체포하게 하다〉,《조선왕조실록 선조실록》10권, 선조 9년 6월 26일. https://sillok.history.go.kr/id/kna_10906026_001.

3 〈충청 감사 이홍연이 연산의 여비가 자식들을 먹은 일로 치계하니 답하다〉, 《조선왕조실록 현종실록》 19권, 현종 12년 3월 21일. https://sillok.history.go.kr/id/kra_11203021_002; 〈평안도의 굶주린 백성 이어둔이 인육을 먹었으나 실성한 것이므로 사형을 감면하다〉, 《조선왕조실록 숙종실록》 30권, 숙종 22년 2월 5일. https://sillok.history.go.kr/id/ksa_12202005_001.

4 마빈 해리스, 《식인문화의 수수께끼》, 정도영 옮김, 한길사, 2019, 199쪽.

5 피터 흄 외, 《식인문화의 풍속사》, 프랜시스 바커·피터 흄·마가렛 아이버슨 엮음, 이정린 옮김, 자음과모음, 2005, 16쪽.

6 피터 흄, 〈개론: 식인 장면〉, 앞의 책, 20, 57쪽.

7 존 크래니어스커스, 〈'크로노스'와 뱀피리즘의 정치경제학〉, 앞의 책, 211쪽.

8 마리나 워너, 〈피·피·포·펌: 이야기의 사설에 빠진 아이〉, 앞의 책, 231~235쪽.

9 실비아 페데리치, 《캘리번과 마녀》, 황성원·김민철 옮김, 2011, 163, 167, 267쪽.

10 데이비드 실베스터, 《나는 왜 정육점의 고기가 아닌가?》, 주은정 옮김, 디자인하우스, 2015, 16쪽.

11 리처드 세넷, 《살과 돌》, 임동근 옮김, 문학동네, 2021, 193, 445쪽.

12 클로드 레비스트로스, 《우리는 모두 식인종이다》, 강주헌 옮김, 아르테, 2015, 123, 128쪽.

13 김재형 등, 《우리 안의 우생학》, 돌베개, 2024, 50~51쪽.

14 2017년 5·18기념재단에서 김혜순의 《피어라 돼지》를 5·18문학상 본

상 수상작으로 선정하자 논란이 벌어진 사건이 있었다.

15 캐럴 J. 애덤스, 《육식의 성정치》, 류현 옮김, 이매진, 2018, 47, 78쪽.

16 발 플럼우드, 《악어의 눈》, 김지은 옮김, yeondoo, 2023, 209쪽. 애덤
    스를 비판한 자세한 내용은 6장 〈동물과 생태: 더 나은 통합을 향해〉
    를 참고할 것.

17 클로드 레비스트로스, 앞의 책, 127쪽.

18 기류 마사오, 《무시무시한 처형대 세계사》, 이정환 옮김, 자음과모음,
    2007, 290쪽.

19 앞의 책, 297~300쪽.

20 브누아트 그루, 《올랭프 드 구주가 있었다》, 백선희 옮김, 마음산책,
    2014, 61쪽.

21 조앤 W. 스콧, 《페미니즘 위대한 역사》, 공임순·이화진·최영석 옮김,
    앨피, 2017, 93, 142쪽.

22 앞의 책, 109쪽.

23 https://www.facebook.com/mkkorean/posts/pfbid0333Jy4zg9RV5vz
    HpHpdHZppcExDFrzbQMJ9baMLQJE28Nh4dUM6P1ZckTFCFAs
    LKSl.

24 메리 비어드, 앞의 책, 60쪽.

25 이유나, 〈'신성모독 논란' 오스트리아 성모상, 전시 하루 만에 참수당해〉,
    YTN, 2024.07.04. https://www.ytn.co.kr/_ln/0104_202407041408422256.

26 슬라보이 지제크, 〈파리 올림픽 개막식을 위한 변론〉, 《한겨레》, 2024.
    08.19, 25면.

27 데버러 럽턴, 《음식과 먹기의 사회학》, 박형신 옮김, 한울, 2015, 262쪽.

28 이충범, 《중세 신비주의와 여성》, 동연, 2011, 285~286쪽.

29 샤먼 앱트 러셀, 《배고픔에 관하여》, 곽명단 옮김, 손수미 감수, 돌베
개, 2016, 15~16쪽.

30 차원현, 〈포스트모더니티와 오월 광주〉, 《민족문학사연구》 50호,
2012, 172~193쪽.

31 수 블랙, 《남아 있는 모든 것》, 김소정 옮김, 밤의책, 2021, 421~425쪽.

32 주디스 버틀러·아테나 아타나시오우, 《박탈》, 김응산 옮김, 자음과모
음, 2016, 167~168쪽.

33 이에 관해서는 다음 책을 참고할 것. 일라이 클레어, 〈8장 치유를 누비
기〉, 《눈부시게 불완전한》, 하은빈 옮김, 동아시아, 2023.

34 이에 관해서는 다음 책을 참고할 것. 크리스티나 크로스비, 《와해된,
몸》, 최이슬기 옮김, 에디투스, 2024.

35 https://www.emiliegossiaux.com/other-worlding-queens-museum.

36 김홍중, 《서바이벌리스트 모더니티》, 이음, 2024, 80~81쪽.

37 셔윈 B. 눌랜드, 《사람은 어떻게 죽음을 맞이하는가》, 명희진 옮김, 세
종서적, 2020 20쪽.

38 비류잉, 《단식 존엄사》, 채안나 옮김, 글항아리, 2004.

39 송병기·김호성, 《나는 평온하게 죽고 싶습니다》, 프시케의숲, 2024,
11, 119, 201쪽.

40 주디스 버틀러, 《지금은 대체 어떤 세계인가》, 김응산 옮김, 창비,
2023, 156~157쪽.

41 한강, 《소년이 온다》, 창비, 2014, 99쪽.

42 더쿠, 〈남태령 다녀왔는데 이건 경찰이 우리보고 죽으라는 거였어〉,
2024.12.22. https://theqoo.net/ktalk/3539737928.

43 김홍중, 앞의 책, 307쪽.

도판 출처

21쪽   ⓒ 노지원

25쪽   외젠 들라크루아, 〈민중을 이끄는 자유의 여신〉, 루브르박물관, 1830.

34쪽   막스 에른스트, 〈세 증인 앞에서 아기 예수의 엉덩이를 때리는 성모〉, 루트히비박물관, 1926. ⓒ 막스 에른스트/ ADAGP, 파리. — SACK, 서울, 2025.

75쪽   안토니오 델 폴라이올로, 피에로 델 폴라이올로, 〈아폴론과 다프네〉, 내셔널갤러리, 1470~1480.

81쪽   프리다 칼로, 〈나의 탄생〉, 개인 소장, 1932.

96쪽   ⓒ 이유진

114쪽   페르난도 보테로, 〈모나리자, 열두 살〉, 보테로미술관, 1978. ⓒ 페르난도 보테로

154쪽 오른쪽 미켈란젤로 부오나로티, 〈최후의 심판〉, 시스티나성당, 부분, 1535~1541.

178쪽   구스타프 도레, 〈런던 상공―철도 여행〉, 런던과학박물관, 1872.

192쪽   알브레히트 뒤러, 〈기도하는 손〉, 알베르티나박물관, 1508.

217쪽   ⓒ 민주화운동기념사업회. 이총각 기증

229쪽   헤리트 반 혼토르스트, 〈음란한 이미지를 들고 웃는 소녀〉, 세인트루이스 아트뮤지엄, 1625.

264~265쪽   히에로니무스 보스, 〈세속적인 쾌락의 동산〉, 프라도미술관, 16세기.

297쪽   도메니코 베카푸미, 〈성흔을 받는 시아네의 성녀 카타리나〉, 개인 소장, 1550.

306쪽   ⓒ 미국 국립문서기록보관소

찾아보기

바디올로지

1판 1쇄 찍음	2025년 3월 28일
1판 1쇄 펴냄	2025년 4월 4일
지은이	이유진
펴낸이	김정호
주간	김진형
책임편집	이지은
디자인	형태와내용사이
펴낸곳	디플롯
출판등록	2021년 2월 19일(제2021-000020호)
주소	10881 경기도 파주시 회동길 445-3 2층
전화	031-955-9512(편집) · 031-955-9514(주문)
팩스	031-955-9519
이메일	dplot@acanet.co.kr
페이스북	facebook.com/dplotpress
인스타그램	instagram.com/dplotpress
ISBN	979-11-93591-33-8 03300